리스크학 입문
1

리스크학이란 무엇인가

다치바나키 도시아키
하세베 야스오
이마다 다카도시
마스나가 시게키 엮음

사카이 야스히로
나카야마 류이치
히로이 요시노리
쓰바키 히로에
나카니시 준코 지음

백계문 옮김

リスク学とは何か

한울
아카데미

이 도서의 국립중앙도서관 출판예정도서목록(CIP)은 서지정보유통지원시스템 홈페이지(http://seoji.nl.go.kr)와
국가자료공동목록시스템(http://www.nl.go.kr/kolisnet)에서 이용하실 수 있습니다.
(CIP제어번호: CIP2014019868)

新装増補　リスク学入門　1

リスク学とは何か

責任編集　橘木俊詔 Toshiaki Tachibanaki
長谷部恭男 Yasuo Hasebe
今田高俊 Takatoshi Imada
益永茂樹 Shigeki Masunaga

岩波書店

RISUKUGAKU NYUMON, expanded edition

Vol.1, RISUKUGAKU TOWA NANIKA

edited by Toshiaki Tachibanaki, Yasuo Hasebe, Takatoshi Imada and Shigeki Masunaga

발간에 즈음하여

근대 산업사회의 과학기술의 발전으로 인류는 풍족함을 얻었다. 그러나 산업사회가 편리하고 쾌적한 생활을 가져온 반면, 동시에 수많은 과학기술이 새로운 위험성을 만들어냈고 불투명성 또한 증대시켰다.

예를 들면 감염증을 조금이라도 예방하기 위해 수질 개선에 사용되는 약품이 한편으로는 발암의 위험을 만들어내고, 생활에 편리한 플라스틱 용기의 보급이 그 폐기나 사후처리 문제를 초래하기도 한다. 또 식량 사정을 개선하기 위해 개발된 유전자 조작이나 안정된 에너지 공급을 위해 고안된 원자력발전 등은 유사시에 얼마만큼의 피해가 어디까지 미칠 것인지, 그 리스크를 예측하기가 어렵다. 게다가 이들 리스크는 화재나 교통사고, 범죄 피해, 나아가 실업, 빈곤, 질병, 이혼, 폭력, 왕따, 사생활 침해 같은 기존의 리스크들과 결합하여 문제를 한층 복잡하게 만들고 있다.

산업사회가 글로벌화하면서 현대사회는 테러행위나 국가 간의 돌발적 분쟁 같은 예측하기 어려운 리스크로 겹겹이 둘러싸이게 되었다. 과학기술의 진보와 더불어 각종 리스크는 점점 더 비대해지고 있으며, 그 피해는 기존의 계급이나 계층 또는 국경의 차이를 뛰어넘어 확산되고 있다. 현대는 '리스크사회'이다. 이러한 리스크사회에 대응하기 위해서는 기존의 학문의 틀이 아닌 새로운 학제적學際的 대응이 요구된다고 할 수 있다.

리스크사회와 산업사회는 표리表裏관계에 있다. 산업사회가 부富를 증대시켜 생활수준을 향상시키는, 말하자면 빛의 부분에 초점을 맞추고 있는 것에 비해 리스크사회는 산업화가 가져오는 어둠의 부분, 즉 생활의 불안이나 공포, 불확실성, 통제하기 어려운 미래 등에 초점을 맞추고 있다. 양자의 차이는 리스크사회가 지닌 반성적·재귀적再歸的 속성에서 찾을 수 있다. 다시 말해, 리스크사회는 부의 생산과 확대보다 그것이 가져오는 공포나 불안에 대해 응답적應答的이며, 그것들의 원인을 찾고 해소하는 데 민감하다. 따라서 리스크사회의 관점은 산업화가 가져오는 부작용을 체계적으로 해명하고 평가하는 데 필요한 시각을 제공한다.

리스크사회의 또 다른 의의는 그것이 21세기의 과제인 지속가능한 사회를 구축하는 데 반드시 필요한 관점을 제공한다는 것이다. 그 관점은 모든 것을 감수하고 성장과 발전을 추구하는 것이 아니라 이미 확보한 풍족함을 잘 활용하여 지속적인 행복을 추구하기 위해 리스크에 대한 취약성을 극복하는 것이다. 이를 위해서는 의료나 건강, 금융, 법, 기업과 산업, 소비, 주거, 근로, 여가, 교육, 가정 등 모든 방면에서 리스크에 대한 연구를 행할 필요가 있다.

이 시리즈는 이러한 학계의 동향을 민감하게 파악하여, 앞으로의 리스크 연구의 체계화 — 리스크학學의 구축 — 에 대비하기 위한 시도로 기획되었다. 리스크학을 수립하기 위해서는 독자적인 관점, 리스크의 정의, 리스크 분석, 리스크 평가, 리스크 관리 등에 관한 정비가 필요한데, 이를 위해서는 먼저 지금까지 축적된 개별 리스크론들을 정리해야 한다.

그래서 이 시리즈에서는 다음과 같은 구성을 택하기로 했다. 먼저 기존의 리스크론을 토대로 리스크학學을 전망한다는 목적을 가지고 리스크사회의 특질과 그 관리 방향을 제시할 것이다(제1권). 그다음은 각론 편으로(제2~5권), 리스크 연구에 관한 선진 분야이며 축적도 있는 경제와 과학기술 분야를 다루었는데, 우리는 이 분야에서 축적된 것들을 연구의 기본으로 삼았다. 이어서 개인정보의 누출 리스크와 이에 대한 법률상의 보호, 사이버 사회에서의 리스크와 법 등 법률 분야에서의 리스크 대처를 다루는

데, 이는 최근 들어 부쩍 사회적 관심이 높아진 분야다. 또한 가족이나 교육 현장, 질병과 의료, 여가와 사교 등 좀 더 폭넓은 사회생활 분야를 다룬다. 각 분야에서는 ① 리스크가 어떻게 정의되고 있고, ② 이제까지 리스크 문제를 놓고 어떤 논쟁이 있었으며, ③ 현 상태에서의 문제점과 앞으로의 과제는 무엇인가 등에 대한 규명을 시도했다. 그리고 이러한 시도를 바탕으로 ④ 리스크 회피 내지 저감화低減化를 위해 무엇을 할 수 있는지에 관한 해결법을 제시했다. 우리는 이러한 사고 과정을 통해 향후 각 학문 분야에서 지금까지와는 다른 접근으로 리스크에 대한 문제 해결방법을 찾아낼 수 있을 것으로 기대한다.

우리는 일본 리스크론자들의 학문적 업적을 이 시리즈에 집결했으며, 이 시리즈가 '리스크학'이라는 새로운 학문의 구축에 하나의 계기가 되기를 희망한다.

2007년 7월 엮은이 일동

증보판 발간에 즈음하여

2011년 3월 1일, 천 년에 한 번 있을 만한 강도 9.0의 대규모 지진이 도호쿠東北의 산리쿠오키三陸冲를 진원지로 하여 일어났다. 그에 뒤따라 상상을 초월하는 거대 쓰나미가 이와테岩手 현, 미야기宮城 현, 후쿠시마福島 현 연안을 덮쳐 수많은 주택, 점포, 공공시설이 유실되고 파괴되었다. 이에 더해 후쿠시마 제1원자력발전소에서 원자로 노심 용융과 수소폭발이 일어나 대량의 방사능이 대기에 방출되었고 그것이 도호쿠 지방뿐만 아니라 간토關東 지방까지 날아가 주민들에게 심각한 방사능 오염 피해를 입혔다. 우리는 당시 '리스크사회'의 현실을 다양하게 목격할 수 있었다. 그리고 전 세계에서 '3·11'과 '후쿠시마'는 동일본 대지진을 상징하는 단어가 되었다.

이 시리즈는 3·11보다 3년여 앞선 2007년 7월부터 11월 사이에 발간되었다. 당시 우리가 특별히 대지진 가능성을 상정한 것은 아니었다. 단지 글로벌화와 함께 산업사회가 리스크사회로 변화하고 있는 현실을 직시하여 시대의 요청으로서 '리스크학'을 제창했고, 분야별로 학술적 체계화를 목표로 한 선구적 작업을 시도했던 것이다. 그런데 공교롭게도 동일본 대지진이 일어나 일본 국민뿐 아니라 전 세계 사람들이 지진·쓰나미·원전 사고의 대규모 복합 재해가 어떤 것인지 보고 느끼게 되었으며 '리스크학'이 얼마나 중요하고 또 긴박한 것인지를 깨달을 수 있었다. 그리고 리스크 거버넌스, 리스크 활용능력, 리스크 커뮤니케이션 등 리스크 관리를 향한 노력에 많이 뒤처져 있는 현실에 대한 위기감을 불러일으켰다.

이러한 문제의식을 가지고 다시 시리즈를 살펴보니 이미 지진 재해, 저선량低線量 피폭 등 3·11 이후의 문제들을 논하고 있었다(제5권). 그 밖에 경제 불황이 가져오는 실업·고용·빈곤 등의 리스크도 다루고 있었고(제2권), 법학적 관점에서 본 인터넷 사회나 안전보장과 관련된 리스크 문제(제3권)나 더욱 심각해지고 있는 사회문제로서의 가족이나 교육 현장에서의 리스크 문제(제4권)도 다루고 있었다. 이것은 넓은 의미에서 재해 리스크에 대한 대응 및 부흥復興 문제와 통하는 테마들이고, 이 시리즈를 재간再刊해야겠다고 생각하게 만든 이유이기도 했다.

시리즈의 재간에서는 단순히 중판 내지 일괄 복간하는 방법도 있었으나 그럴 경우 3·11 이후 사정이 전혀 반영되지 않게 된다. 한편, 전면 개정일 경우에는 작업상, 시간상의 여러 문제가 발생한다. 그래서 우리는 다음과 같은 편집 방침을 세워 '신장新裝 증보판'을 간행하기로 했다.

첫 번째, 제2~5권 권말에 각 책임편집자가 「3·11 이후의 리스크학을 위하여」라는 논고를 덧붙인다.

두 번째, 각권 권말에 게재되어 있던 「관련문헌 해제」에 각 집필자가 구판 발간 이후의 문헌 해제를 한두 개 덧붙인다.

세 번째, 제1권에는 각 권 권말에 덧붙이는 「3·11 이후의 리스크학을 위하여」의 논고를 토대로 전 편집위원이 참여하는 좌담회인 「리스크학의 재정의와 재구축: 3·11에 의거하여」를 덧붙인다.

이상의 방침에 따른 이 시리즈의 재간이 최근의 중요한 과제에 대한 대응 및 3·11을 매개로 한 리스크학의 새로운 전개에 기여하는 작업이 되기를 기대한다.

2013년 3월 엮은이 일동

차례

공동토론 I

리스크론論에서 리스크학學으로

다치바나키 도시아키橘木俊幸
하세베 야스오長谷部恭男
이마다 다카도시今田高俊
마스나가 시게키益永茂樹
(사회: 이마다 다카도시)

이마다 풍요를 생산하는 산업 활동은 동시에 수많은 리스크를 만들어냈고, 우리는 생명과 인간관계를 해치는 시대를 맞이했습니다. 과학기술의 발달 덕분에 우리는 풍족한 생활을 영위할 수 있게 된 반면, 어떤 측면에서 생활은 이전보다 더 위험하고 불안정해졌고 쾌적하지도 않게 되었습니다.

단순히 경제활동이 인류에게 부와 행복을 가져다준다고 믿었던 것은 20세기 중엽까지입니다. 그 이후 인류는 환경·공해문제를 계기로, 과잉 산업 활동이 우리의 생활 기반을 파괴하는 리스크까지 생산하고 있다는 것을 자각하게 되었습니다. 그중에서도 1986년에 울리히 벡Ulrich Beck[1]이 '리스크사

1 1944년 출생의 독일 사회학자. 뮌헨대학 졸업. 1992년부터 뮌헨대학 및 런던정치경제대학 사회학 교수. 1986년에 출판된 『리스크사회』에서 그는 근대 산업사회가 다양한 위험

회의 도래'를 지적해 세상을 놀라게 한 이래로 각종 리스크에 대한 고찰이 있었습니다. 예를 들면 원전 사고, 핵폐기물, 삼림 파괴 외에도 유전자 조작, 가정폭력, 아동학대, 치안 악화, 컴퓨터 범죄, 왕따, 교내 폭력 등 모든 생활영역에 걸쳐 리스크가 존재한다는 것이 지적되었습니다.

현재 수많은 리스크가 다양한 영역에서 발생하고 있고, 앞으로의 사회에서는 이러한 리스크 대처에 민감해야 할 필요가 있다는 인식이 사람들 사이에 크게 높아졌습니다. 하지만 현실은 아직 개별적인 리스크론의 단계에 머물러 있고 리스크에 관한 지식의 체계적 정리(즉, 리스크학의 구축)가 이루어지고 있다고 하기는 어려운 상황입니다. 무엇이 리스크인가, 어떤 유형의 리스크가 존재하는가, 어떻게 리스크가 창출되고 분배되는가, 그리고 리스크를 어떻게 평가하고 관리하면 좋을 것인가 하는 것들이 아직은 명확하지 않습니다. 다만 이즈음에서, 우리가 리스크와 마주하며 살아갈 수 있는 기술을 얻기 위해서는 지금까지 축적된 지식을 정리해볼 필요가 있다고 생각합니다. 그리고 이 시리즈의 목적은 그 한 걸음을 내딛는 데 있습니다.

그래서 먼저 이 시리즈 각 권의 엮은이들이 모여 「리스크론論에서 리스크학學으로」라는 주제로 토론을 진행하고, 그것을 이 시리즈의 도입서인 본권의 앞머리에 싣기로 했습니다. 이 제목을 보고, 리스크의 정의와 유형, 리스크 분석의 틀, 그 메커니즘 등 너무 수준 높은 의론을 전개해야 하는 것 아닌가 하는 걱정을 하실지도 모르겠습니다. 그러나 이 좌담회는 리스크학의 상像을 어떻게 그려나가야 할지, 연구를 어떻게 진행하는 것이 좋

을 만들어냄으로써 우리의 생명과 사회관계를 해치는 시대를 맞게 되었다고 주장했다. 이 책은 구소련의 체르노빌 원자력발전소 사고 직후에 간행된 것도 작용하여 베스트셀러가 되었고, 사회적 리스크에 대한 연구 기운을 제고시키는 계기를 만들었다. 그 밖에 다른 저서로는 『세계 리스크사회론: 테러, 전쟁, 자연파괴』(2003) 등이 있다.

을지 그 길 안내를 목적으로 하고 있기 때문에, '학'으로서의 엄밀성에 구애받지 마시고 그저 다양한 각도에서 리스크 문제에 빛을 비추며 리스크학의 방향을 모색해주셨으면 합니다.

1. 리스크와 함께 살아가는 시대

이마다 리스크를 모험, 도전, 자극적인 것, 흥분시키는 것 등으로 적극적이고 긍정적으로 파악하는 경향도 있지만, 일반 사람들에게 리스크는 가능하면 피하고 싶은 것, 당하고 싶지 않은 손해 같은 부정적 이미지인 경우가 많고, 두려움, 불안, 불쾌, 초조 같은 감정들을 환기시킵니다. 실제로 최근 십수 년 동안 사람들의 관심을 불러일으키고 화제가 되었던 리스크들을 보면, 별생각 없이 지내던 인생이 날아간다거나, 당하지 않아도 될 재해를 당한다거나, 건강이 악화되는 등 부정적이고 바람직하지 못한 경우들이 압도적으로 많았습니다.

지금까지 우리는 리스크를 고려한 후 생활을 영위하며 살아가지는 않았습니다. 어쩌면 리스크를 생각할 만큼의 자유가 없었는지도 모릅니다. 하지만 이제는 리스크와 대면하면서 리스크와 함께 살아가야 하는 현실에 직면했습니다. 우선 각 선생님의 전문분야에서 리스크 문제가 어떻게 다루어지고 있는지에 대해 말씀해주셨으면 합니다.

다치바나키 이마다 선생님은 리스크를 감지하기 시작한 것이 극히 최근의 일이라고 말씀하셨지만 경제학에서는 이미 예전부터 리스크를 다루어왔습니다.

그 예가 생명보험제도인데, 그리스·로마시대부터 생명보험제도가 있었다는 연구보고가 있습니다. 당시에도 사망 리스크에 대비하여 뭔가 방법을 마련한다는 발상이 있었다고 해석한다면, 경제학의 입장에서 볼 때 인류는 훨씬 옛날부터 리스크에 대한 대처 방법을 생각했다고 할 수 있습니다.

또한 옛날에는 농업 중심의 생활이었던 만큼, 기후가 나빠지면 농작물을 거둘 수 없는 경우도 있다는 것을 인류는 알고 있었습니다. 곡식을 어떻게 저장하고 물이 부족할 때는 어떻게 해야 하는지, 예를 들어 에도江戸 시대에는 주민들이 물을 공유하여 관개했던 것을 우리는 알고 있습니다. 농업의 시대에도 인간은 리스크에 대해 어떻게 대응할 것인지를 생각하며 살았던 것입니다.

벡의 리스크론의 등장은 사회에 대단히 큰 영향을 미쳤고 이후 원전 등의 대형 리스크가 출현했기 때문에 모두가 리스크에 민감해졌다고 해석할 수도 있으나, 인류는 훨씬 옛날부터 생활을 위한 지혜로서 리스크에 대한 대응을 생각했다는 것이 경제학의 입장입니다.

이마다 물론 리스크의 존재는 옛날부터 인식되었습니다. 다만 최근 화제가 되고 있는 리스크는 인간의 작위에 의해 만들어진 것들에 초점을 맞추고 있습니다. 앤서니 기든스Anthony Giddens[2]는, 현재 문제가 되는 것은 인간의 작위와 무관하게 우리에게 내려오는 '자연적 리스크natural risk'가 아니라 인간이 만들어낸 '인위적 리스크manufactured risk'라 했습니다. '리스크사회'라는

2 1938~ . 케임브리지대학 박사과정 수료. 영국뿐 아니라 현대를 대표하는 저명한 사회학자. 1997년부터 2003년까지 런던정치경제대학 학장 역임. 마르크스주의를 바탕으로 한 구조화 이론으로 근대 사회 제도를 설명한 것으로 유명하다. 1990년대 이래 근대성 다시 보기를 적극적으로 추진했고 아이덴티티, 리스크, 글로벌화 등에 대한 분석을 해왔다. 또한 영국 수상인 토니 블레어(Tony Blair)의 노동당정권 핵심인물로 활약해 기존의 사회민주주의파의 한계를 뛰어넘기 위한 '제3의 길'을 제창한 것으로도 유명하다.

발상의 근저에는 이러한 견해가 있습니다.

다치바나키 리스크 중에는 인간의 작위에 의해 발생하는 것들도 있지만 인간은 훨씬 전부터 어떻게 해야 안전한 생활을 영위할 수 있는지, 어떻게 해야 식료품을 확보할 수 있는지 등을 생각했고, 이런 의미에서 인간은 예전부터 리스크에 대한 대응을 생각했다는 것입니다. 앞에서 농업을 중심으로 한 리스크 대처에 대해 이야기하셨지만, 공업화 시대가 되어 영국에서 산업혁명이 일어나 공장에서 물건을 생산하고 모든 사람이 그것을 사용하게 되었을 때 새로운 형태의 리스크가 발생했습니다. 예를 들면 공장이 무너져 그곳에서 일하고 있던 사람들이 부상을 당하는 등의 문제입니다. 이는 인류가 농업 이외의 생산활동에 종사하면서 생겨난 새로운 유형의 리스크입니다. 산업혁명 이후 공업화 시대를 맞아 공장 도산, 실업, 부상, 질병, 기타 생산활동과 관련된 여러 분야에서 새로운 리스크들이 생겨났습니다. 경제학은 이러한 리스크에 대해 어떻게 대응해야 하느냐의 문제와 씨름해 왔습니다.

이와 관련하여 중요한 것이, 그런 리스크들에 대하여 공적 부문에서 대응해야 하는가 민간부문에서 대응해야 하는가 하는 문제입니다. 민간부문은 다시 둘로 나누어지는데 하나는 개인이고 다른 하나는 보험회사입니다. 후자의 경우, 사적 기업이 보험회사를 만들어 개인이 가입해 보험료를 내고 사고가 나면 민간 보험회사가 급부를 제공합니다. 산업혁명 이후 공업화 시대가 되자 리스크에 대비하는 조직을 누가 만들 것이며, 누가 가입하고 누가 편익을 수취할 것인지의 문제가 대두되었습니다.

하세베 이마다 선생님이 말씀하신 대로, 벡의 '리스크사회'와 관련된 의론에서는 주로 인간의 활동에 수반해 일어나는 리스크를 대상으로 하고 있고 인간의 작위가 가해지지 않는 자연自然이라는 개념에 대해서는 별로 의식하지 않고 있다고 할 수 있습니다.

그런데 리스크라는 말의 의미 또는 그 사용방법에 대해서 말할 때, 지금 다치바나키 선생님이 말씀하신 의미에서의 리스크는 각각의 결과에 확률을 할당할 수 있는, 즉 상당히 객관적으로 확률을 할당할 수 있는 그런 것들을 가리키는 것 아닙니까? 그에 반해 확률을 할당하는 것이 곤란한 것을 경제학의 세계에서는 '불확실성uncertainty'이라 정의하고 양자를 구별하고 있는 것 같습니다.

한편 법률학 분야에서 최근에 자주 논의되는 것은 이 '불확실성'에 대응하는 의미의 리스크입니다. 전통적으로 법률학이 대응해온 '위험Gefahr'이라는 개념은 적어도 합리적인 판단능력을 가진 사람이라면 어느 정도 그 결과에 대해 예측과 예견이 가능한 것들을 가리킵니다. 그에 비해 '리스크'란 발생의 개연성을 예견하기 어려운 것을 가리킵니다.

이전까지 법률학에서는 정부, 즉 (다치바나키 선생님이 말씀하신) 공적 부문에서 대응해야 할 것은 주로 결과에 대한 예측이 가능한 위험 쪽이었고, 전통적인 법률학, 특히 공공법학의 임무는 정부가 사인私人의 자유로운 활동을 필요 이상으로 규제하지 않도록 개인의 자유를 지키는 데 있다고 말해왔습니다.

개인 활동의 경우에도, 그로부터의 위험 발생을 어느 정도 예견할 수 있을 때 비로소 정부가 나서서 그것을 규제해야 한다고 했었지요. 이에 대해 오늘날에는 결과 발생을 예측하기 어려운 리스크의 경우, 정부에게 사람들의 안전을 보호할 의무가 있는 것이 아니냐는 문제가 제기되고 있습니다.

그렇다고 법률학 분야에서 리스크 개념에 대한 사용 방법이 확립되어 있는 것은 아닙니다. 예를 들어 2005년 말, 오다큐小田急 소송[3]의 최고재판소 판결에서 도호쿠東北대학 행정법 교수였던 후지다 도키야스藤田宙靖 재판관은 원고의 소송제기 적격을 비교적 폭넓게 인정하기 위해, 행정에는 '리스크로부터의 보호 의무'가 있다고 하면서 도시계획사업 인가의 취소를 청구한 원고의 원고적격原告適格을 인정할 근거로서 이 개념이 유용하다고 설시한 바 있습니다. 이것은 주변 주민의 건강이나 생활환경을 중대한 침해로부터 보호해야 한다는 의무인 만큼 전통적인 의미의 '위험'의 개념에 가깝다고 생각됩니다.

최근에 캐스 선스타인Cass R. Sunstein[4]도 리스크에 관한 여러 의론을 전개하고 있는데, 그가 말하는 리스크도 다치바나키 선생님이 말씀하신 의미의 불확실성과는 다르고 어느 정도의 확률을 객관적으로 할당할 수 있는 경우를 가리킵니다.

이마다 풍족한 사회를 목표로 생활수준을 향상시켜온 이제까지의 산업사회는 우리에게 어느 정도 풍족함을 가져다주었지만 그와 동시에 다양한 방면에서 부작용을 만들어냈습니다. 가장 큰 문제가 환경문제, 공해문제인데, 이것이 중심이 된 논의가 이루어지던 단계에서는 리스크사회에 대한 관심이 그다지 높지 않았습니다. 그러나 원전 사고, 약해藥害 문제, 과로사, 스트레스에 의한 인격장애, 식물인간·안락사 등 인간의 삶에서의 권리의

---

3 오다큐 전철이 오다와라선(小田原線)의 기타미 역(驛)에서 우메가오카 역까지의 구간을 연속입체교차화하겠다는 도시계획사업을 지방정부가 인가해준 것에 대해 주변 지역 주민들이 '좀 더 나은 안(案)인 지하화가 아니라 고가식을 택한 것 등의 위법성'을 주장하며 인가의 취소를 요구한 소송. 2005년 12월 7일의 최고재판소는 도시계획사업의 인가에서 주변 주민의 양호한 생활환경 보전 또한 배려해야 한다고 판결하여, 주변 주민의 원고적격(原告適格)을 인정했다.

4 1954~ . 시카고대학 교수. 헌법학, 행정법학, 법철학 분야에서 업적이 많다. 리스크론과 관련해서는, 사회심리학의 지식을 활용하면서 주로 비용-편익 분석에 의한 합리적 접근에 바탕을 둔 정책의 입안과 실시를 제창해왔다.

문제로까지 확대되면서 갑자기 '리스크사회'가 부각되었지요.

사회학의 리스크론에는 두 가지 측면이 있습니다. 하나는 부富를 생산하는 이른바 동맥계動脈系의 활동으로, 산업사회는 이 동맥계 활동에만 초점을 맞추었습니다. 그리고 그것이 가져오는 부정적 측면(환경오염이나 방사능 피폭 등)을 적절하게 처리하고 정화하는 정맥계靜脈系의 활동을 등한시했기 때문에 그 보복을 받고 있다는 것입니다. 이것이 벡이 지적하는 리스크사회론의 특징입니다.

또 하나는 니콜라스 루만Niklas Luhmann[5]의 리스크론입니다. 루만에 따르면 근대화가 진전되면서 직업선택의 자유, 결혼 상대를 찾는 자유, 거주지 선택의 자유 등 생활의 제반 영역에서 인간 활동의 자유의 정도가 높아졌고 사람들은 다양한 상황에서 선택을 강요받게 되었습니다. 그러나 그 선택이 반드시 기대만큼의 결과를 가져오지는 않았고, 결과적으로 선택의 자유에 수반되는 리스크에 대한 의식이 높아졌습니다.

사회학에는 이 두 계열의 리스크론이 있고, 현재는 루만 유형 쪽이 주류라 할 수 있습니다. 선택이나 자유의 문제가 사회학의 대상이 되는 경향이 있기 때문입니다. 대략적으로 말하면, 일찍이 경제의 성장·발전이 지배적이었던 시대에는 생활 리스크가 작은 인생을 선택할 수 있었습니다. 바꿔 말하면 그러한 라이프 코스가 준비되어 있었다고 할 수 있지요. 그 전형적인 것이, 학교에서 교육을 받아 취직하고 결혼하여 가족을 형성하고 아이를 낳아 기르고, 직장을 은퇴해서는 노후의 연금생활에 들어가는 코스입니다. 이 코스를 착실히 밟아가기만 한다면 어느 정도 자유는 제한된다 하더

5 1927~1998. 독일 출신으로, 20세기 최후를 대표하는 세계적으로 저명한 사회학자. 프라이부르크대학을 졸업한 후 하버드대학에 유학하여 탈콧 파슨스(Talcott Parsons) 아래서 기능주의 사회시스템 이론을 배웠다. 주요저작 『사회시스템 이론』(1984)에서 그는 오토포이에시스(auto poiesis, 자기생산) 개념을 도입하여 참신한 이론을 전개했다.

라도 리스크가 작은 인생을 보낼 수 있었습니다. 그러나 현재는 교육 현장이 황폐해지고, 비혼화非婚化가 진행되었으며 아동학대나 가정폭력이 빈발하고, 실업이나 비정규 고용이 늘어나는 등 이전의 라이프 코스가 크게 흔들리고 있습니다. 이에 대한 원인은 저성장 시대로의 진입 때문이기도 하지만, 사회가 풍족해지면서 생활의 자유로움이나 쾌적함을 확보하려는 욕구가 커졌고 이를 확보하기 위해 많은 리스크를 감당해야 하는 상황이 생겨난 때문이기도 합니다. 국민들이 자유로움이나 쾌적함이 침해되는 것에 대한 불안 의식 때문에 안전이나 안심에 민감해졌다고 말할 수도 있습니다. 요컨대 사람들의 관심이 성장과 발전으로부터 안전과 안심으로 완만하게 이행하면서 리스크에 대해 민감해진 것입니다.

이는 데이터에서도 나타나고 있습니다. 일본 내각부(구 총리부)가 1958년부터 실시하고 있는 「국민생활에 관한 여론조사」에 의하면, 버블경제시기까지는 '일상생활에서 고민이나 불안을 느끼고 있다'고 응답한 사람의 비율과 '느끼지 않는다'고 응답한 사람의 비율이 대략 5 대 4였습니다. 그러나 버블경제가 붕괴하고 구조조정의 열풍이 불어닥친 1995년부터 불안이 현저히 증가하여 2005년에는 '불안을 느끼고 있다'가 약 70%, '느끼지 않는다'가 약 30%로 나타났습니다.[6] 사회불안, 생활불안의 증가는 넓은 의미에서 생활 리스크가 높아진 것과 상관이 있는 만큼 최근 십수 년 동안 '리스크사회'에 대한 관심이 높아진 것이 앞서 말한 것과 같은 의식 변화로 나타났다고도 할 수 있습니다.

다치바나키 연평균 성장률이 10% 전후였던 1950~1960년대 고도성장기에

6 시계열의 변천을 나타내는 그림은 http://www8.cao.go.jp/survey/h17/h17-life/images/z27.gif 에 게재되어 있음.

는 실업률이 대단히 낮았고 다들 풍족해지는 것을 경험했기 때문에 사람들 모두 불안을 느끼지 않고 살았다고 할 수 있습니다. 그렇지만 이마다 선생님의 말씀대로 버블 이후, 버블이 붕괴해 일본이 대불황기에 접어들고 모두가 생활불안을 느끼게 된 것이 일본이 저성장 시대를 맞았기 때문이라면, 역으로 일본이 다시 고도성장기로 돌아가면 사람들의 생활불안이 없어진다고 말할 수 있겠지만, 저는 반드시 그렇지는 않을 것이라 생각합니다.

경제학에서는 흔히 고성장 시기에는 불안이 없고 저성장 시기에 불안이 있다고 해석하지만, 이마다 선생님의 말씀과는 초점를 달리해 말한다면, 경제성장률의 차이뿐만 아니라 가족의 존재방식이 달라지고 도시화가 진행되면서, 다시 말해 옛날에는 모두 지방에서 살았지만 지금은 아주 많은 사람들이 도시에 살고 있고 결과적으로 다양한 사람들이 서로 마찰하며 사는 시대가 되었기 때문에 불안 역시 높아졌다고 볼 수도 있습니다.

즉, 생활불안은 경제력이 낮아진 결과이기도 하지만, 인간사회에서의 삶의 방식, 가족의 존재방식, 도시화 현상 등도 불안을 높이는 요인이 되었을 것이라는 말입니다. 그렇기 때문에 일본에서 경제성장이 다시 한 번 일어난다면 불안이 없어질 것이라는 해석은 불가능한 것이 아닐까요?

이마다 경제성장을 했기 때문에 그것으로 야기된 모든 문제가 리스크를 증가시키고 사람들의 불안을 증대시킨 것이 아닌가 생각합니다. 저성장이 되었다고 해서 그때까지 창출된 리스크들이 자동적으로 처리되는 것은 아니기 때문에 그것들을 어떻게 처리할 것인지가 앞으로의 문제가 될 것입니다. 리스크에 의한 생활불안 문제를 해결하지 않은 채 저성장을 계속하다 보면 어떻게든 되겠지 하는 생각은 아닙니다. 고도성장에 다시 접어든다면 더욱 많은 리스크가 창출되어 오히려 그것을 처리하는 것이 더 큰 문제가 될지도 모릅니다.

다치바나키 고도성장에 다시 접어든다면 먹지 못하고 직장이 없는 등의 생활불안은 없어질 것입니다. 이마다 선생님의 말씀대로 일본이 다시 한 번 고도성장을 한다면 환경문제 등은 더 심각해질 우려가 있고, 생활 불안은 감소할지도 모르지만 사회적인 생활 불안은 오히려 더 높아질 우려가 있습니다.

이마다 경제적인 고민 또는 불안도 있지만 그것의 배후에 있는 불안의 핵심 중 하나는 건강 불안입니다.

다치바나키 그러나 건강 불안은 메이지明治 시대에도 있었고 에도江戶 시대에도 있었으며 그리스·로마 시대에도 있었겠지요. 그런데 왜 지금 건강 문제가 중요해졌을까요?

이마다 리스크는 식품첨가물이나 방사능 또는 대기 오염처럼 사람들이 직접 볼 수 없는 것이 대부분입니다. 그런 사실 자체가 큰 불안의 원인이 되는 것이 아닐까요?

마스나가 건강에 대한 관심이 높아진 것은 분명합니다. 건강 리스크의 결과로 나타나는 것이 죽음이나 수명 단축인데, 실제로는 수명이 늘고 있습니다. 흔히 암의 발병률이 증가하고 있다는 걱정을 하는데 평균 수명이 늘어나고 있다는 것을 생각하면 사실상 암은 거의 증가하지 않고 있습니다. 즉 실제로는 건강에 대한 리스크가 높아진 것이 아님에도 사회적으로는 그렇게 인식되지 않고 있지요. 그 이유 중 하나는 전에는 먹고 살기에 바빴던 사람들이 이제는 건강을 위해 돈이나 시간이나 노력을 할애할 여유가 생겼다는 것입니다. 그리고 또 하나는 과학적으로 정확한 리스크 정보가 일반인들에게 유포되기 어렵다는 점이 아닐까 합니다. 현대 사회에서는 매스컴이 정보전달에 큰 역할을 담당하고 있는데, 위험 정보는 일반인들에게 주목을 받기 때문에 잘 전달되지만 '그다지 위험하지 않을 것 같은' 정보는 적극적으로 취급되지 않는 경향이 있지요.

과학기술 관련 리스크는 특히 원자력, 방사능 리스크가 자주 언급됩니다. 방사능 리스크가 문제가 될 때까지의 리스크 관리 방식은 안전한가, 위험한가 두 가지로 나누어 안전한 상태에서 관리한다는 것이었습니다. 예를 들면 위험물은 폭발하지 않는 상태에서 관리하고 사용한다든지, 유해물질은 건강에 영향이 없는 수치 범위 내에서 사용한다는 형태의 안전관리가 행해져 왔습니다.

그런데 방사선은 아무리 소량이라도 일단 유출이 되면 그만큼의 영향이 있습니다. 그런 까닭에 안전 범위가 존재하지 않는다는 인식이 퍼졌고, 원자력이든 방사선을 사용한 의료행위든 그것으로 편익을 얻으려 한다면 반드시 어느 정도의 위험을 감당해야 한다는 것을 알게 되었습니다. 이것이 과학기술에서의 리스크 관리에 관한 사고방식을 크게 바꿔놓았습니다. 편익을 얻기 위해서는 어느 정도의 리스크를 참고 용인해야 한다는 사고방식으로 변한 것인데 그렇다면 어느 정도까지 용인해야 할 것인가, 즉 용인 정도를 정량화할 필요성이 대두됩니다. 구체적으로는 자연방사능의 수준까지는 용인하자는 제안이 만들어졌습니다.

용인 정도의 정량화를 도모하는 것은 중요한 일입니다만 정량화한다 하더라도 인간은 역시 감정의 동물이기 때문에 정해진 것이 그대로 받아들여지는 것은 아닙니다. 폴 슬로빅Paul Slovic[7]이 말했듯이, 우리 주변에서 흔히

7 1938~ . 오레곤대학의 심리학 교수. 의사결정 또는 리스크 인식에 관한 저작을 많이 냈고, 리스크 해석학회(Society for Risk Analysis) 회장을 역임한 바 있다.

볼 수 없는 미지의 사상事象에 관한 리스크는 크게 인식됩니다. 예를 들어 교통사고처럼 조금씩 일상적으로 일어나는 리스크는 낮게 인식되지만 비행기 사고처럼 한번에 많은 사람이 죽는 사고는 상당히 큰 리스크로 인식됩니다. 그리고 대지진처럼 대단히 낮은 빈도로 큰 피해를 가져오는 리스크는 정량화하기 어렵다는 문제가 있습니다.

한 가지 예를 들면, 유전자 변형 작물에 대한 사람들의 불안이 대단히 크다고 합니다. 그러나 외국에서 콩을 포함한 유전자 변형 작물이 대량으로 재배되고 있지만 그로ㅆ 아직 나쁜 일이 거의 일어나지 않은 만큼, 리스크가 그리 큰 것이 아니라고 생각됩니다. 한편 다이어트 식품이나 건강보조제 중에는 상당히 의심스러운 제품들이 유통되고 있습니다. 현 단계에서는 소비자들이 유전자 변형 식품으로부터 직접적인 이익을 얻고 있지 않지만 앞으로 불포화지방산이 많아 건강에 이로운 식물유植物油가 나온다면 유전자 변형 식품도 받아들여질 가능성이 높습니다. 인간은 이롭게 느껴지는지의 여부나 익숙한 것인지 미지의 것인지의 등을 고려하는 감정적인 측면이 있어서, 그것이 학문적이고 정량적인 리스크와 양립하기 어려운 경향이 있기는 합니다. 하지만 리스크를 가능한 한 정량화하고 비교할 수 있도록 하는 노력은 리스크 관리를 진척시키는 데 대단히 중요한 일입니다.

이마다 생각해보면, 자동차 사고는 빈발하기 때문에 리스크가 크다고 할 수 있습니다. 반면 유전자 변형 작물은 자동차보다 리스크가 작은데도 사람들은 그쪽에 민감합니다. 자동차를 타는 데는 그다지 신경을 곤두세우지 않지요. 이것은 자동차 운전을 스스로 제어할 수 있기 때문일까요?

마스나가 말씀하신 대로, 자발적인가 비자발적인가의 차이도 큽니다. 자기에게 편익이 되고 자신이 제어할 수 있다고 생각되는 것에 대해서는 그다지 민감하지 않은 것 같습니다.

이마다 원전原電은 99.999999……%로, 9가 소수점 이하 십수 자리에 이를 정도로 안전해서 사고가 일어나지 않는다고 말해지기도 하지만 사람들은 원전 사고에 대해서 지극히 민감하고 '제로 리스크'를 요구하는 경우도 아주 많습니다. 이런 종류의 리스크와 그 밖의 리스크들을 과학기술 분야에서는 어떻게 분류하고 있나요?

마스나가 자동차 사고는 항상 일어나기 때문에 보험에 의한 대처도 쉽게 할 수 있습니다. 원자력이나 지진의 경우 역시 수십 년의 장기에 걸쳐 그 피해자 수를 조사해보면 동일한 정도가 될지도 모르지만, 빈도가 아주 낮은 재해이기 때문에 대책을 세우기가 특히 어렵습니다. 과학적으로는 긴 시간 동안의 평균 리스크에서는 동일하다고 평가하겠지만 후자의 경우, 리스크를 더 낮추도록 요구받는 경우와 방치되는 경우로 나누어볼 수 있지 않을까요?

다치바나키 경제학의 관점에서 본다면 피해를 당한 사람의 수에 큰 차이가 있습니다. 자동차의 경우 기껏해야 한 명에서 수 명입니다. 그러나 원전의 경우 피해자가 수천 명 또는 수만 명에 이릅니다. 그 발생 확률은 대단히 낮지만 피해를 당한 사람의 수를 합산할 경우 엄청난 수가 되지요. 그리고 자동차 사고의 경우, 보험제도가 있어 어느 정도는 보호받을 가능성이 있습니다. 내가 사고를 일으켜 누군가의 자동차를 찌그러뜨렸다 하더라도 보험회사가 그것을 복구해주지요.

하세베 원전의 경우 그 리스크는 대단히 낮지만 대형 참사를 가져올 위험이 제로인 것은 아닙니다. 그런데 그것을 제로로 할 수 없으니 발전소를 중단시키려면 화석연료 등의 대체에너지 수단이 있어야 하는데, 후자를 사용하는 것이 장기적으로는 더 심각한 재앙을 가져올 수 있습니다. 그렇기 때문에 이 문제는 한마디로 답하기 어렵습니다.

이마다 심리학에서는 인간의 심리에 '제로 리스크'에 대한 요구가 있어 과학기술적으로 안전성을 아무리 높인다고 해도 절대로 안심할 수 없는 종류의 리스크가 있다고 말합니다. '제로 리스크' 자체가 무리한 요구인 만큼 어느 정도의 안심이 가능하려면 어떻게 해야 좋을지가 중요한 과제일 것입니다. 그런 이유로 선진 사회에서는 리스크 커뮤니케이션에 힘을 쏟고 있습니다. 특히 미국에서는 시민이나 전문가 또는 행정부 등 관계자들 간 사회활동을 둘러싼 리스크들에 관하여 서로 정확한 정보를 상당히 활발하게 교환하고 있습니다. 다시 말해 리스크를 사회적으로 수용하고 대처하는 것에 관한 합의를 형성하기 위한 활동이 활발하게 이루어지고 있는 것입니다. 그런 활동들이 리스크 관리risk management의 한 기둥이 되는 것이 아닐까 생각합니다.

마스나가 리스크 커뮤니케이션에서는 리스크 정보를 공유하는 사람들의 신뢰도가 중요할 것입니다.

이마다 일본의 전력회사들이 일찍이 원전의 안전성을 홍보하기 위해 사용후의 연료를 재처리하고 플루토늄을 제거한 물을 아이들에게 마시게 하는 광고를 방송해 여론의 질책을 샀던 일이 있습니다. 리스크 가능성이 제로라고 단정할 수 없는 물을 아이들에게 마시도록 한다는 발상이 크게 잘못되었다는 것이었지요. 단순히 안전하다는 것만으로는 안심이 안 된다는 것을 충분히 이해하지 못할 경우 리스크 문제에 대한 과학기술의 대응은 큰 난관에 봉착할 수 있습니다.

2. 리스크 회피는 자기책임일까?

이마다 리스크란 '인간이 무언가를 했을 경우 그 행위에 수반하여 생기는 위험'을 의미하는 것이 일반적입니다. 여기에는 사고나 재해 등 당사자가 책임질 수 없는 사건을 가리키는 위험danger이나 인간의 힘으로는 피할 수 없는 해저드hazard와 달리 자신의 책임으로 받아들일 수 있는 위험이라는 의미가 있습니다. 리스크의 사회학적인 정의는 어느 정도 자신이 의사결정을 했고 그에 따른 책임으로 받아들일 수 있는 수준의 위험을 말합니다.

하지만 책임 주체를 명확히 할 수 없는 경우도 있기 때문에 리스크를 그렇게 명쾌하게 정의를 내릴 수는 없는 것이 현실입니다. 예를 들어 도박이나 투기행위로 리스크를 무릅쓴다거나, 아무도 하고 싶어 하지 않는 모험을 하는 것처럼 명백히 당사자가 통제할 수 있는 의사결정이나 행위를 할 경우에는 문제가 되지 않을 것입니다. 그러나 자연재해라 하더라도 그 위험성이 사전에 지적되었고 국가가 예방대책을 강구했어야 하는데 그렇게 하지 않았기 때문에 많은 사람이 피해를 입었다거나, 정책 실패로 연금 수령액이 감소하여 노후의 경제생활을 지탱하기 어렵게 되었다거나 하는 경우는 개인 차원의 예측이 불가능한 일이고 통제 가능한 사안이 아닙니다. 리스크 대응의 책임 소재를 어떻게 정하느냐 하는 것은 리스크학의 고민거리입니다. 왜냐하면 그것은 학문적 과제이기도 하지만, 리스크를 재해나 위험으로 간주하게 되면 사람들이 책임을 회피할 수 있는 가능성이 있기 때문입니다. 리스크와 책임 소재에 대해 어떻게 생각하는 것이 좋을까요?

하세베 지적하신 대로 리스크에는 두 가지 측면이 있습니다. 하나는, 어떤 결과가 일어날 것인지 그 확률을 할당할 수 있는 것으로 보이는 리스크입니다. 확률론이 학문으로 성립한 것은 대체로 근대 사회의 시작과 같은 시기인데, 블레즈 파스칼Blaise Pascal[8]이나 피에르 페르마Pierre de Fermat[9]가 그 선구자로 알려져 있습니다. 근대 사회가 시작되면서 개인은 각자의 자유로운 의사결정에 따라 행위를 하게 되었고, 따라서 그 결과에 대해서는 자유 행위의 주체인 개인이 책임을 져야 한다는 사고방식이 지배하게 되었습니다.

그런데 최근의 리스크사회론이 지적하고 있는 것은 그런 식으로 특정 행위 주체에게 귀책하기 어려운 리스크가 인위적인 리스크에서도 증가하고 있다는 데 대한 사람들의 이해가 커지고 있다는 것인데, 예컨대 인간 활동의 결과로 생겨나는 환경 파괴라든가 누구의 책임이라고 밝히기 어려운 과정을 거쳐 결함 상품이 만들어지는 경우가 그 전형적인 예입니다. 이 경우 책임이 누구에게 있는가를 엄밀하게 밝혀내기가 대단히 어렵습니다. 게다가 밝혀내는 것이 얼마나 의미가 있는지도 사실 잘 모르는 일입니다. '현대는 리스크사회'라는 말에는, 한 개인이 자신의 행위가 얼마만큼의 확률로 어떤 결과를 가져올 것인지 예측하는 것 자체가 어렵다는 것, 다시 말해 인간은 이제 스스로를 합리적이고 자유로운 의사결정과 행위의 주체라고 생각할 수 없게 되었다는 뜻이 내포되어 있습니다.

이런 사태에 대한 하나의 해결책은 그러한 리스크를 사회 전체가 떠맡

---

8 1623~1662. 프랑스의 물리학자, 철학자. 기하학, 수론(數論) 및 확률론 분야에서 수학 발전에 크게 기여했다. 영국 국교회의 신앙을 변증하는 유고집 『팡세』에서 그는 신의 존재에 (도박을) 거는 쪽이 합리적이라는 의론을 전개했다.

9 1601~1665. 프랑스의 수학자. 페르마의 정리[p가 임의의 소수(素數), a와 p는 서로소인 자연수라 할 때 a^{p-1}을 p로 나눈 나머지는 1이 된다]로 유명하다. 그와 파스칼 사이의 왕복 서간은 계통이 잡힌 확률론의 효시로 간주되고 있다.

는 것입니다. 일어난 손해에 대해서는 사회연대의 이념에 따라 예를 들어 국고를 사용하여 구제하는 것입니다. 또 하나의 안은 제조물 책임과 같은 방식입니다. 전통적으로 하자 있는 제조물을 판매하는 것은 불법행위에 해당하기 때문에, 개인이든 기업이든 과실에 의해 사람들에게 손해를 입혔을 때는 그 손해를 배상해야 한다는 의론입니다. 그러나 제조물 책임에 대해서는 누가 어떤 잘못을 했는지를 증명하는 것이 대단히 어렵습니다(다만 불법행위에 대해서는 피해자 측이 그것을 증명해야 합니다). 게다가 그것을 증명하는 것이 얼마만큼의 의미가 있는지도 알 수 없습니다. 그래서 객관적인 의미에서의 결함, 즉 통상의 안전성이 결여되어 있다는 것만 증명할 수 있다면 과실의 유무에 상관없이 손해를 배상해야 한다는 사고방식이 대두했고, 현재 일본의 제조물 책임법도 그러한 사고방식에 입각해 있습니다.

그렇다면 기업으로서는 예측되는 최저 손해배상액보다 적은 한도 내에서 안정성을 높이기 위해 투자하는 것이 합리적이라고 할 수 있습니다. 덧붙여 기업은 보험에 가입해 그 비용을 제품가격에 포함시키는 방법으로 효과적으로 이 비용을 분산시킬 수 있습니다.

다만 사회 전체 또는 기업과 소비자 간의 관계에서는, 어떤 법제를 만드는 것이 전체적인 비용을 낮출 수 있는가 또는 편익을 높일 수 있는가 하는 의론을 진행하게 되면, 앞서 언급했던 자유롭게 의사결정과 행동을 하고 그 결과에 대해 스스로 책임지는 근대적인 의미에서의 자율적인 개인상이 점점 더 흐릿해지게 되는데, 법률학의 입장에서는 이것이 과연 좋은지의 문제가 남습니다. 법률학은 그러한 근대적인 개인상을 전제로 하여 성립된 학문인데 이제는 "당신은 그런 나쁜 짓을 했기 때문에 책임을 지시오"라고 말할 수 있는 개인상이 더 이상 유지될 수 없게 되었는지도 모르겠네요.

이마다 근대 사회의 논리는 자유롭고 자립적인 개인들을 전제로 하고 있습니다. 근대인들은 공동체에 매몰되어 집단적으로 잠들어 있는 인간들이 아니라 자립적이고 주체적으로 의사결정을 할 수 있는 개인들을 전제로 한 사회 조직을 생각했습니다. 개인화의 논리가 근대 사회의 대전제인 것입니다. 다만 지금까지는 개인과 사회의 중간에 완충지대로서의 조직이나 공동체들, 예를 들어 노동조합, 지역공동체, 노동자계급, 혈연집단, 기업조직 같은 이른바 '중간집단'이 있어서 이들이 개인을 대신하여 리스크를 회피하거나 저감시키는 역할을 해왔습니다.

그런데 개인화가 더욱 진행되고 예전의 중간집단들이 약화되거나 해체되면서 자기결정, 자기책임의 논리가 강화되었습니다. 그 결과 리스크 완충지대를 상실하게 되었고, 리스크 처리를 개인 차원에서 해야 하는 시대가 되었습니다. 이제 실업을 당한 사람은 혼자서 그것을 견뎌내야 합니다. 실업은 사적인 일로 치부되고 실업자는 인생에서 실패한 개인으로 간주됩니다. 게다가 실업은 불리한 조건을 짊어진 사람들(아이를 가진 직업여성, 저소득층, 병이 있는 사람, 중·고년, 외국인 노동자 등)에게 먼저 발생하는데, 실업통계에는 그러한 사정이 잘 나타나지 않습니다. 그것이 사회적인 문제인데도 '리스크는 자기책임'이라는 미명하에 개인에게 전가되어버리는 경우가 적지 않습니다.

리스크를 개인 책임으로 돌리는 움직임이 최근 들어 부쩍 강화되었습니다. 특히 1990년대부터 신자유주의가 세계를 휩쓸면서 그러한 움직임이 현저해졌지요. 예를 들면 고용 유동화라는 이름하에 진행된 취업형태의 다양화는 리스크를 노동자들에게 분산시키는 시도입니다. 최근의 고용 형태의 특징이라고 지적할 수 있는 것이, 실업이라고는 할 수 없으나 정규 취업에도 해당되지 않는 노동의 증가입니다. 계약직, 파트타이머, 파견근무, 프리터freeter 등 지금까지의 고용계약이나 근무형태와 다른 취업형태가 늘고 있는 것이지요. 이렇게 되면 리스크 헤지hedge를 잘할 수 있는 개인(강자)과 그럴 수 없는 개인(약자) 간에 커다란 격차가 생겨납니다. 경제적 격차도 그렇지만, 리스크 처리능력의 격차가 더 큰 문제입니다.

경제적 격차에 대해서는 세제稅制를 이용한 재분배 등 시정을 위한 처방전을 고안하고 실시하는 것이 가능하지만(실제로 그렇게 하느냐는 정치적 판단에 속하기 때문에 그렇게 간단하지는 않습니다만) 이 리스크 헤지 능력의 격차를 어떻게 완화할 것인가는 앞으로 큰 문제로 남을 것입니다.

다치바나키 리스크 대처가 자기책임이냐 하는 문제에 대해 두 가지 예를 들어보겠습니다.

하나는 연금제도입니다. 모든 국민의 노후 생활에 불안이 없도록 정부가 공적 연금제도를 만들어 노후 소득을 보장했습니다. 왜 정부가 만들었는지를 생각하면 이유는 간단합니다. 세상에는 자신의 힘으로 노후에 대처하지 못하는 국민이 반드시 있습니다. 일하는 동안 저축을 안 하고 전부 소비해버리는 사람이 있는데 그런 사람이 퇴직자가 되면 "당신은 이제 죽으세요"가 됩니다. 그러한 사회가 되면 안 되기 때문에 정부가 나서 국민에게 강제로 연금보험료를 징수하고, 퇴직 이후의 기본소득을 보장해주는 것이 연금제도입니다.

그런데 일본 후생노동성이 연금제도를 잘 운영하고 있는가 하면 반드시 그런 것이 아니고 여러 의미에서 실수를 저지르고 있습니다. 다만 그 책임을 정부에만 물을 수 없는 사정이 있기는 합니다. 그 이유는 일본에서 소자노령화少子老齡化(한국에서는 저출산·고령화라는 용어를 사용)가 예상외로 빠른 속도로 진행되었고, 일본은 고도성장기 이래로 경제성장이 계속되었으므로 장래에도 풍부한 사회보험료 수입이 있을 것으로 예상했는데 갑자기 저성장 시대에 진입하게 된 것입니다. 이는 정부도 국민 대다수도 예측하지 못했던 상황이었습니다. 그 결과 공적 연금제도가 대단히 불안정해져서

"정부는 무엇을 하고 있었나" 하는 의견이 제기되기도 했습니다. 하지만 저는 공적 연금제도가 이렇게 된 책임을 정부에게만 묻는 것은 너무 가혹하고 국민들도 그 책임의 일부를 받아들여야 한다고 생각합니다.

또 다른 예는 실업보험입니다. 실업보험은, 실직 후 경제적 어려움으로 곤란을 겪을 실직자에게 정부가 실업보험제도를 운영하여 급여를 주는 제도인데, 보험료는 노동자와 기업이 반반 부담합니다. 절반씩인 이유는 실업에는 두 가지 이유가 있는데, 하나는 자신의 의사로 회사를 떠나는 경우이고, 다른 하나는 기업의 도산이나 해고 또는 일시휴가 등 기업에 주도권이 있는 경우입니다. 이렇듯 양쪽에 책임이 있기 때문에 보험료를 양쪽이 부담해야 한다는 논리가 성립되었고 그래서 노동자와 기업이 절반씩 부담하게 된 것이지요.

그러나 미국 사람들은 그렇게 사고하지 않습니다. 미국의 실업보험료는 기업만 부담하고 노동자는 부담하지 않습니다. 노동자가 의도적으로 그만두는 것은 노동자 자신의 책임이기 때문에 (기업이) 실업보험을 급부할 필요가 없다는 것이 그들의 논리입니다. 미국에서 실업보험료를 기업만 부담하고 있는 것은 노동자 측에서 보면 기업이 해고했을 경우에는 내 책임은 없다, 즉 기업의 책임이기 때문에 기업이 보험료를 지불하여 그것으로 실업보험급부를 사용하는 것입니다.

미국은 책임의 소재가 명확합니다. 따라서 보험료 징수 방식이 우리와 다릅니다. 실업보험의 예를 들면 미국에서는 어떤 이유로 실업했는가, 보험료를 누가 부담해야 하는가에 주목하여 문제를 처리하기 때문에 미국 쪽이 오히려 제도로서는 더 훌륭하다는 해석도 가능합니다. 일본에서는 기업이 해고한 것이든 노동자가 사직한 것이든 상관없이 실업급부를 주고 있어 책임 소재를 애매하게 만들고 있다는 해석도 가능합니다.

이러한 의미에서 저는 누가 리스크에 대한 책임을 져야 하는지 또는 보험제도의 운영을 어떻게 하는 것이 좋은지가 확실히 결정되어야, 적어도 보험제도 운영자의 입장에서 볼 때, 분명한 제도가 나올 수 있을 것이라고 생각합니다.

하세베 이마다 선생님은 중간단체들이 붕괴하여 개인들이 어떠한 안정망 없이 노출되었을 때 그들을 돌봐야 할 국가가 어떤 보호도 하지 않고 있다고 말씀하셨지만 저는 이것이 냉전의 종식과 관계가 있다고 생각합니다. 프랑스에서 사회학이라는 학문은 제3공화국 초기 에밀 뒤르켕Emile Durkeim[10]에 의해 성립되었는데, 그 계기가 된 것이 독일과의 전쟁에서 프랑스의 패배였습니다. 기존의 교회를 중심으로 한 전통적인 도덕원리는 사회적 유대의 원리로서 더 이상 유용하지 않다, 이미 개인화가 진행된 만큼 다양한 가치관을 가진 개인들이 존재한다는 것을 전제로, 그들 사이에 어떻게 하면 사회적 연대의식을 구성할 수 있을까 하는 것이 (사회학을 일으킨) 하나의 요인이었습니다. 그리고 그런 의미에서 사회학 및 사회구성원리가 필요하게 된 것은 전쟁의 수행 방식이 달라졌기 때문입니다. 이는 필립 보빗Philip Bobbitt[11]이 강조한 것처럼 프로이센이 기왕의 전쟁 방식을 바꾸었기 때문입니다. 그때까지의 전쟁은 나폴레옹의 방식이 주류였는데, 국민계병제를 통해 값싸게 징집한 군대를 적진의 약점 한곳을 향해 집중적으로 투입하는 방식이었습니다. 그런데 총화기銃火器의 정확도가 극단적으로 향상되자 모든 병사가 적진에 도달하기도 전에 죽거나 부상을 입었고 그 결과 그런 방

---

10 1858~1917. 프랑스의 사회학자. 전근대사회를 지배했던 기계적 연대와 달리, 근대사회가 여러 가지로 조화롭게 돌아가기 위해서는 분업을 전제로 한 유기적 연대가 필요하다고 주장했다.

11 1948~ . 텍사스대학 교수. 전공은 헌법학, 전략론. 주요 저서로 *The Shield of Achilles: War, Peace, and the Course of History*(2002)가 있다.

법을 더 이상 채택할 수 없게 되었습니다.

그 대신 채택된 방법이 총사령관의 지휘하에 고도로 규율이 잡힌 병사들을 대량으로 투입하여 적군을 포위하고 섬멸하는 방식이었고, 이것이 주효하여 다른 나라들도 그것을 따라하게 되었지요. 그런데 이 방식을 구사하기 위해서는 장기에 걸친 징병제가 필요했습니다. 그리고 국민들은 자신이 언제 전쟁에 소집될지 모르는 상황이 되었습니다. 그렇게 되자 전 국민의 복지를 가능한 한 평등하게, 격차가 생기지 않는 방식으로 향상시켜야 했고, 동시에 대중을 정치에 참가시켜 그들이 국정의 동향과 일체감을 형성할 수 있도록 해야 했습니다.

그러한 사회구성 방식 또는 정치운영 방식은 냉전 아래서도 기본적으로 바뀌지 않았습니다. 핵으로 무장한, 지배원리가 다른 정치체제가 서로 대립하고 있었기 때문에, 어떤 의미에서는 어린아이로부터 노인에 이르기까지 체제의 지탱에 일상적으로 동원되고 있었던 시대입니다. 그렇기에 우리 쪽 정치체제가 더 우수한 정치체제, 더 우수한 민주주의이기 위해서는 당연히 전 국민의 복지를 격차 없이 향상시킬 필요가 있었던 것이지요.

그러나 냉전이 종식되자 그러한 의미에서 전 국민을 동원할 필요가 없어졌고 국가는 복지 영역에서 철수하기 시작했습니다. 또한 복지 이외의 영역에서도, 정부는 개인 생활의 안전을 지키기 위한 활동영역에서부터 조금이라도 철수할 수 있게 되었습니다.

다치바나키 하세베 선생님의 말씀에 힘입어 저도 프로이센에 대해 말해보겠습니다. 국가의 사회보험제도를 최초로 정식화한 인물은 오토 폰 비스마르크Otto von Bismarck입니다. 아시다시피 비스마르크는 독일이 산업혁명에서 영국에 뒤져 있는 만큼 공업화를 서둘러야 한다고 주장했고 — 전쟁에 의한 확장정책도 있겠지만 — 국력의 강화를 위해서는 프로이센 중심의 산업혁명에 중점을 두어야 한다고 확고하게 생각했습니다. 그래서 그는 노동자들이 안심하고 일할 수 있는 체제 구축을 목표로 산재보험, 의료보험, 실업보험 등 사회보험제도를 확충하기 시작했습니다.

비스마르크의 이러한 정책은 요즘 말로 '당근과 채찍'이었다고 할 수 있습니다. 사회복지제도를 확충함으로써 국민들에게 안심하고 일할 기회를 제공하는 것이 당근이라면, 채찍은 국민들이 이에 순응하고 열심히 일해서 나라의 융성에 기여하는 것이었습니다. 하세베 선생님이 말씀하신 전쟁에 대한 비스마르크의 대처 방식과 독일 경제 강화 정책은 이처럼 '리스크'와 깊은 관계가 있었습니다.

이마다 요스타 에스핑-앤더슨Gosta Esping-Andersen[12]이라는 비교복지국가론자가 말했듯이, 대가對價의 계산이 가능한 '양성良性 리스크'는 궁극적으로는 기업이 보험으로 처리할 수 있는 문제이고 보험의 대상이 되지 않는 '악성惡性 리스크'를 어떻게 할 것인가는 사회보장이나 사회복지의 문제입니다. 그런데 이와 관련하여 책임의 회피가 일어나는 리스크들이 상당수 존재한다는 데 주의할 필요가 있습니다.

예를 들면 '사전 동의informed consent'가 그런 것입니다. '사전 동의'란 의료 조치와 관련하여 의사가 환자에게 충분한 설명을 하고 환자가 납득하여 치료법을 선택하는 것입니다. 그렇게 하면 의사가 의료 조치를 환자에게 일방적으로 밀어붙인 것이 아니라 환자의 뜻과 선택에 의해, 즉 합의하에 행한 것이 됩니다. 그러나 일반적으로 환자에게 바람직한 치료법을 스스로

---

12 1947~ . 덴마크 출생의 사회학자. 위스콘신대학 매디슨교(校)에서 박사과정 수료. 현재 스웨덴의 폼페우파브라대학 정치사회학부 교수. 복지국가유형론의 전문가로서 『복지자본주의의 세 가지 세계』(1990)에서 자유주의·보수주의·사회민주주의의 세 유형을 제시했다.

선택할 만큼의 전문적 지식과 판단능력이 있는 것이 아닙니다. 그러므로 실질적으로는 의학에 문외한인 환자가 아무리 숙고를 하더라도 적절한 치료법을 선택한다는 것은 불가능한 일이며, 따라서 그 선택에 대해 '자기책임'을 물을 수는 없는 것입니다. '사전 동의'란 것은 의사의 충분한 설명을 토대로 한 합의라고 하는 의미 있는 관점을 제공하기는 하지만 한편으로 리스크 책임을 의사로부터 증발시켜버리기 위한 수단으로 사용되기 쉽습니다.

더 나아가, 차의 배기가스로 인한 대기 오염의 경우처럼 의사결정자(운전자)의 수가 너무 많아 책임 소재를 특정할 수 없는 리스크도 있습니다. 이 경우 책임이 사회 전체에 증발해버리기 때문에 누가 리스크를 처리할 책임을 져야 하는지 불분명해집니다. 세상에는 그런 리스크가 상당수 존재하는데 그런 종류의 문제는 아직 우리 손이 닿지 않는 상황이 아닌가 싶습니다.

하세베 수많은 행위 주체가 복잡하게 관여하고 있어 일견 책임이 증발해버린 상태에 있는 경우, 법률학에서 처리하는 한 가지 사고방법은, 앞에서 나온 이야기입니다만, 코스트를 분산이 쉬운 사람에게 책임을 묻는 것입니다. 대량의 자동차가 배기가스를 발생시켜 환경오염이 일어난 경우라면 자동차 제조회사에게 책임을 묻는 것이 그 예입니다. 자동차회사에게 책임을 묻는다면 대단히 효율적으로 코스트를 분산시킬 수 있다는 의미이기도 합니다.

다만 이 해결법에는 문제가 있습니다. 실제로 야기된 결과에 자동차회사가 정말로 책임이 있는가 하는 것인데, 그것과는 일단 별개로 책임을 묻는 것이니만큼 이것은 의제擬制를 토대로 한 해결법이라 하겠습니다. 또 하나의 문제는 최종적으로 수익자와 코스트 부담자가 대체로 일치할 때는 사회의 납득이 쉽지만 이것이 반드시 일치하는 것은 아니라는 점입니다. 최종적으로 자동차를 산 사람이 부담한다고 하면 수익자와 부담자가 불일치하므로 납득하지 못하는 사람들이 있을 수 있습니다.

마스나가 극심한 공해의 시대에는 선악 개념이나 범죄라는 관점에서 오염자汚染者 부담의 원칙이 통용되었습니다. 그런데 지금은 그 피해가 눈에 보이지 않더라도 없는 것이 아니고 영향이 아주 미비하고 넓게 존재하기 때문에, 발병하는 사람도 있지만 운 좋게 그러지 않는 사람도 있습니다. 인과관계를 거의 알 수 없는 것이지요. 그래서 동물실험 또는 역학조사疫學調査 등을 해보고 그 결과 어떤 독성 정보가 입수되면 이 물질은 암 발생에 이 정도로 기여했을 것이라고 추론한 뒤 계산을 합니다. 이는 다양한 화학물질을 동일한 가정에 따라 계산해보면, 유사한 화학물질들에서는 그 리스크의 상대적 크기를 비교할 수 있다는 사고방식을 바탕으로 하고 있습니다. 그리고 그렇게 함으로써 가장 먼저 대책을 취해야 할 대상을 결정할 수 있습니다. 이런 것이 지금 우리가 환경 리스크의 해석으로 시도하려는 것이라고 생각합니다. 물론 그 후에 그 물질의 생산자나 오염자를 특정해야 하겠지만, 그 부분은 앞에서 하세베 선생님이 말씀하신 대로입니다.

또한 환경 리스크 분야에서는 지구환경문제든 신기술 개발이든 아직은 피해가 생기지 않았더라도 조만간 일어날 가능성이 있으므로 사전에 대책을 마련해야 한다는 명제가 논의되고 있습니다. 이것을 '예방원칙'이라고 하는데 무언가 나쁜 일이 예상될 경우 그것이 일어나기 전에 대응해야 한다는 주장입니다. 그러나 예상이 빗나갈 수도 있기 때문에 과잉 대책을 강구하는 것은 경제적으로 수지에 어긋나는 일이 될 것입니다.

이마다 최근 건강을 위한 예방의학이 유행하고 있습니다. 예방의학은 병에 걸리지 않도록 건강 리스크를 사전에 두루 살펴 필요한 대비를 하자는 것입니다. 과학 분야의 리스크에서는, 예방의학처럼 리스크 발생을 사전에 방지하기 위한 처방 같은 것은 없나요?

마스나가 앞서 말한 '예방원칙'이 이에 해당하겠네요. 리스크가 예상될 때 이를 예방하기 위해 금지나 관리를 하는 것입니다. 그러나 어느 정도의 리스크가 얼마나 확실하게 예상되는지의 문제가 남습니다. 리스크가 조금이라도 예상되면 금지해야 한다고 생각하는 사람도 있지만 이 경우 신기술의 실용화는 거의 불가능해질 것입니다. 기술이나 제품이 실용화되기 위해서는 사전에 그 리스크를 평가하여 어느 정도로 관리할 것인가를 결정한 뒤 조금씩 응용 범위를 확대해가거나 좁혀가는 것이 필요합니다. 이런 방식으로 리스크를 관리하는 것을 '순응적 관리'라 부릅니다. "리스크의 정도를 잘 알 수 없다" 혹은 "어떤 대책이든 간에 그것의 적절성 여부를 확신할 수 없다"고 할 때 우선 그다지 강력하지 않은 대책을 시도해보고 그 결과를 보며 수정해가는 방법이지요.

쉬운 예를 들면 자원의 관리 같은 것인데, 가령 어업의 관리에서 현재 자원이 감소하고 있는 것으로 보이므로 어획을 조금 감축시킵니다. 그 결과 회복이 되면 좋고, 그 정도로는 효과가 없다면 양을 대폭 늘려 감축시키는 것입니다.

화학물질의 경우 인체에 미치는 영향을 정확하게 아는 것이 상당히 어렵습니다. 역학조사를 실시하는 것이 쉬운 일이 아니고 생쥐나 들쥐를 사용하는 독성 실험에 드는 비용도 만만치 않습니다. 대량으로 사용되는 화학물질의 경우에는 그런 엄밀한 시험을 할 필요가 있겠지만, 새로 나와 아직 대량으로 사용되지 않는 시점에서는 경제적으로 그다지 부담이 되지 않는, 예를 들면 세포를 사용한 독성 시험 같은 간이 시험을 합니다. 다시 말해 사용량에 따라 시험 항목을 늘려 충실화시키면서 그에 상응하여 규제도 바꿔가는 것입니다.

다치바나키 리스크 처리 능력의 차이에 대해 말하자면, 리스크 처리 능력이 높은 사람 중에는 부유한 사람이 많고 리스크 처리 능력이 낮은 사람 중에는 리스크를 관리하기 어려운 저소득자가 많다는 구분이 가능합니다.

이런 상황에서 누가 리스크를 관리하고 운영하는 것이 좋은지의 문제가 제기될 경우, 앞서 언급된 신자유주의적 사고방식과 이른바 공공성을 중시하는 사고방식으로 국민들 간에 일종의 대립이 일어날 수 있을 것입니다. 이러한 문제 제기에 대응하여 일본은 어떤 리스크 체제로 진입해야 하는지를 결정하는 것이 앞으로의 일본 사회의 큰 과제가 될 것으로 생각합니다.

리스크 처리 능력이 높은 사람들은 "스스로 리스크를 처리하는 만큼 정부는 소용이 없으며 보험제도는 민영화가 좋다"는 의견을 냅니다. 그들은 연금제도에 대해서도 민영화론을 제기합니다. 반면 리스크 처리 능력이 별로 없는 저소득자들은 아무래도 정부에 의존하는 경향이 크기 때문에 "민영화에 반대한다"는 의견을 냅니다. 이러한 양자의 대립을 어떻게 잘 해결할 것인지가 향후 일본 사회의 리스크 처리 방향을 결정할 것이라고 생각합니다.

3. 분야별 리스크 사례

이마다 그렇다면 다음으로 '각 분야에서의 전형적인 리스크 사례와 그로부터 얻은 식견'에 대해 서로 이야기해봅시다.

원래 리스크라는 개념이나 발상법은 과학기술이 가져오는 편익의 그림자, 즉 부작용의 측면에서 문제가 제기되었습니다. 그러나 환경과학이나 공중위생학, 식품 등의 안전학, 원자력공학 등 여러 분야에서 리스크 발생이 과학기술에 의해 초래되는 부차적인 문제에 그치는 것이 아니라 과학기술이 가져오는 현대 사회의 본질적인 문제라는 인식이 심화되었습니다. 리스크가 단지 과학기술의 발달과 함께 생겨난 문제가 아니라 현대 사회의 본질적인 문제를 반영한다는 것입니다. 과학기술과 인간 사회의 조화를 도모하거나 민주주의의 본모습에 대해 다시 생각해보기 위해서는 리스크 문제를 피해갈 수 없는 상황에 있는 것입니다.

그러므로 각 분야의 전문가 선생님들께서 자기 분야에서 리스크사회를 상징하는 것으로 볼 수 있는 사례는 어떤 것들이 있는지를 말해주시고, 그 특징과 우리 사회가 반성할 점은 무엇인지 한바탕 의론을 전개해주셨으면 합니다.

마스나가 말씀하신 대로 과학기술이 가져오는 편익의 이면에는 대개 어떤 종류의 리스크가 수반됩니다. 최근 사회적으로 다이옥신이나 환경호르몬에 대한 우려가 크게 높아지고 있고, 유전자 변형 작물에 대해서는 리스크 커뮤니케이션이 실패한 것이 아닌가 하는 이야기까지 오가고 있습니다. 식품 쪽에서는 광우병, 농약, 허가받지 않은 식품첨가물이 섞여 있던 사건도 있었습니다.

이 문제와 관련해, 매스컴이 국민들에게 실제보다 더 큰 리스크를 떠올리게 만든 것은 아닐까요? 물론 리스크의 정도를 지나치게 크지도 작지도 않게 전달하는 것은 어려운 일입니다. 그러나 과학기술 리스크에 대한 사회의 반응을 결정하는 데 매스컴의 역할은 대단히 큽니다. 그래서 우선 매스컴 종사자들의 과학기술에 관한 지식의 수준을 높이는 것이 중요한 일이 아닐까 하는 생각도 듭니다.

예를 들어 다이옥신 문제에서는 이미 오염이 확산된 시기가 지났음에도 긴급대책이 취해졌고, 환경호르몬 문제에서는 합성화학물질보다 사람이 배설하는 호르몬 쪽이 어류의 중성화에 더 큰 영향을 미쳤다는 것이 밝혀졌습니다. 식품 리스크에서도 건강상으로는 문제가 되지 않는 수준임에도 기업 측이 자발적으로 회수에 나서는 과잉 대응이 있었습니다. 물론 규칙에 따르지 않았다는 의미에서의 벌칙은 당연한 일이지만, 세계에 식량이 없어 고통을 겪고 있는 사람들을 생각하면 심경이 복잡해집니다. 불필요한 대응을 위해 돈이나 자원을 투입하는 것은 다른 환경 리스크를 키우는 일이 될 수도 있습니다. 또한 한쪽에서는 유전자 조작 실험에 반대하는 운동을 하고 있는데 가까운 다른 한쪽에서는 유전자 치료에 기대를 걸고 있는 경우도 있습니다. 각종 리스크를 전체 사회 차원에서 조감할 수 있는 안목이 중요해지고 있는 것입니다.

이마다 요즘 고급 어류인 넙치의 양식을 효율화하기 위해 염색체를 조작하여 3배체어魚 넙치(일반적인 수치보다 3배 많은 염색체를 가진 넙치)를 만들고 있다고 하는데요, 제가 어떤 분자생물학 전문가에게 "실패하는 일도 있나요?"라고 물어본 적이 있습니다. 그분은 "물론 있습니다"라고 대답했습니다. 그래서 그런 경우에 어떻게 하느냐고 다시 물었더니 "하천에 흘려보내는 경우가 많지요"라고 대답하더군요. 그래서 제가 "그것들이 바다에 가서 돌연변이를 일으키면 어떻게 되나요? 돌연변이 물고기로 변화할 확률은 얼마나 됩니까?"라고 물었더니 "그럴 가능성은 별로 없지만 혹시 있을지도 모르지요"라고 대답하더군요. 그래서 제가 "그렇게 해서 이상한 생물이 만들어지고 그것이 바다 생태계로 확산된다면 그 과정을 인간이 제어할 방법은 없는 것 아닌가요?"라고 문제점을 지적했더니 그분은 "거기까지 생각하고 대처하는 단계는 아닙니다"라고 답하는 것이었습니다. 저는 두려운 마음이 들었습니다.

그 밖에, '미니 돼지'[13]의 장腸이나 신장을 사용하여 이식용 장기를 만들기도 하는데 이와 관련해서도 윤리의 문제가 제기되고 있습니다.

마스나가 연구자나 개발자가 자유롭게 실험하거나 실용화할 수 있었던 시대는 끝난 것 같습니다. 이제는 사전 평가와 사후의 지속적인 관리가 반드시 필요합니다. 실험을 어디까지 인정할 것인지는 사회적·윤리적 합의에 따라야겠지요. 그러나 문제는 아이를 갖고 싶다는 생식의료生殖醫療 분야에서 그러하듯이, 인간의 욕망은 끝이 없어서 누군가가 결국은 해버린다는 것입니다. 반면 유전자 변형 작물과 관련해서는 대단히 엄격한 규제가 행해지고 있습니다. 유전자 변형 작물의 꽃가루가 날아가 보통 작물과 수정하는 일이 일어나지 않도록 서로 일정한 거리만큼 떨어져 있어야 합니다. 이렇게 대단히 엄격하게 규제되고 있는 부분과 앞질러 나가는 부분들이 뒤섞여 있는 것이 현실이고, 아직은 통일된 합의가 이루어지지 못한 상태에 있습니다.

하세베 윤리 문제는 두 가지 측면으로 나누어 생각하는 것이 좋을 듯합니다. 하나는 안전성 확보라는 기술적인 문제입니다. 그런데 안전성이 확보되었다고 해도 윤리 문제는 남습니다. 예를 들면 인간을 완전한 개체로 복제하는 것은 안전성이 확실하다 하더라도 역시 윤리적으로는 문제가 있다는 의론이 제기될 것입니다. 그러나 개인적인 견해로는 윤리적으로 문제가

---

13 돼지의 일종으로 그 크기가 보통 돼지의 1/3 정도 된다. 이 돼지의 장기가 인간의 장기와 크기가 비슷하고 또 배아줄기세포의 유전자가 인간과 동일하여 인간 이외의 동물로부터 이식용 장기를 조달하는 데 최적의 동물로 간주되고 있다.

있다는 의론에 그다지 설득력이 없다고 생각합니다. 예를 들어 유전자의 구성이 동일한 개체가 둘 있는 것이 인간의 존엄에 반한다는 말도 있지만 일란성 쌍둥이도 존재하지 않습니까. 아마 윤리 문제가 있다는 주장의 배경에는, 인공생식이 도입되었을 때처럼 인위적으로 가능한 것과 인위와는 무관하게 자연에 본래 있는 세계와의 경계선이 흔들린다는 의식이 있는 것 같습니다. 이것은 리스크사회의 특수한 문제이기도 합니다. 우리는 무언가 불안하기 때문에 윤리적으로 문제가 있는 것이 아닌가 하고 생각하기 쉽습니만 이것은 습관의 문제입니다. 이제는 '체외 수정'에 대해 우리가 익숙해져 있지 않습니까? 인간 개체의 복제에 대해서도 사람들이 그것에 익숙해지면 더 이상 아무것도 아니라고 생각하게 될지도 모릅니다.

다치바나키 저는 경제학의 관점에서 전형적인 리스크로서 이른바 누워 일어나지 못하는 노인, 치매에 걸린 노인의 문제를 생각해보고 싶습니다. 이런 문제를 거론하는 이유는, 옛날에는 인간이 비교적 빨리 죽었기 때문에 그런 문제가 심각하지 않았지만 현대에는 의학이나 영양학의 발전으로 인간의 수명이 20년쯤 연장되었기 때문에 치매에 걸리거나 누워 일어날 수 없게 될 가능성이 커졌기 때문입니다. 이러한 노인을 두고 전 가족이 고생하며 돈을 들이고 사회도 어려움을 겪으며 우왕좌왕하는 것이 좋은가, 아니면 이런 일 없이 예전처럼 노인들이 일찍 사망하는 사회가 더 나은가, 말하자면 과학의 진보는 대체 무엇을 위해 있는가 하는 질문에 대해 저는 먼저 개호介護 문제부터 생각해보고 싶습니다.

이 문제에 대처하는 방식은 여러 가지인데, 유럽에서는 개호보험제도를 도입하여 사회적으로 대응하는 데 비해 미국에서는 개호보험제도을 도입하자는 의론이 전혀 제기되지 않고, 각자 양로원을 찾아간다고 합니다. 일본은 유럽을 모방하여 5년쯤 전에 독일의 개호보험제도를 도입했지만 현재 여러 문제가 드러나고 있는 상황입니다.

이마다 치매 환자나 누워 일어나지 못하는 노인 등은 말하자면 사회의 진보가 만들어낸 리스크라고 할 수 있을 겁니다. 진보하지 않았다면 그런 리스크도 발생하지 않았을지 모르니까요.

이와 관련하여 저는 가족이 리스크화하고 있다는 것을 거론하고 싶습니다. 사회가 진보하고 발전하며 자유가 확대되면서 근대 사회의 가족형태가 확대가족으로부터 핵가족으로 변화했다고 말하고 있지만 "그 수준을 넘어 '핵분열 가족'이 되는 것이 아닌가" 하는 걱정도 됩니다.

중요한 점은 근대의 개인화 역학이 가족의 형태에도 영향을 미쳐 가족의 존재이유를 빼앗고 있다는 것입니다. 사생활주의를 수반하는 이익사회Gesellschaft화의 물결이 가족이라고 하는 사적 공동체Gemeinschaft에까지 침입하여, 애정의 유대나 아이의 양육 같은 가족의 최소 기능마저 앗아가 버릴 가능성이 대두하고 있습니다. 가족은 게마인샤프트Gemeinschaft의 최후의 성채인데 이 조차 붕괴되기 일보 직전에 있는 것입니다.

출생률 저하, 미혼화·비非혼화, 아동학대, 가정폭력, 이혼 증가 등, 가족의 기능이 축소되고 있다기보다 기능 부전에 이르렀다는 표현이 더 적합한 상황입니다. 아이를 갖지 않는 부부는 육아 부담으로 인한 자유 상실의 리스크를 회피하고 있는 것이지요. 그리고 가정폭력이나 아동학대의 리스크도 늘고 있습니다. 이대로 간다면 가족이 리스크의 온상이 될 가능성이 높습니다.

이렇게 된 원인이 저는 기존의 사회 설계 방식, 즉 먼저 이상적인 국가나 사회상을 그리고 이를 출발점으로 삼아 바람직한 가족의 모습을 규정했기 때문이라고 생각합니다. 요컨대 먼저 천하와 국가가 있고, 가족은 그에 적응하도록 강요되었던 것입니다. 오늘날에는 그 왜곡이 노정되어 가족이 엄청난 스트레스와 리스크를 짊어지게 되었습니다. 특히 가족의 원점이라 할 돌보는 힘이 손상되었고 이렇듯 서로가 서로를 돌보지 못한다는 것은 공동체가 이미 존재이유를 상실한 것입니다. 이것이 개인화의 역학이 만들어내는 리스크의 전형입니다.

수많은 사회의 문제들이 각 가정에 파급되고 있는 시대에 살고 있는 현대인에게는 이상적인 가족은 어떠해야 하는가를 생각하고 가정에서 출발하여 사회를 설계하는 방향으로 발상을 전환하는 것이 필요하다고 생각합니다. 그렇게 하지 않으면 가족들에게 엄습해오는 각종 리스크에 제대로 대응할 수 없기 때문입니다. 실제로 미국의 넬 나딩스Nel Noddings[14]는 사회정책의 출발점을 가정에 두어야 가정을 구할 수 있다는 의론을 전개하기도 했습니다.

가족은 타자에게 관심을 갖고 관여하며 서로에게 응답하는 사람이 되는 데 필요한 배려caring를 습득하기 위한 원점이 되는 공간입니다. 그러나 가족 구성원들이 그러한 능력을 상실하고, 상대방에게 폐를 끼치지 않는 한 무슨 일이든 할 수 있다는 사고방식을 가진다면 가족의 존재 이유는 없어지는 것 아닐까요? 저는 오늘의 리스크사회에서 우리가 배려의 중요성을 재인식하지 못한다면 가족은 사망 선고를 받은 것이나 다름없다고 생각합니다.

다음으로 언급하고 싶은 것은 복지의 존재방식이 크게 변했다는 것입니다. 지금까지 복지라고 하면 분배를 통한 구제의 이미지가 강했습니다만, 앞에서 언급된 영국 토니 블레어 정권의 '제3의 길'[15]을 계기로, '리스크의

---

14 1929~ . 미국의 교육학자. 스탠퍼드대학 박사과정 수료. 현재 스탠퍼드대학 명예교수. 교육과 윤리 문제가 전공. 주요저서 『배려(Caring)』(1984)에서 그는 지식 습득에 편향된 교육의 문제점을 돌봄의 윤리라는 관점에서 지적했고 교육은 인간성의 육성이기도 하다는 것을 강조했다. 또한 가정에서 출발해 사회를 구상하는 것의 중요성을 주장했다.

공동 관리'라는 발상에 기초하여 적극적인 복지로 전환하려는 시도들이 출현했습니다. 개인과 국가 사이에 리스크의 완충지대로 존재하던 중간집단들이 약해지면서 제반 리스크가 직접적으로 개인에게 전가되고 있습니다. 그리하여 여러 가지 문제를 각 개인이 처리할 수밖에 없게 되었는데 여기에는 한계가 있습니다. 그래서 그러한 리스크들을 공동 관리하자는 것이 '제3의 길'의 아이디어였지요.

앤서니 기든스는 그의 저서 『제3의 길』에서 "(개인 또는 집단이) 리스크를 효과적으로 관리한다는 것은 리스크를 최소화한다거나 리스크에 대한 자기방어만을 의미하는 것이 아니다. 리스크의 적극적이고 역동적인 측면들을 활용하는 것, 리스크를 감수하는 사람들에게 장려금을 제공하는 것 등을 리스크 관리의 일환으로 이해해야 한다"고 했습니다. 그는 리스크 회피라는 소극적인 발상은 이제 더 이상 통하지 않으며, 그것이 가능했던 것은 윌리엄 베버리지William Beveridge[16]의 사회보장제도에 관련한 보고서 토대를 두었던 20세기까지였다고 말하면서, 베버리지가 내걸었던 소극적인 복지를 적극적인 복지로 바꿔야 한다고 주장했습니다. 즉, 부족을 자주성으로, 병을 건강으로, 무지를 교육으로, 비참을 행운으로, 태만을 이니셔티브로 바꿔야 한다는 것이었지요. 그리고 그러한 지침을 따른 것이, 인적 자본에 최대한 투자해야 한다고 하는 '사회투자국가'의 구상이었습니다.

'사회투자국가'는 그것이 복지와 연결되는지에 대해서는 조금 의문이 있

---

15 기존의 우파-좌파 간 대립을 뛰어넘기 위해 제기된 정치이념으로, 시장원리주의를 주창한 신자유주의 정책이 가져온 왜곡과 이제까지 사회민주주의가 제창한 복지국가의 한계를 극복하여 새로운 시민사회를 구축하자는 노선이다. 영국 노동당 블레어 정권이 수립한 사회민주주의의 새로운 길로서, 당시 많은 사람의 주목을 받았다.

16 1879~1963. 영국의 경제학자. 그가 제출한 보고서 『사회보장과 관련 서비스들』(1942)은 제2차대전 이후 선진 제국에서의 사회보장제도의 모델이 되었다. 런던정치경제대학 학부장 등을 역임했고 영국 사회보장제도의 정비에 기여했다.

기는 하지만, ① 기업가 이니셔티브 지원 체제를 통한 고용 창출, ② 평생 교육 프로그램의 충실화와 자기 계발을 위한 투자 유도, ③ 공공사업에 대한 사기업의 참가, ④ 교육 표준화와 연금 포터블화를 통한 사람들의 이동 가능성portability 제고, ⑤ 친親가족적인 직장 만들기(보육·육아·재택근무·장기 휴가 등)를 통한 일과 가정의 양립 지원, ⑥ 시민사회의 부활을 목표로 볼런티어 활동이나 NPO, NGO 등 사회봉사활동의 적극 추진 등과 같은 특징을 지니고 있었습니다.

요컨대 복지의 개념을 약자 구제라는 발상에만 머물지 않고 각종 리스크에 개개인이 능동적으로 도전할 수 있도록 각종 능력이나 기회를 개발해 주는 것으로 파악한 것입니다. '제3의 길'에서는 또 시민사회의 재생을 담당할 존재로서 공동체community를 중시했습니다. 볼런티어나 NPO 등 제3 영역에 의한 공적 영역의 보전, 공동체를 기반으로 한 범죄 예방 등 지역 주도 생활공동체의 재생을 강조했습니다.

요점은 각종 리스크를 회피하려는 것이 아니라 적극적으로 대면하여 관리해나간다는 발상을 복지에 도입하자는 것입니다. 만약 이것이 본격화된다면 복지의 대전환이 이루어지는 것이라 할 수 있겠지요.

다치바나키 이마다 선생님은 영국의 예를 들었습니다. 영국은 과거에 '요람에서 무덤까지'로 상징되던 대표적 복지국가였으나 복지가 지나쳐 사람들이 게을러졌고, 앞으로도 계속 베버리지의 방식으로 리스크에 대처하고 있다가는 영국 경제가 점점 더 나빠지고 뒤쳐지겠다는 위기의식이 커지면서 마거릿 대처Margaret Thatcher가 등장했습니다.

대처의 개혁은 복지를 재점검하면서 시장원리주의, 규제 완화, 경쟁 촉진 등을 적극 받아들인 것으로서, 영국의 복지 수준을 미국만큼 끌어내렸습니다. 그 전형이 최저임금제도의 폐지나 기업연금의 역할을 중시한 것

등입니다.

대처의 개혁은 어느 정도 성공을 거두어 영국 경제는 회복하기 시작했지만, 그로써 격차가 확대되었고 상당수의 사람들이 복지 사각지대에 놓이게 되는 등 너무 지나쳤다는 반성이 노동당으로부터 제기되었습니다. 그런 반성에서 나온 것이 앞에서 이마다 선생님이 말씀하신 앤서니 기든스 등에 의한 '제3의 길'이었는데, 그것은 전통적인 노동당 정책과는 상당히 다른 정책이었습니다. 대처의 개혁의 좋은 부분도 취하고 시장원리주의의 좋은 부분도 취하자 그러나 복지도 유지해야 한다는 것이 '제3의 길'의 내용이었습니다.

그것이 블레어 정권 아래에서 어느 정도의 성공을 거두었기 때문에 '제3의 길'에 대한 이미지가 좋다고 생각하지만, 이러한 영국의 사례를 보면 리스크에 대한 대처방법이나, 복지 정책에 대한 입장(신자유주의로 갈 것인가, 사민주의로 갈 것인가, 아니면 제3의 길로 갈 것인가)은 역시 국민이 선택할 일입니다.

일본에서는 고이즈미 준이치로小泉純一郎 전 총리가 대처주의를 표방했으며 현재 내각도 그런 방향으로 가고 있습니다. 일본에도 사회민주주의 세력이 있기는 하나 대단히 약합니다. 일본에서도 '제3의 길'이 등장할 것인지는 잘 알 수 없다는 것이 지금의 저의 견해입니다.

하세베 대처의 개혁에 의해 영국 경제가 회생한 것은 맞지만, 이것은 기본적으로 외국인 투자를 불러들여 영국 경제가 활성화된 것이고, 실제로 기존의 영국 기업의 많은 수가 외자의 손에 넘어갔습니다. 또한 국가가 활동영역을 축소해가면서 세금이나 사회보장 부담이 적어졌습니다. 기업은 본질적으로 이윤을 추구하기 때문에 세금이나 사회보장 등의 부담이 적고, 많은 이윤을 낼 수 있는 시장에 투자하려는 경향은 자연스러운 결과라고 생각합니다.

그러한 일을 한 나라가 하기 시작하면, 다른 나라도 뒤따르지 않으면 국제적 경쟁에서 이길 수 없습니다. 그리하여 국가가 시장에서 물러나는 것이 세계적 추세가 되었습니다. 이마다 선생님이 말씀하신 것처럼 국가가 물러나는 대신 중간단체들에게 사람들을 리스크로부터 보호하는 역할을 맡기는 것도 가능한 하나의 방법이라고 생각합니다.

이마다 존 그레이John Gray[17]는, 이상적인 자유경쟁 시장은 일찍이 역사에서는 빅토리아 시대의 영국에서 단 한 번 있었을 뿐이고 그것도 반세기밖에 지속되지 않았다고 말했습니다. 역사적으로 그때 외에는 완벽한 자유경쟁 시장이 없었다는 것입니다.

시장경쟁원리로 자원배분을 처리한다는 발상을 기반으로, 사회의 지나친 규제를 완화하는 것이 유익하다는 것을 부정하지는 않지만 자기결정·자기책임이라는 말로 각종 리스크를 개인들에게 무절제하게 전가하는 것은 본말이 전도된 일입니다. 인간은 서로 의지하며 살아가야 하기 때문에 모든 리스크를 개인책임으로 돌리는 것은 인간 정신을 피폐하게 만듭니다.

사회학은 원래 자유주의 논리와 사이가 좋지 않은 학문입니다. 인간은 태어나 가족 안에서 양육되고 집단에 참가해 타인들과 관계를 맺으며 인격을 형성한다고 봅니다. 그리고 자유롭고 자립적인 인간이 타인에게 위해를 가하지 않는 한 무슨 일이든 할 수 있다는 인간상은 허구라고 생각합니다. 그러므로 옛날과 같은 공동체주의로 돌아갈 수는 없다 하더라도 상부상조

---

17 1948~ . 영국의 자유주의 정치경제역사학자. 옥스퍼드대학 박사과정 수료. 현재 런던정치경제대학 교수. 그는 저서 『글로벌리즘이라는 망상』(1998)에서 미국이 추진하는 신자유주의의 시장원리주의가 환상에 지나지 않는다고 비판했다.

하도록 구성된 사회라는 것을 전제로 복지를 생각해야 합니다. 이를 받아 주는 틀로서 지역 커뮤니티, NPO, 볼런티어단체 등이 있습니다. 마을 주민회나 지역 자치회 같은 기존의 중간집단들은 약화되거나 형체만 남은 상황에서 새로운 중간집단으로서 이러한 단체들이 '정부의 실패'나 '시장의 실패'를 보완하는 기능을 하고 있습니다.

물론 이들 중간집단에도 문제는 있습니다. 레스터 설러먼Lester Salamon[18]이 지적했듯이 '볼런티어의 실패'가 그것입니다. 볼런티어란 이익 추구를 주목적으로 하지 않는 활동인데, 그 때문에 ① 필요한 자원의 부족, ② 자원 수급상의 격차, ③ 온정주의paternalism, ④ 아마추어리즘의 어려움 등 많은 문제점이 존재합니다. 하지만 그렇다고 해서 볼런티어 활동에 의의가 없는 것은 아닙니다. 이러한 문제점이 있음에도 일본에서의 볼런티어 활동은 정체되지 않고 꾸준히 고조되어 단체의 수와 규모가 증가해왔으며 급기야 1998년에는 「특정 비영리활동 촉진법」, 즉 NPO법이 제정되기에 이르렀습니다. 시장실패, 정부 실패, 볼런티어 실패 등 각각에 실패가 있기는 하지만 서로의 약점을 보완해가면서 리스크에 대처해나가야 하는 것이 아닐까요?

다치바나키 중간단체라는 발상에 대해서는 저도 기본적으로 찬성하지만, 그것을 운영하는 데는 여러 가지 장벽이 있습니다. NPO가 일본에서는 아직 잘 뿌리내리지 못하는 것처럼 보입니다. 예를 들면 심보가 좋지 않은 사람이 NPO를 만들어 세금이 없다는 것을 악용하는 예가 생기고 있지요. 그렇다고 그런 NPO 감시를 위해 국가 차원에서 관리에 나선다면 비용이 소

---

18 1943~ . 하버드대학 박사과정 수료. 전공은 행정부론. 현재 존스홉킨스대학 교수. NPO론의 제1인자로, 주요저서로 『NPO 최전선』(1997)이 있다.

요됩니다. 그런 식으로 생각하다 보면 차라리 정부에게 맡기는 쪽이 비용이 적게 든다는 논리도 생겨나겠지요.

방금 이마다 선생님은 극단적인 자유주의는 어떤 사회에서도 존재하지 않는다고 말씀하셨지만 지금 일본 사회는 기본적으로 그런 방향으로 가고 있는 것이 아닐까요? '노동 빅뱅'이라고 해서 노동에 대한 규제를 전부 없애고, 모든 규제를 풀어 노동자를 자유롭게 하라고 하는 의견들이 바로 정부의 중추에서 나오고 있는 상황입니다.

이마다 확실히 어떤 제도를 만들든지 그것을 악용하는 사람은 나옵니다. 그러나 정부에게 맡긴다면 이번에는 공평성의 논리가 원칙이 되어 서비스를 제공받는 데 순번을 기다려야 하는 난관이 생겨날 것입니다. "노친을 지금 바로 '특별 양로원'에 보내지 않으면 가정이 붕괴될 상황입니다"라고 아무리 호소하더라도 순번을 기다려야 하고, 1년쯤 후 권리가 주어졌을 때는 "이미 늦었어요"가 될지도 모르는 일입니다. 모두 여러 문제점이 있지만 그 문제점들을 서로 보완해가는 수밖에 없지 않겠습니까?

4. 리스크사회를 어떻게 맞대면할 것인가?

이마다 현대 사회에서 리스크는 불가피하고 생활의 질을 향상시키기 위해서라도 리스크로부터 도피하는 것은 어차피 불가능합니다. 리스크로부터 도피할 생각만 하고 있다가는 생활이 소극적이고 무미건조하게 되기 쉽습니다. 리스크에는 회피해야 할 리스크가 있는가 하면 적극적으로 도전하는 것이 바람직한 리스크도 있습니다. 개개인이 의사결정을 해서 맞서야 할 생활 리스크가 있고, 집단이나 국가가 대응해야 할 리스크가 있으며, 국경의 벽을 뛰어넘어 글로벌한 대응이 필요한 리스크가 있습니다. 여기서는 대응의 주체가 서로 다른 경우들을 정치 문제와의 관련하여 생각해보기로 하겠습니다.

벡은 리스크에 대한 대응책으로 '불안의 공유에 의한 연대'와 '서브 정치'라는 생각을 제시했습니다. 그는 개인화가 진행된 근대 사회에서, 리스크 불안을 계기로 사람들의 연대감을 회복시키고 공동적인 삶을 재생시켜 반드시 국가나 행정으로 환원되지 않아도 되는 새로운 정치의 가능성을 발견하려 한 것 같습니다. 리스크 문제에 대한 대응을 위해서는 고도의 과학기술 지식이 필요한 경우가 많기 때문에 의회 정치뿐만 아니라 전문가 집단 혹은 리스크 관리 목적의 NPO나 볼런티어 단체 또는 NGO가 중심이 된 정치를 생각해야 한다는 의론이 있습니다.

또한 이와 관련하여 고베神戸대학의 미야마 다카후미三山剛史 선생은 벡의 리스크사회론에 기초하여, 리스크 회피를 목적으로 하는 시스템 형성에서 새로운 공공 공간의 가능성을 모색하자는 의론을 제기했습니다.[19] 리스크에 대한 불안은 개개인의 사생활에 바탕을 둔 것이지만 이와 동시에 사적 세계를 뛰어넘는 현상이기도 한 만큼 리스크에 대한 공감이 사적인 경계를 넘어 사회연대를 가능하게 하는 경우들이 있습니다. 이러한 가능성에 대해서는 다들 어떻게 생각하십니까?

하세베 앞서 리스크 사례에 관한 마스나가 선생님의 이야기와 중첩되는데 우선 거론하고 싶은 것은 캐스 선스타인의 이야기입니다. 그가 말한 리스크는, 발생 확률을 어느 정도 객관적으로 추정할 수 있는 위험성이란 의미

19 日本社会学会,「新たな公共空間: 公共性概念とモダニティ」, ≪社会学評論≫, 第48巻 第2号(1998).

에서의 리스크입니다. 이에 관해서는 마스나가 선생님이 지적하신 대로, 미디어가 어떻게 보도하느냐에 따라 회피가 가능한데도 사람들의 부정확한 이해 때문에 위험성이 높은 행동을 해버리는 경우가 많습니다.

예를 들어 대규모 철도사고가 발생하면 사람들이 모두 더 위험한 자동차로 통근하기 시작한다든가, 토양 속 유해물질의 위험성이나 사고 가능성에 대해 미디어가 자극적인 방식으로 다루면, 사람들이 실제 이상으로 위험성이 있다고 착각하는 경우입니다. 이런 경우에는 먼저 정확한 정보를 전달하는 것이 중요할 것입니다. 물론 발생확률과는 다르게 리스크에 대한 평가는 사람에 따라 다릅니다. 특히 각 리스크에 대처하여 얼마만큼의 코스트를 지불할 것인가에 대해서는 소득이나 부의 격차에 따라 다르며 사람의 성격에 따라서도 달라질 것입니다.

그런 경우 무엇보다 냉정한 의론을 통해 합의를 도출하기 위해 노력해야 합니다. 정확한 정보를 수집하고, 이성적으로 위험을 계측하는 것이 정책형성의 인풋input으로 요구되는 것입니다. 리스크가 제로라고 판명되지 않는 한 새로운 행동을 하지 않는다는 극단적인 예방원칙을 적용할 일은 아닙니다.

다음은 공해 규칙, 노동재해 규칙 같이 정책형성과정의 아웃풋output으로 규제하는 방식인데, 이 경우에도 "유해물질을 제로로 하라" 같은 것은 물론 실현 불가능합니다. 또는 이미 정해진 것이라고 해서 현재의 규칙을 그 규모의 대소나 입지를 고려하지 않고 모든 기업에 대해 획일적으로 적용해서는 안 된다고 생각합니다. 규칙의 집행에는 비용이 들기 때문에 상대방의 사정을 생각하지 않고 천편일률적으로 규칙을 적용한다면 상대방은 그 규칙 속에서 맹점을 찾거나 여차하면 법정투쟁을 벌여 시간을 끄는 이기적인 행동을 할 수도 있습니다. 일종의 '죄수의 딜레마' 상황으로, 한쪽이 엄벌주의하에 엄격하게 규칙을 집행하면 다른 쪽도 나쁜 의미에서의 합리적인 행동을 취하여 결국 더 큰 사회적인 비용을 지불하게 됩니다.

이런 경우에는 규제자 측에서 규제 상대방이 가진 공익을 지향하는 측면을 전면에 끌어내는 방식이 유의미한 대응이 될 것이라고 생각합니다. 바로 존 브레이스웨이트John Braithwaite[20]가 말한 '응답적 규제responsive regulation'라는 사고방식이지요. 즉, 규제자 입장에서는 그 비용을 최대한 줄이면서 규제의 효과를 높이고, 규제 상대방의 입장에서는 자신의 사정에 대응하는 규제를 통해 공익과 사익(기업 이익)의 양립을 도모하기 위해 서로 대화를 하는 것이, 규제자 측과 규제 상대방 간에 필요하다는 것입니다. 다만 대화만 해서는 서로 친해져 담합할 위험이 있는데, 그것을 방지하려면 어떻게 해야 할까요?

이마다 선생님의 언급과 중복되는 말인데, 브레이스웨이트에 의하면 대화의 장에 NPO를 감시 역할로 참가시킬 경우 담합의 위험을 최소화할 수 있다고 합니다. 다만 그것이 오래 지속될 경우 NPO도 담합에 가담하게 될지도 모릅니다. 그러므로 감시역인 NPO도 서로 경쟁을 시킵니다. "저 NPO는 이미 길들여졌기 때문에 이번에는 우리를 참가시키라" 하는 식으로 서로 경쟁하게 하는 것도 가능할 것입니다. NPO 상호 간의 경쟁을 포함해 대화를 통하여 규제의 효과를 높이는 것을 추구해야 한다는 이야기입니다. 이상은 확률의 추정이 객관적으로 어느 정도 가능한 경우입니다. 하지만 '불확실성uncertainty'에 해당하는 상황에서는 문제가 어려워집니다. 전통적인 법률학의 사고에 의하면 개인의 자유로운 행동을 어떻게 보장할 것인지가 정부의 본무인 만큼 확실한 위험이 없는 상황에서 정부가 규제에 나서는 것은 헌법에 위배될 가능성이 있습니다. 게다가 위험 발생의 입증 책임이 정부 측에 있다면, 앞서 언급한 분자생물학 전문가들이 넙치를 하

20 호주국립대학 교수. 수복적(修復的) 사법 및 응답적 규제 연구로서 국제적으로 유명함.

천에 흘려보내는 경우처럼, 그것을 입증하기란 대단히 어려울 겁니다(웃음).

이러한 경우와 관련해서 이른바 학문의 자유란 것이 인간이 태어나면서부터 가진 자유냐 하는 문제가 있습니다. 저는 그렇지 않고, 학문의 자유는 사회 공공의 이익을 위해 인정된 일부 사람들, 즉 고등교육연구기관에 속하는 사람들의 특권이라 생각하고 있습니다. 그런 특권인 이상, 사회 공공의 이익이라는 관점에서 설사 위험 발생이 확실하지 않다고 해도 경우에 따라서는 규칙의 예외를 용납해야 하는 것이 아닌가 생각합니다.

이마다 그렇게 한다면 과학기술 전문가들에 의한 의사결정의 영향력이 높아지겠군요. 의회 정치뿐만 아니라 전문가 집단의 의사결정이라든지 정치적 판단이 강해질 것 같은데, 이 문제에 대해서는 어떻게 생각하시나요?

마스나가 현재 많은 돈이 과학기술 연구비로 사용되고 있으며 그 성과가 사회에 미치는 영향도 커졌습니다. 연구자들은 자기 분야가 중요하다고 생각하지만 그 결과, 앞서 언급했던 매스컴이 지나치게 선정적으로 보도하는 일이 일어납니다. 그들은 자기 분야에 최대한의 연구비가 투입되어야 한다고 믿고 있기 때문에 자기 분야의 연구 리스크가 크다는 이야기는 별로 하지 않고 장래의 편익에 대해서는 크게 선전합니다. 따라서 해당 분야 전문가의 의견을 따르는 것이 바람직하지 않다는 이야기가 됩니다. 과학기술이라 해도 분야가 많기 때문에 인류의 복지를 위해 어떤 분야를 우선해야 할 것인가 또는 과학기술 전반의 건전한 발전을 어떻게 도모할 것인가를 물어야 하는 시대가 되었다고 하겠습니다. 좀 더 폭넓은 관점에서 장래의 리스크와 편익을 조감하고, 또 계속해서 궤도 수정을 해나가는 것 외에 다른 길은 없을 듯합니다.

다치바나키 저는 리스크 문제에 어떻게 대처할 것인가를 두 가지 문제로 좁혀 생각하고 싶습니다. 첫 번째는 리스크를 완화하기 위해 누가 주체적으로 리스크 보호자protector가 되어야 하느냐의 문제입니다. 경제학에서 본다면 보험제도가 리스크 대처 수단으로서 일반적으로 알기 쉬운 제도이기 때문에 보험제도를 예로 들어 이야기하겠습니다.

현재 존재하는 보험제도의 종류는 ① 생명보험, ② 자동차사고나 화재 등에 관한 손해보험, ③ 산재보험, ④ 실업보험(일본의 '고용보험'), ⑤ 의료보험, 건강보험 등 병에 걸렸을 때의 리스크에 대비하는 보험, ⑥ 연금보험으로 나이를 먹어 소득이 없는 사람들을 지원하기 위한 보험, ⑦ 최근에 제도화된 개호보험介護保險이 있습니다.

이 일곱 개의 보험제도를 각각 누가 기획하고 운영하고 있는가를 조사해보면 앞의 두 개, 즉 생명보험과 손해보험은 민간이 하는 것으로 강제는 없습니다. 나머지 다섯 개의 보험은 정부가 하고 있고 강제 가입이 원칙입니다. 여기서 민간에게 맡기는 것이 좋다는 논리와 공공부문이 강제로 해야 한다는 논리가 대립합니다. 이대로 두어서 괜찮은지에 대한 의론도 강력하게 제기되고 있습니다. 연금 등을 민영화하는 것이 바람직하다는 의견이 나오고 있는데, 이런 제도들을 누가 기획하고 운영할 것인가가 앞으로의 큰 문제가 될 것입니다.

두 번째 문제는 리스크에 어떻게 대처할 것인가에 관한 긍정적 측면들입니다. 리스크를 무릅써야 리턴(즉, 소득)이 있습니다. 예를 들면 스스로 비지니스를 일으키면 비록 리스크는 높지만 성공하면 돈을 벌어 억만장자가 될 수 있습니다. 일본과 미국의 비지니스 분야를 비교해보면 미국에서는 우후죽순처럼 날마다 벤처 기업이 만들어지고 있습니다. 그러나 일본에서는 그런 현상이 별로 없습니다. 모두 대기업에서 평안하고 태평한 인생을 보내고 싶어 하기 때문에 일본에서는 벤처 비즈니스가 좀처럼 나오지 않고 있습니다. 일본에서도 이제 리스크가 굉장히 크더라도 성공했을 때의 리턴을 추구하는 벤처 기업들이 좀 생겨나야 하지 않겠습니까?

이마다 리스크에 적극적으로 도전하는 하이 리스크·하이 리턴을 말씀하셨는데요, 저는 리스크로부터 몸을 지킨다는 관점에서의 대처방법에 대해 이야기해보고 싶습니다. 리스크에 대한 불안은 개개인의 생활이 안전한가의 여부에 입각한 측면이 강하고 계급투쟁과 같은 피억압 집단의 해방에 입각한 것이 아닙니다. 즉, 예전의 '해방의 정치emancipation politics'라는 근대의 거대 담론과는 다른 정치를 요구하고 있습니다. '해방의 정치'의 특징은 사회생활을 전통적인 관습이나 구속으로부터 해방시키거나 착취나 억압을 타파하는 데 있습니다. 그리고 주로 부나 권력 등의 소유 문제에 관한 정치였습니다. 그러나 1980년대 중반 이래 풍족한 사회가 찾아오면서 정치의 본모습이 질적으로 바뀌었습니다. '생활정치life politics'가 대두한 것입니다. 이것은 부나 권력의 소유에 대한 관심을 문제시하기보다 어떻게 살아갈 것인가 하는 존재에 대한 관심에 초점을 맞추고 있습니다. 그리고 그것은 이른바 새로운 사회운동의 흐름과 연동하고 있습니다.

리스크사회는 그 초점을 생활정치에 맞추고 있다고 생각합니다. 저는 리스크사회와는 다른 관점에서 1980년대에 근대 사회의 위상이 소유에서 존재에 대한 관심으로 전환되기 시작했고 그에 따라 해방의 정치로부터 삶의 방식이나 존재를 문제 삼는 생활정치로 전환되어 갔다고 논했습니다.[21] 또 리스크사회에서의 정치는 어떻게 안전한 생활을 할 수 있는지의 문제를 중심에 두고 있다는 점에서 생활정치의 범주에 들어간다고 하겠습니다.

인간이 리스크와 맞대면하기 위해서는 '아래로부터의bottom up 정치'를 중

21 今田高俊,『意味の文明学序説』(東京大學出版会, 2001), pp. 154~158.

시할 필요가 있습니다. 아래로부터의 정치란 의회나 행정을 통해서가 아니라 이에 대항하는 형태의 시민운동, 볼런티어 단체, NPO·NGO 등의 발언 기회나 권리가 커지면서 정치적 영향력을 가지는 것을 가리킵니다. 현대 사회는 점점 더 고도의 기술 시스템에 의존하게 되었기 때문에 과학기술 전문가들의 판단을 필요로 하는 경우가 많습니다. 그 때문에 테크노크라트(기술관료)가 사실상 의사결정의 많은 부분을 담당하게 되었고 그들에 의해 정치적 결정이 이루어지는 경향이 강화되고 있습니다. 이제 테크노크라트가 그들의 전문 지식을 기반으로 하는 리스크에 어떻게 대처할 것인가를 처방하는 형태의, '서브 정치'가 존재하게 되었다고 말할 수 있겠지만, 그것만으로는 그저 듣고 따라가는 것이 되어버리는 만큼, 아래로부터의 '서브 정치'와 권위를 부여받은 정치·행정 시스템이 운영하는 정치 이 두 가지가 균형 있게 진행되어야 할 것입니다.

경제도 정치화해야 한다고 생각됩니다. 예를 들어 제가 2000년 '개발도상국·NGO와의 현지 교류' 차 방글라데시를 방문한 적이 있는데, 그때 경제학자 무함마드 유누스 Muhammad Yunus[22] 교수가 설립한 그라민 Grameen 은행을 보고 큰 감명을 받았습니다. 그라민은행은 빈곤층 주부를 대상으로 무담보로 저금리의 소액융자를 해주는 은행입니다. 이 은행은 집안이 가난해 교육을 받지 못하고 직장에 취업할 기회도 없는 여성들에게 자립의 길을 열어주기 위해 고안되었습니다. 처음 시작할 때의 자본은 아주 작은 금액이었지만 점차 빈곤을 극복하는 효과를 거두기 시작했습니다. 그러면서 일반 은행에서는 생각할 수 없을 정도의 융자 회수율(99%)을 실현했고, 2000년에는 융자 대상자가 240만 명에 달하는 방글라데시에서 가장 큰 은행으

---

22 1940~ . 방글라데시의 경제학자. 마이크로크레딧(소액융자)의 이론가로 유명하다. 빈곤 문제와 맞붙어 그라민은행을 창설하여 성과를 거두어 2006년 노벨평화상을 수상했다.

로 성장했습니다. 시장은 효율적인 이익 추구를 위해 돌아가는 것이고 복지를 위해 있는 것이 아니지만, 유누스 교수는 시장원리를 복지 시스템으로 편해냈습니다. 무담보 융자라는 위험한risky한 일을 했는데 보통의 은행에서는 생각할 수 없는 회수율을 거두고 있습니다. 그 원인이 무엇이냐 하면, 다름 아닌 집락集落 구성원들 간의 연대의식입니다. "여기서 일탈하지 말고 견디자. 모두 함께 가야 한다"라고 마을 사람들이 서로를 부추기는 것을 통해 리스크가 담보되었던 것입니다. 이것은 경제제도를 이용하여 복지 시스템을 만든 것이라 할 수 있습니다.

또 하나의 예는 세계적으로 유행한 지역통화, 즉 에코머니ecomoney입니다. 경제원칙에 맞지 않고 정부의 공인도 받지 못한 사적인 표票들이 지방자치체 단위에서 통화로 유통됩니다. 주민들은 장래의 리스크를 피할 목적으로 여기에 지원하거나 원조합니다. 즉, 내가 잘 돌아갈 때 지원을 하여 에코머니를 받아 저축해둡니다. 그리고 장차 필요할 때 그 돈을 사용하여 자신을 위한 서비스를 받거나 개호를 받습니다. 이것은 돈으로 노력勞力을 순환시키는 것을 넘어서는, 지역적 연대를 확보하는 매개체로서의 의미를 지니고 있습니다. 바꿔 말하면 지역사회 주민들의 지원을 끌어내 리스크와 맞대면하는 방법이라 하겠습니다.

다치바나키 빈곤 퇴치를 위한 사적私的 은행 같은 것은 개발도상국에서 가능한 일이고, 연대나 공동체의식이 강한 나라에서는 잘 될 수 있지만 일본 같은 선진 자본주의 국가에서는 좀처럼 잘 되기는 어려울 것입니다.

마찬가지로 에코머니 또한 지방자치체 차원에서 가능할 것이라는 이야기가 있기는 하지만, 경제학의 관점에서 보면 '발足에 의한 투표'[23] 같은 것

---

23 주민들이 자신에게 도움이 되는 행정서비스를 제공하는 지방자치체 지역으로 주소를 둠

이 발생할 수 있습니다. 예를 들어 재정파탄 문제가 발생한 유바리夕張 시에 대해 생각해봅시다. 상당히 큰 적자를 기록하고 있는 이 도시에서 사람들은 부담을 서로 나누자는 이야기를 하고 있습니다. 시장은 월급을 줄였고 주민들도 세금을 더 많이 부담하여 시를 살리자는 이야기들을 하고 있지만, 현실은 시민들이 점차 유바리 시를 떠나고 있는 상황입니다.

지역 차원에서 서로 돕자고 하고 있지만 선진 자본주의 국가에서는 주민 이동이 자유롭기 때문에, 시를 버리고 떠나버리면 어쩔 수 없는 것이 현실입니다. 요즘에는 정보 전달이 용이하기 때문에 어디는 개호시설이 좋고 세금도 싸다는 정보가 있으면 많은 주민이 그곳으로 옮겨갈 가능성이 있습니다. 그러므로 저는 그러한 제도나 사고방식은 일본에서 더 이상 통하기 어렵다고 생각합니다.

이마다 그럼 재정이 파탄난 지자체를 어떻게 해야 할까요? 폐허가 되도록 방치해야 할까요?

다치바나키 그런 지자체는 이제 앉아서 죽는 수밖에 없을 것입니다.

이마다 약육강식의 논리대로라면 그렇게 되겠지요.

다치바나키 그렇다면 강제적으로 '시민은 이주할 수 없다'라는 법률을 만들어야 할까요?

으로써 지자체의 조세 수입 등이 달라지고, 그것으로 지자체 간의 경쟁 메커니즘이 발생한다는 이론. 기존의 '손에 의한 투표'에 대비되는 말로, 1956년 찰스 티부(Charles Tiebout)에 의해 제기되었다. — 옮긴이 주

이마다 이주하지 않고 어떻게든 재생하는 방법을 찾아야겠지요. 주식회사가 파산하면 재생하기 위한 절차를 밟게 하는 경우도 있잖습니까?

다치바나키 지역의 문제는 어떤 식으로든 주민 이동을 저지하는 데까지 생각을 확장해야만 해결될 수 있다고 생각합니다.

이마다 주식회사도 도산하는 경우가 있듯이 지역도 파산하는 곳이 생길 수 있다고 생각합니다. 「회사갱생법」에서 배워 「지역갱생법」 같은 것의 입법을 검토하는 것이 좋지 않을까요?

다치바나키 국가가 강제적으로 돕는다는 것인가요?

이마다 이야기가 조금 벗어났기 때문에 주제로 돌아가지요. 지역통화란 것은 지방자치체를 돕기 위한 것이 아니라 그곳에서 생활하는 사람들의 여러 리스크를 통화에 실어 그것을 경감하기 위한 매개체라는 의도에서 말한 것입니다.

다치바나키 그것에 동의하지 않는 사람은 어떻게 합니까?

이마다 동의하지 않는 사람은 참가하지 않으면 됩니다. 참가하느냐 참가하지 않느냐는 자유의사입니다.

하세베 기업을 재생시키는 경우와 공공단체를 재생시키는 경우는 기본적인 것에서 차이가 있습니다. 기업을 재생시키는 경우는 빌린 돈이 적극 재산을 웃돌고 있고 채권자도 있고 주주도 있습니다. 채권자나 주주 등 이해관계자들이 서로 의논하여 각자 다소간의 손해를 부담합니다. 채권자라면 빌려준 돈을 어느 정도 탕감해주고, 주주라면 당기 배당금을 받지 않거나 감자 조치를 허용하여 모두가 손해를 부담하는 가운데 회사가 영업을 계속할 수 있도록 합니다. 그리고 그것이 장기적으로는 관계자 전원의 이익이 될 것이라 기대하는 것입니다.

그런데 지방자치체의 경우에는 돈을 빌려준 은행이나 지방채를 매입한 사람들이 있습니다. 그런 사람들이 빌린 돈의 반환을 요구하면 지방자치체는 행정 서비스를 삭감하거나 공무원을 감축하는데, 이는 궁극적으로 "세금으로 반환합니다"가 됩니다. 그럴 경우 세금을 내야 하는 주민들의 입장에서는 서비스는 저하되었는데 세금은 너무 많이 거두어가는 것을 좋아할 리 없고, 타 지역으로 이주하게 됩니다. 비용을 부담하지 않고 도피해버릴 수가 있는 것입니다. 따라서 타 지역으로 가더라도 거기까지 찾아가 세금을 받아낼 수 있는 제도를 만들지 않는다면 지방자치체가 민간기업과 같은 환경에 있다고 말할 수는 없는 것이지요. 다만 그런 제도를 만들더라도 돈을 빌려준 자의 책임도 감안하여 만들어야 할 것입니다.

5. 리스크사회와 자발적인 감시사회화

이마다 다음으로 리스크사회와 자발적인 감시사회에 대해 이야기를 나누어보기로 합시다.

미셸 푸코Michel Foucault[24] 이래 감시사회surveillance society에 대한 사람들의

---

24 1926~1984. 프랑스의 철학자. 1970년 프랑스대학(College de France) 교수 역임. 그는 저서 『감시와 처벌』(1975)에서, 권력에 종속된 신체에 대한 보편적인 감시 기술로 고안

관심이 높아졌는데, 전자 미디어가 고도화되면서 감시사회가 급속히 진전되고 있습니다. 그 결과 그것이 국가에 의한 관리의 강화로 연결되는 것이 아닌가 하는 우려들이 있기는 하지만 관리 강화에 대한 구체적인 이의 신청의 움직임은 그다지 활발하지 않습니다. 오히려 공공장소에 감시 카메라나 비디오 모니터를 설치하는 움직임이 용인되거나 환영받는 경향이 강합니다. 최근 십수 년 동안 치안 악화나 도덕성 저하에 의해 안전에 대한 걱정이 높아진 것이 그러한 반응의 배경을 형성하고 있는 것 같습니다. 요컨대 리스크사회화에 따라 커진 안전에 대한 걱정을 IT 기술에 의해 해소하려는 것이라 하겠습니다.

데이비드 라이언David Lyon[25]은 감시에는 '지켜보는 것care'과 '망을 보는 것control'의 두 얼굴이 있다고 했는데, 전자 미디어 시대에는 '지켜보는 것'으로서의 감시가 주가 되었다고 했습니다. 이것은 '위로부터'의 감시 시도가 아니라 '아래로부터'의 감시 요청이 많아졌기 때문입니다. 예를 들어 '안전하고 안심할 수 있는 동네 만들기'라고 해서, 주민단체들이 동네에 자주적으로 감시 카메라를 설치하거나 순찰대를 조직하여 이리저리 돌아다니고 있습니다. 리스크란 것은 부富와 다르기 때문에 손에 잡히거나 눈에 보이지 않는다는 점이 불안을 야기하는데, 역으로 리스크를 가시화하는 것이 오히려 불안을 증식시키는 측면도 있습니다. 리스크사회에서는 "감시사회가 좋은 것이 아닌가?" 하는 소박한 견해가 묘하게 설득력을 가지는데, 이 점에 대해 어떻게 생각해야 할까요?

된 제러미 벤담(Jeremy Bentham)의 파놉티콘(panopticon)을 논하며 "우리 사회는 스펙터클의 사회가 아니라 감시사회"라는 것을 규명했다.

25 1948~ . 캐나다 퀸스대학 사회학 교수. 그는 『감시사회』(2001)에서 데이터베이스에 의한 감시를 문제 삼아 사회적 분류(social sorting)에 의한 배제를 지적했다.

하세베 도시화가 그 배경에 있는 것은 분명합니다. 프라이버시를 중요하다고 말하는 쪽은 도시생활자일 것입니다. 전통적인 농촌 세계에서는 어느 구성원이 어떻게 살고 있는지를 모든 사람이 알고 있는, 궁극적으로는 감시사회였습니다. 그것이 싫어서 근대적, 자율적인 개인으로 살고자 도시로 나오는 것인지는 모르겠지만, 이제는 생활이 위협받게 된 것입니다. 그래서 수많은 감시 카메라를 설치하는 것이겠지요.

한 가지 좀 과장된 말을 한다면, 『차라투스트라는 이렇게 말했다』의 서두에서 프리드리히 니체Friedlich Nietzsche가 말한 '최후의 인간'은 개인의 행복과 개인의 안전이 제일이라고 생각합니다. 기껏해야 자신과 가까운 사람, 자기 편의 행복이나 안전, 작은 기쁨만을 중시하고 사회 공공의 문제에 대해서는 관심을 두지 않습니다. 자경단을 조직하는 것은 차라리 나은 편이지요. 카메라 같은 것만 설치해두고 자신은 틀어박혀 사는 것입니다. 이런 것이 오히려 전형적인 모습이 아닐까요?

최근에 알렉상드로 코제브Alexandre Kojève[26]의 『헤겔 독해 입문』을 읽었는데요, 그 속에 일본 사회에 대한 묘사가 나옵니다. 코제브는 역사는 언젠가는 종언을 고한다고 생각합니다. 역사가 걸음을 멈추는 것은 모든 개인이 평등한 개인으로서 자신의 존엄을 인정해달라는 승인을 위한 투쟁이 끝났을 때입니다. 역사가 종언을 고하는 시기는 모든 인간이 평등한 존재로서 상대방의 존엄을 서로 승인하는 때입니다. 그것으로 역사는 끝납니다. 실질적인 가치를 둘러싼 투쟁은 모두 끝나는 것입니다. 그런데 바로 그런 사회가 실은 일본 사회라고 코제브는 말하고 있습니다. 실질적인 가치를 둘

---

26 1902~1968. 러시아 출신 프랑스 철학자, 외교관. 1930년대 '승인'의 개념을 핵심으로 파리에서 열렸던 그의 헤겔철학 독해 강의에는 조르주 바타유(Georges Bataille), 레몽 아롱(Raymond Aron), 자크 라캉(Jacques Lacan), 모리스 메를로퐁티(Maurice Merleau Ponty) 등이 참석했는데 그것이 이후 프랑스 사상계에 큰 영향을 미쳤다.

러싼 투쟁이 없어졌기 때문에 사람들이 꽃꽂이를 하거나 다도茶道를 하고, 노能[27]나 교겐狂言[28]을 즐기는 등, 실질적인 의미는 아무것도 없고 오직 형식미만 존재하는 세계에 탐닉합니다. 지적인 관심을 가진 자는 궁극의 지知를 추구하는 철학은 이제 더 이상 불가능하기 때문에, 다시 말해 궁극의 지는 모두 얻었기 때문에 그저 명상에 열중할 뿐입니다.

이런 사회에서는 공과 사의 구별이 의미를 잃게 됩니다. 실질적인 가치가 심각하게 대립하고 투쟁하며 존재하고 있다면, 그러한 가치는 사적인 공간에 가두어놓습니다. 이러한 가치관과는 별개로 사회 공공의 문제와 관련해서는 모두 냉정하게 서로 이야기하게 되지만, 이제 가치를 둘러싼 투쟁은 더 이상 존재하지 않는 것입니다. 다시 말해 사적인 공간에서는 개개인이 각자 추구하는 실질적인 가치에 따라 살아가도록 하고 사회공공의 문제와 관련해서는 공동의 장에 나와 모두를 위한 논의를 한다고 하면, 그때는 이미 문제 상황이 존재하지 않는 것이고 공과 사를 구별할 의미가 없습니다. 그렇게 되면 중요한 것은 안전이나 안심이기 때문에 모두 서로 감시하고 살아가는 것도 나쁘지 않게 여겨질 것이고, 사람들은 '감시사회'를 받아들이고 있다고 설명하는 것이 가능할까요?

이마다 그러한 방향으로 갈 수밖에 없는 역학이 리스크사회에 존재한다는 말씀이지요?

하세베 감시사회라고 할 때 우리에게 가장 먼저 떠오르는 것은 이마다 선

27 일본 전통 예능인 노가쿠(能樂)의 한 분야로, 가면극을 중심으로 무도, 극, 음악, 시 등이 어우러진 종합적인 무대예술.

28 주로 노와 노 사이에 상연되는 풍자극으로, 관객들의 긴장을 웃음으로 풀어주는 역할을 했는데, 시간이 흐르면서 노와 함께 그 자체로 독립적인 예술로 인정받게 되었다.

생님도 말씀하셨던 푸코입니다. 푸코가 제기한 테제의 하나로 「규율 권력으로부터 생의 정치bio-politique[29]로」라는 것이 있습니다. 국가가 인간의 탄생에서부터 죽음에 이르기까지 건강 상태, 위생 상태를 포함한 모든 것을 관리하고 경영하는 사회는 앞에서 다치바나키 선생님이 말한 전쟁하는 프로이센의 세계입니다. 독일에 지지 않기 위해 결국 프랑스를 포함한 다른 나라들도 그런 방식을 채택해나갔지만 이제 냉전은 종언을 고했습니다. 그에 따라 국가가 모든 생명을 전체적으로 관리하기 위해 권력을 휘두를 필요가 없어졌고, 따라서 국가는 점차 후퇴했습니다. 그리하여 "당신의 안전은 당신 스스로 지켜주세요"라는, '자기책임'의 세계로 변했습니다. 기업도 연금이나 고용보험, 세금 등의 부담을 싫어하기 때문에 국가는 그 활동 영역을 축소해나갔고, 그 결과 개인은 개별적으로 살아갈 수밖에 없게 되었습니다. 현재는 그러한 세계입니다.

이마다 자기를 방위하기 위해 주체적으로 감시사회화를 수용하게 되었다는 말씀이지요?

하세베 이마다 선생님이 말씀하신, 중간단체들에게 희망을 거는 것도 해결책이 되지 못한다면, '최후의 인간'인 개인이 각자 자신의 작은 안심과 작은 행복을 목표로 개별적으로 살아가는 것이지요.

다치바나키 세계는 이제 냉전이 끝나 전쟁이 없어졌고, 제1차대전이나 제2

---

29 규율 권력과 함께 생의 권력(bio-pouvoir)의 또 하나의 극(極). 생식, 탄생, 사망률, 건강 수준, 수명 및 그 조건들을 조정하고 관리하는 것으로, 사람의 삶 전반을 경영하고 관리하고자 하는 권력의 존재방식을 가리킨다. ミシェル·フーコー, 『性の歴史 I: 知への意志』(新潮社, 1986), 第五章, 「死に対する権利と生に対する権力」 참조.

차대전처럼 세계 전체가 연루된 분쟁은 없어졌다 하더라도 아랍과 이스라엘, 파키스탄과 인도 혹은 북한 같은 지역 간 분쟁은 오히려 늘어났습니다.

하세베 선생님이 말씀하셨듯이 이제 대규모 전쟁은 없어졌기 때문에 모두 자기책임하에 살아가라는, 정부의 역할을 최소화한 야경국가로 돌아가자는 분위기가 전 세계에 만연해 있다고 말할 수 있을까요?

하세베 야경국가로 돌아가는 것은 무리라고 생각합니다. 자유주의 정책들을 철저하게 추구하는 국가조차 과거의 야경국가에 비교하면 그 활동 범위가 대단히 큽니다. 다만 이제 정치체제로서의 정당성legitimacy을 내건 대립은 현 세계에서는 없어진 것이 아닐까요?

다치바나키 자본주의냐 사회주의냐의 이데올로기 대립은 없어졌다는 말씀인가요?

하세베 자본주의냐 사회주의냐의 문제라기보다 오히려 헌법원리의 정당성에 관한 대립을 말합니다. 비스마르크의 독일이 전쟁 방식을 바꾸었기 때문에 모든 나라가 복지국가, 대중민주주의 국가가 되었습니다. 그렇게 되자 대중민주주의 국가로서 전 국민의 복지를 평등하고 격차 없이 향상시키는 데 적합한 헌법원리를 가진 나라가 어떤 나라인가 하는 것이 문제가 되었습니다. 즉 파시즘인가 공산주의인가, 아니면 의회제 민주주의인가 하는 물음입니다. 의회제 민주주의는 전 국민의 복지를 평등하고 격차 없이 향상시키는 것은 현실적으로 불가능하다는 전제 위에 서 있는 체제라고 생각합니다.

다치바나키 오히려 공산주의나 전체주의 쪽이 그렇게 하기가 쉽습니다.

하세베 정치적인 결정은 승자와 패자를 낳기 마련인데 의회제 민주주의는 격차가 너무 벌어질 경우, 다수파와 소수파의 교체가 일어나고 쟁점에 따라 재편성도 일어날 수 있습니다. 그리고 그러한 의회정치 과정들을 통해 장기적으로는 사회 전체의 복지를 큰 격차 없이 향상시킬 수 있다는 것을 상정하는 체제입니다. 공산주의나 전체주의는 승자와 패자의 차이를 계급 혹은 민족의 적인지 아군인지 관점에서 설명하고 패자를 배제시켜버립니다. 냉전冷戰은 의회제 민주주의가 좀 더 나은 헌법원리이며, 경합하는 다른 정치체제보다 더 나은 체제라고 주장한 전쟁이었습니다. 이제 의회제 민주주의에 대항할 만큼의 정당성이 있는 헌법원리를 가진 나라는 존재하지 않습니다.

다치바나키 북한이나 쿠바는 어떻습니까?

하세베 그 나라들이 새로운 체제의 후보자가 된다고 생각하는 사람이 얼마나 될까요? 그 나라들이 스스로 헌법원리의 정당성을 걸고 다른 대부분의 나라와 대항할 현실적 가능성이 있을까요?

다치바나키 그럴 리는 없겠지요.

하세베 체제의 정당성을 걸고 장기에 걸친 전쟁을 수행하는 경우는 있을 수 없다고 생각합니다.

이마다 '감시사회'라고 해도 민주화가 진전된 선진 산업사회에서는 위로부터 국민을 통제하는 엄격한 '파놉티콘panopticon'[30]은 거부당할 것입니다. 그와 반대로 수많은 리스크의 존재로 모두가 불안을 느껴 어떻게든 보살펴주기를 바라는 마음, 자기 생활의 안전성을 확보하고자 하는 원망願望에서 감시가 등장합니다.

지켜봐주는 것 또는 감시에 대한 이러한 요구는 어쩔 수 없는 면이 있지만, 그것을 행정行政이 떠맡아야 하느냐는 깊이 생각해야 할 문제입니다. 커뮤니티의 주민들의 자발적인 감시에 한해서는 문제가 없으나, 현실에는 푸코가 말한 파놉티콘적인 감시도 나타나고 있습니다. 전자 미디어화의 진전에 따라 다양한 정보가 데이터베이스화되었고, 파놉티콘처럼 벽이나 창 혹은 간수 등이 없는 감시 시스템이 등장하고 있습니다.

마크 포스터Mark Poster[31]는 전자 미디어 시대의 감시 장치를 '초超파놉티콘'이라 했는데, 그는 사람들이 자진하여 감시당하는 훈련을 받고 그것을 수용하고 있다고 말했습니다. 예를 들어 우리는 사회보장 카드, 운전면허증, 신용카드, 도서관 카드 등을 발급받아 일상적으로 사용하고 있습니다. 그것에 의한 거래는 기록되고, 데이터베이스에 더해집니다. 개인이 스스로 서류에 기입하는 경우도 많습니다. 그들은 정보의 원천인 동시에 정보의 기록자이기도 합니다. 홈쇼핑의 경우 소비자들은 제조자에게 연결된 모뎀으로 제품을 주문하는 과정에서 그들의 개인 정보를 제조자의 데이터베이스에 직접 입력하고 있습니다. 그들은 거래상의 편의를 위해 자신의 특성을 데이터베이스에 기입함으로써 감시 장치의 비대화에 자발적으로 참여하고 있는 것입니다. 아마도 자신이 기억하고 있는 것보다 데이터베이스의

---

30 공리주의자 제레미 밴덤이 설계한 형무소 시설로, 일망감시 장치(一望監視裝置)라고 번역된다. 상세한 것은 『파놉티콘』(1791)에 설명되어 있는데, 파놉티콘은 죄수들이 언제 어떻게 감시되는지를 모르는 채 감시되는 구조로 되어 있다.

31 1941~ . 뉴욕대학 박사과정 수료. 미국의 역사학자로 현재 캘리포니아대학 어바인교(校) 교수. 전자 미디어의 발전이 사회문화 상황에 미치는 영향을 비판적으로 논해왔다. 주요저서로 『정보양식론』(1990)이 있다.

정보가 더 상세할 것입니다. 인간과 달리 데이터베이스는 잊어버리지 않기 때문이지요.

요즘 세상에는 생활상의 편의를 위해 스스로 적어 넣는 정보들에 의해 감시되고 통제당하는 것과, 자경단처럼 안전에 대한 걱정 때문에 자발적으로 동네를 도는 것에 의해 감시당하는 두 유형의 감시가 있는데, 리스크사회에서는 이 두 가지가 모두 강화되고 있습니다. 우리는 리스크 저감을 위해 '지켜보기(순찰)'를 하고 있지만 한편으로 편리함을 위한 온라인화化는 역으로 프라이버시라는 리스크를 높이고 있습니다. 이 두 가지를 어떻게 안배하느냐가 향후 우리의 과제입니다. 개인정보를 보호하고 관리하기 위해 법규를 제정하는 것이 좋은 방법이 될 수 있을까요?

하세베 예를 들어 입력된 데이터를 복사해간다거나 프라이버시를 침해하는 행동 같은 경우는 지금도 금지시킬 수 있습니다. 데이터 복제를 금지하는 법률을 만들면 되는 것이고, '주기住基네트'[32]나 「개인정보보호법」에서도 목적 이외에는 사용해서는 안 된다는 것을 강조하고 있습니다. 개인정보 보호와 프라이버시 보호는 엄밀하게는 서로 다르므로, 프라이버시를 침해하는 것은 인격권 침해에 해당되기 때문에 법원으로부터 금지 명령을 받아낼 수 있습니다.

이렇게 법률에 쓸 수 있는 도구가 없는 것은 아니지만, 사람들이 누군가 자신의 개인정보를 프로파일 화化할 위험성이 점점 높아지고 있다고 믿는다면 이에 대해 법률이 할 수 있는 것은 아무것도 없지요.

이마다 개인정보가 프로파일화되고 있는지의 여부를 확인할 방법은 없습

---

32 '주민기본대장(住民基本臺帳) 네트워크 시스템'의 줄임말. — 옮긴이 주

니다. 그런데 "자산을 매각하신다면 우리에게 맡겨주세요" 같은, 명백히 개인 자산이 프로파일화되어 있음을 전제로 한 광고들이 많습니다. 그것들을 추궁하면 아마 등기사항 증명서 등 공개되어 있는 정보에 의거한 것이라고 변명을 하겠지요.

그건 그렇고, 지역 커뮤니티에서 자경단 같은 것을 조직하고 또 의견을 모아 지역 내 여기저기에 감시 카메라를 설치하는 것에는 문제가 없나요?

하세베 그것도 어떻게 하느냐의 방법에 따라 다를 것입니다. 예를 들면 공공도로 위에 마음대로 감시 카메라를 설치하는 것은 곤란한 일이겠지요. 하지만 자기 커뮤니티가 소유하고 있는 토지나 사설도로에 설치하여 누가 접근하는지를 살피는 수준이라면, 상당한 조건을 충족시키는 경우가 아닌 한 법적으로 문제되지는 않을 겁니다.

이마다 영국에서는 테러가 잦아진 이후로, 보통의 도로에도 감시 카메라를 설치하고 있는데 그에 대해서는 어떻게 생각하십니까?

하세베 보통의 도로라고는 해도 제가 영국에서 많이 보았던 것은 건물 입구나 벽에 설치한 것들이었는데, 그런 것들은 일본에서도 흔히 있는 것 아닌가요?

이마다 건물 입구에 도로를 향해 설치하는 것은 괜찮다는 것인가요?

하세베 글쎄요. 도로를 걷는 것은 사람들이 일상으로 하는 일이지요. 도로를 걸을 때 다른 누군가가 그 사람을 볼지도 모르겠지만, 걷고 있는 모습을 보았다고 해서 그것이 그 사람의 프라이버시나 초상권을 침해했다고 말할 수는 없는 것 아닐까요? 교토부府 학련學聯 사건 판결[33]에서 최고재판소는 사진 촬영에 대해 엄격한 요건을 부과했지만 그것은 경찰관이 범죄의 증거로 피의자를 촬영하는 전형적인 공권력 발동 상황이었고 사적인 개인 간의 일은 아니었습니다.

이마다 그렇다면 감시 카메라를 전국의 도로 도처에 설치해도 괜찮다는 건가요?

하세베 예를 들어 그것이 맨션의 안전 관리 등 그 장소의 안전 확보를 위해 필요하다는 이유가 있다면 괜찮습니다. 그것이 필요하고 또 합리적인 수단에 해당된다면 특별히 문제될 것은 없다고 생각합니다.

이마다 이유를 설명할 수 있다면 전국 도처에 설치하는 것도 원칙적으로는 괜찮다는 말씀이군요. 홋카이도北海道의 네무로根室에 나의 친척이 있다든가 나의 자산이 있다면 설치가 가능하다는 것이지요?

하세베 사적인 이유로 공공의 도로에 마음대로 카메라를 설치해서는 안 됩

---

33 日本判例 最大判 1969年 12月 24日 刑集 23卷 12号 pp. 1625. 교토 부경(府警)의 경찰관이 교토부 학련(學聯) 주최 시위행진이 교토부 공안위원회가 설정한 시위 허가조건을 위반했다고 판단하고 선두 집단의 행진 상황을 촬영했는데 시위 참가 학생이 깃대로 경찰관의 하악부를 찔러 상해를 입혔고, 그로써 그 학생이 공무집행방해죄로 기소된 사건. 최고재판소는 범죄 수사를 위한 사진 촬영과 초상권과의 관계에 대하여 '모든 개인은 사생활의 자유로서 그가 승낙하지 않은 상황에서 함부로 용모와 자태를 촬영당하지 않을 자유를 가진다'고 명시하면서도 '범죄가 현재 일어나고 있거나 그 직후로 인정되는 상황에서 증거 보전의 필요성 및 긴급성이 있고 또 그 촬영이 일반적으로 허용되는 정도를 넘지 않는 상당한 방법으로 행해질 때'에는 재판관의 영장이 없고 본인의 동의가 없더라도 사진 촬영이 허용된다고 했다.

니다. 사적인 개인은 자기 소유물이나 소유지 안에 설치할 수 있을 뿐입니다. 그리고 누군가가 우연히 공공도로에 설치된 카메라에 찍힐 수 있는데 그런 경우 그 사람의 프라이버시가 침해되었느냐 하면, 상당한 조건을 충족하지 않는 한 그렇게 간주되지는 않을 것입니다. 내가 살고 있는 맨션의 안뜰에도 공공도로를 향해 감시 카메라가 설치되어 있어 우연히 그곳을 지나가는 사람들이 촬영될 수는 있지만 그렇다고 그것이 인격권 침해는 아닐 것입니다. 사안이 조금 다르기는 하지만 편의점 안에 방범용 카메라를 설치하여 고객의 동정을 촬영하고 녹화하는 것에는 위법성이 없다는 하급심 판결[34]도 있습니다.

마스나가 인터넷상의 특정 문제들은 판단하기가 상당히 어렵습니다. 익명으로 작성된 위법의 내용을 가진 글에 대해, 현재 어느 정도 관리자에게 정보를 요구할 수 있나요?

하세베 현재 일본에는 「프로바이더 책임제한법」[35]이 만들어져 있습니다. 명예나 프라이버시 등의 권리를 침해당한 것이 분명한 사람은 발신자 정보의 개시開示를 요구할 수 있습니다.

---

34 名古屋 高裁 2005年 3月 30 日民事第2部 判決. ジュリスト臨時増刊,『2005年度重要判例解説』(有斐閣, 2006), p. 11. 이하에 구도 다쓰로(工藤達郎) 씨의 소개와 해설이 있다.

35 特定電氣通信役務提供者の損害賠償責任の制限及び發信者情報の開示に關する法律.

6. 리스크학의 미래

이마다 마지막으로, '리스크학의 미래'에 대해 이야기해봅시다. 리스크학의 미래를 그려보기 위해서는 무엇보다 리스크 평가나 리스크 관리에 대한 의론이 필요할 것입니다.

리스크학을 정비해나가기 위해서는 먼저 현실 사회 어느 곳에 어떤 리스크가 존재하는가를 정확하게 파악할 필요가 있습니다. 그리고 그것을 위해서는 리스크 지표를 체계화할 필요가 있고요. 그리고 이 지표에는 양적으로 측정 가능한 것뿐만 아니라 질적인 것도 포함되어야 할 것입니다. 요컨대 기존의 '국민생활 풍족성 지표'로부터 '리스크 지표'로의 전환(또는 추가)으로 나아가야 할 때라고 생각됩니다. 생활영역마다 리스크에 관한 데이터베이스를 마련합니다. 그리고 이러한 지표화된 데이터를 바탕으로 리스크를 평가하는 데까지 나아가는 것이지요. 이 문제에 대해 어떻게 생각하시나요? 먼저 리스크의 계량적 측정에서 앞서 나가고 있는 과학기술 분야의 동향에 대해 마스나가 선생님이 말씀해주시지요.

마스나가 이공학 분야에서는 광공업의 작업 현장, 위험물 저장, 화재 또는 사고 등 각각의 분야나 현장별로 안전 관리를 해왔습니다. 여기서 '안전 관리'라 하는 것은 위험성이 어느 정도 명백한 것에 대해, '전혀 위험이 없는 상태'로 관리할 수는 없다는 의미입니다. 즉, 어떤 편익과 대책 비용 간의 관계에서 리스크를 어느 정도 허용한다는 의미는, 실제로는 종종 리스크가 존재한다고 생각하지만 표면적으로는 그것을 그다지 주장하지는 않았다는 말입니다. 그러나 인류가 지구환경에 준 부하가 너무 커졌습니다. 이제 인류는 환경문제라는 난제와 싸워야 합니다. 예를 들어 풍력발전소는 이산화탄소 배출 저감에 기여하지만, 이른바 '버드 스트라이크bird strike' 현상을 야기하여 개체 수가 줄고 있는 맹금류의 생존에 악영향을 미치는 문제를 지니고 있습니다. 새로운 과학기술은 당연히 인류의 장래를 위해 개발되고 응용되어야 하지만 한편에서는 그것이 가져올 새로운 리스크 때문에 이를 도입하는 데 반대하기도 합니다. 또한 인간의 건강 리스크를 저감하는 것과 자연을 지키는 것이 서로 충돌하는 경우도 있습니다. 이를 '리스크 트레이드오프trade off'라 부릅니다. 이렇게 복잡한 상황에서 어느 대책을 우선할 것인가, 이 신기술의 실용화를 허용할 것인가, 허용할 경우 어떤 관리 의무를 부과할 것인가, 또는 다른 면의 악영향을 고려하여 이것은 허가하면 안 된다 등과 같이 분야의 경계를 뛰어넘어 폭넓은 시야를 가지고 리스크를 관리해야 합니다. 이를 위해서는, 이마다 선생님이 말씀하셨듯이, 리스크를 최대한 객관적으로 정량화하고 공통의 기준에 의해 그것을 관리해야겠지요.

리스크를 비교하기 위해서는 먼저 공통의 지표로 표시하는 것이 필요한데, 인간에게 가장 큰 걱정거리는 죽음인 만큼 사망률을 증가시키는 정도를 비교하는 것이 제일 먼저 행해졌습니다. 그러나 사망률을 실감하기란 어렵고 또 젊어 죽는 것과 늙어 죽는 것의 차이를 정확하게 평가하는 것이 어려운 점도 있어, 손실여명Loss of Life Expectancy: LLE으로 표시하는 것이 좋겠다는 동의가 이루어졌습니다. 예를 들어 일본의 현재 인구구성에서 10^{-5}의 사망률 증가라고 하면 약 1시간의 손실여명에 해당되는데, 이것은 일반인도 이해하기 쉽습니다. 또한 죽음을 피하고 싶다, 수명을 연장하고 싶다는 것은 인간의 공통적인 바람이기 때문에 이 평가법을 수용하는 데 어려움은 없을 것입니다.

그러나 손실여명만으로는 죽음에는 이르지 않은 질병이나 신체 장애 등은 파악하기 어렵기 때문에 생활의 질Quality of Life: QOL도 고려해야 한다는 의견이 대두했습니다. 사망의 QOL은 0, 완전한 건강은 1로 하여, 질병 등의 정도에 따라 그 사이의 수치를 설정한 다음 생존연수에 QOL을 곱하여 조정하는 것입니다. 그리하여 질質 조정 생존년Quality Adjusted Life Years: QALY 또는 장애 조정 생존년Disability Adjusted Life Years: DALY이라는 지표들이 나왔습니다. 이들 지표를 이용하면 다양한 사상事象에 따른 리스크들을 비교할 수 있습니다. 다만 손실여명까지는 팩트fact로 산출하는 것이 가능하다 하더라도 QOL을 도입할 때는 아무래도 사람의 주관적인 판단이 평가에 들어가게 됩니다. 대다수의 사람들이 파악하는 평균치로 QOL값을 산출했다 하더라도 그것을 느끼는 방식은 사람마다 다를 수 있기 때문에 납득할 수 없다는 말이 나올 수 있습니다. 즉, 객관성 면에서 문제가 남는 것입니다. 또 다른 측면에서는 사람의 생명의 질에 차이를 둔다는 윤리상의 문제가 있습니다. 그렇지만 공통의 비교 기준이 없으면 합리적이고 효율적인 리스크 관리를 실천할 수 없는 만큼 아무래도 (신중히) 사용하는 쪽을 택해야 할 것으로 생각됩니다.

생태환경에 대한 리스크의 평가에서는 지표로 생물다양성 또는 인류에 대한 생태계의 서비스가 거론되고 있습니다. 이 분야에서는 예를 들어 생물다양성 그 자체를 목표로 해야 하느냐 아니면 어디까지나 인류의 입장에서 생태계가 인류에게 주는 서비스를 목표로 하느냐가 논의되고 있습니다.

어느 쪽이든 유사한 사상事象에 따른 리스크들에 대해서는 쉽고 정확하게 비교할 수 있으나 서로 다른 사상에 의한 리스크들을 공통의 평가 지표상에 놓는 것은 어렵고 또 부정확하기 쉽습니다. 그 한계를 잘 분별하고 일반인의 이해와 지지를 얻으면서 앞으로 나아가야 할 것입니다.

다치바나키 경제학의 관점에서 리스크를 측정하는 것에는 두 가지 특징이 있습니다. 하나는 앞으로 몇 퍼센트의 확률로 그 사상이 발생할지에 대해 관심을 두는 것입니다. 예를 들면 실업자가 되고, 병에 걸리고, 개호를 받아야 하는 등의 여러 가지 인생의 불행이 발생할 확률을 측정하는 것입니다. 여기에는 두 가지 방법이 있는데 첫 번째는 과거 전 국민의 통계로부터 객관적으로 장래를 예측하는 것이고 두 번째는 개개인이 주관적으로 예측하는 것입니다.

두 번째 방법의 특징은, 평균적인 발생 확률을 이야기하는 것이 아니라 분산分散에 주목하여 상한치 내지 하한치 또는 분산의 정도를 측정하는 것입니다. 예를 들면 이자율이나 경제성장률을 예상할 때는 대개 분산의 정도 를 측정합니다. 장래의 이자율이 높은 때와 낮은 때는 사람들이 자신의 자산을 운용할 때 강기强氣가 되느냐 약기弱氣가 되느냐의 차이와 높은 상관성을 보이기 때문입니다. 이것은 장래의 주식시장을 예측할 때도 적용할 수 있습니다.

이상의 이야기를 정리하면, 경제학의 관점에서 리스크에 대처하는 방법에는 평균적인 확률에 관한 것과 분산의 정도를 나타내는 것의 두 지표가 있으며 이 두 가지를 분별하여 의론을 전개하는 것이 중요합니다.

하세베 법률학에서 직접적으로 정량적인 리스크 측정에 대해 논하는 경우는 많지 않습니다. 예를 들어 범죄 또는 불법행위의 성립요건이 되는 '과실'의 여부는 결과의 예견가능성의 유무에 따라 판단합니다. 여기서의 '결과'는 개별적·구체적 장면에서의 개별적·구체적 결과이며, 되풀이해서 일어나는 현상에서의 확률이란 개념이기 때문에 번역하기 곤란한 경우가 많습니다. 하지만 그렇다고 당사자 본인의 주관적 예상만을 문제 삼을 수는 없습니다. 그 상황에 놓인 보통 사람이라면 어떻게 예측해야 하는가라는 평가의 관점이 포함됩니다. 그뿐만 아니라 리스크론 본래의 무대에서는 예견가능성이 결여되어 있기 때문에, 이에 대처하기 위한 새로운 연구도 필요하다 하겠습니다.

이마다 리스크사회에서 안심하고 생활하기 위해서는 리스크 관리가 확립되어야 합니다. 현재의 금융위기, 의료 리스크, 지구 환경문제 등 제반 리스크 관리 제도를 어떻게 설계할 것이며 그것들을 어떻게 평가할 것인지가 큰 문제로 대두되었습니다. 그리고 영국의 블레어 정권이 제창했듯이 복지의 존재방식을 종래의 재분배로부터 리스크의 공동 관리로 전환하려는 움직임도 나타났습니다. 이는 리스크 관리가 21세기 사회의 큰 과제가 되었다는 것으로 볼 수 있는데, 리스크 관리에 대해 어떻게 생각하고 어떻게 대처해야 할 것인가에 대해 각자 정리의 말씀을 해주시기 바랍니다.

마스나가 과학 분야에서는 제대로 된 리스크 관리를 실시하기 위한 기반을 마련하기 위해 공통 지표에 의한 리스크의 정량화나 순위 매기기 등의 노력을 기울이고 있다는 말씀을 드렸습니다. 앞으로도 그런 노력을 계속해야 할 것입니다. 그리고 좀 더 폭넓은 관점에서 리스크 요인을 찾아내고 그 크기를 평가하고, 그에 따른 대책의 우선순위를 정하는 일을 담당할 공적인 부문이 만들어져야 한다고 생각합니다. 그것은 기존 과학 분야 또는 행정 분야를 뛰어넘는 것이 되어야 합니다. 거기에서 각종 리스크를 과학적·객관적으로 평가하여 기반이 되는 정보들을 생성하게 되겠지만, 한편으로 리스크 관리는 과학적 평가만으로 결정될 수는 없는 일입니다. 평가된 대책 중 어떤 것을 시행에 옮길 것인지는 효과나 비용까지 고려하여 사회적으로 판단해야 합니다. 어느 정도의 리스크를 허용할 것인가는 시대에 따라 나라에 따라 당연히 달라집니다. 요컨대 두더지 때려잡기 식의 관리로부터 과학적이고 객관적인 정보와 사회적 논의에 따라 점진적으로 그 관리를 향상시켜가는 시스템을 만들어야 합니다. 덧붙여, 과학적 평가라 해도 새로운 정보가 추가되고 기술도 진보하며 항상 변화하기 때문에 리스크 관리 방식을 항상적으로 갱신할 수 있는 시스템도 마련되어야 하겠지요. 저는 리스크학의 미래에 대해 이런 정도의 이미지를 가지고 있습니다. 하지만 이 좌담회에서도 드러났듯이 리스크 연구가 관여해야 할 영역은 과학기술 분야뿐만 아니라 사회 전반에 걸쳐 있기 때문에 우리가 갈 길은 아직도 멀다고 생각합니다.

이마다 말씀대로 리스크 관리가 과학적 평가만으로 결정될 수는 없습니다. 마스나가 선생님은 사회적 판단의 필요성을 지적하셨는데 이에 대해 제가 사회학의 입장에서 말하자면, 리스크 관리의 포인트는 기술적인 안전과 사회적인 신뢰를 통한 '안심'의 확보에 있다고 생각합니다.

기술적인 안전성을 높이는 것은 두말할 필요 없이 중요하지만 안전성만을 강조할 것이 아니라 사고가 일어났을 때의 대처법이 얼마나 충분하게 수립되어 있는가에 대해 시민들이 납득할 수 있도록 유사시에 대한 리스크 회피 지침이 제시되어야 할 것입니다. 기술에는 100% 안전이란 개념이 있을 수 없는 만큼 일단 유사시에 시민들의 신뢰를 확보하는 것이 중요한 것이지요.

예를 들면 원자력발전 기술이나 의료 기술을 비롯하여 전자 미디어나 바이오테크놀로지 등의 영역에서 우리가 모르는 사이에 기술 개발이 진행되고 그 내용이나 문제점이 정확하게 공지되지 않은 제품들이 우리 생활의 다방면에 도입되고 있습니다. 국민의 입장에서는 전문 기술의 내용들을 거의 이해할 수 없고 또 이에 대해 알기 쉽게 설명받을 기회도 주어지지 않는 것이 현실입니다. 그러므로 만약의 경우, 사고가 일어났을 때 어떻게 해야 하는지를 충분히 알지 못해 의심암귀疑心暗鬼와 불안이 커지고 있습니다.

앞으로 기술과 인간 사회의 부조화가 도처에서 발생하여 우리의 생활 그 자체를 위협할 가능성이 커졌습니다. 그런 이유에서라도 기술을 사회적으로 이용할 때는 국민들에게 충분한 설명을 하고 동의를 구하는 윤리관과 사회제도의 확립이 필요하다고 생각합니다.

이와 관련한 캐치프레이즈로서 의료 분야에서 흔히 사용되는 용어인, 기술의 '사전 동의informed consent'라는 개념을 생각해볼 필요가 있습니다(이는 앞에서와는 다른 관점에서 하는 이야기입니다). 이것은 기술 일반의 사회적 이용에 관해 국민들에게 사전 동의를 구하는 것을 말합니다. 사전 동의란 충분한 설명을 받고 동의하는 것인데, 그러한 윤리관은 단지 의료 분야에서만이 아니라 기술 일반에서도 필요한 것이 아닐까 생각합니다.

기술의 공공적인 이용에 대해서는 기술 그 자체의 안전성만을 강조할 것이 아니라 기술의 운용에 관해 신뢰를 확보할 수 있도록 끊임없이 질문에 답하는 식으로 전문가와 국민 간의 의사소통을 원만하게 하고, 일단 유사시에 위기관리를 확실히 해서 안심할 수 있도록 하는 것이 중요합니다.

요컨대 안전과 신뢰를 통한 안심의 확보가 '사전 동의'를 얻기 위한 조건이라 하겠습니다. 기술 면에서 아무리 안전하다 하더라도 그것을 뛰어넘어 신뢰와 안심을 얻을 필요가 있습니다. 사고가 일어났을 때 위기관리의 틀이 어떻게 구축되어 있는가, 그리고 그에 관한 정보개시와 설명의 의무는 어디까지 정비되어 있는가? 내가 아는 한 이런 점들에 대해 국민들이 납득할 수 있을 정도의 제도 정비까지는 아직 많이 미치지 못한 상태입니다.

기술에 대한 '사전 동의'는 앞으로 기술 개발이 더욱 진전될 바이오테크놀로지나 전자 미디어 분야에도 적용할 수 있다고 생각합니다. 예전의 기계기술과 달리 이들 기술은 인간의 신체와 함께하거나, 신체 속에 들어가는 기술이란 측면이 강합니다. 그런 만큼 단지 안전뿐만 아니라 기술의 적용에 대한 신뢰, 그리고 유사시에도 안심하도록 하는 것이 앞으로 더욱 중요해질 것입니다.

하세베 법학 분야의 리스크 대처 방법에 대해서는, 정책 결정의 인풋input과 관련해서 적확한 정보에 의거한 합리적 심의, 그리고 아웃풋output과 관련한 응답적 규제responsive regulation 등 이미 서술한 것에 보탤 것은 별로 없습니다. 여기에 두세 가지를 덧붙인다면, 리스크 발생 가능성에 관한 예측의 객관성을 높이는 것은 마스나가 선생님의 말씀대로 당연히 필요한 일이고 각각의 리스크를 어떻게 평가할 것인가에 관해서는 사회적 합의가 가능한 범위에서 그것을 냉정하게 추구해나가야 합니다. 다만 평가의 측면에서 일반적인 합의의 도출이 항상 가능한 것은 아닙니다. 추상적인 말이기는 하지만 '안전 네트워크'라고 하는 최소한 확보되어야 할 안전성에 대해 일반적인 합의를 모색하는 것과 함께, 다른 한편으로는 시민 각자의 생활방식이나 사고방식에 대응해 다양하게 리스크를 받아들이며 살아갈 자유를 보장한다고 하는, 극히 상식적인 방향성을 만들어나가야 하지 않을까요?

그리고 최첨단 과학기술과 인간의 생명과 건강이 관계된 분야들에서는 이마다 선생님이 지적하신 '사전 동의'의 확보도 필요하고, 사후 처리의 측면에서는, 법학이 전통적으로 취해온 개개인의 과실책임 추급이라는 방법의 타당 범위를 재고해볼 필요가 있을 것 같습니다. 제 생각에는 어떤 상황에서 어떤 과실이 중대한 사고로 연결되기 쉬운지 등에 대한 정보를 솔직하게 공개할 수 있도록 (책임 추급과 피해자의 손해배상을 연결시킬 것이 아니라) 피해보상에 대해서는 사회 전체가 떠맡고 그 대신 정확한 정보를 공개하게 해서 앞으로의 안전 확보에 도움이 될 수 있는 틀을 보완적·대체적으로 만들어 갈 필요성이 앞으로 커지지 않을까 생각합니다.

이마다 리스크 관리에서 하세베 선생님이 지적하신 '정보의 솔직한 공개'는 너무나 중요합니다. 그것을 포함하여 최근에 리스크 커뮤니케이션의 중요성이 부쩍 커지고 있습니다. 리스크 커뮤니케이션이란 사회적 성격의 리스크에 대한 정확한 정보를 행정부, 전문가, 기업, 시민 등 관계자 간에 공유하고 서로 의사소통을 도모하며 대처 방법에 대한 합의를 형성해나가는 것입니다. 리스크 커뮤니케이션이 필요한 경우는 재해나 환경문제, 원자력 시설에 대한 주민 이해 형성 등 리스크 문제와 관련하여 관계자 간에 안전대책에 대한 인식의 공유 또는 협력관계의 공유를 도모해야 할 때입니다. 결국 리스크 평가risk assessment와 리스크 관리risk management의 방법적·이론적 정비가 리스크학의 미래를 위한 큰 과제임은 분명합니다.

제1장

경제학에서 리스크란?

사카이 야스히로 酒井泰弘

리스크와 경제와의 상관성은 오래되고도 새로우며, 넓고도 깊다. 리스크는 독毒이기도 하고 약藥이기도 하다. 다시 말해 리스크에는 피해·사고·실업 등과 같은 마이너스의 측면과 꿈을 좇기·혈기·도전 같은 플러스 측면이 공존한다. 여기서는 리스크를 가능한 한 넓은 의미로 사용할 것이고 그중에서도 특히 확률을 이용할 수 없는 리스크를 '불확실성'이라고 부를 것이다. 현대 리스크경제학에서 가장 중요한 '기대효용이론'은 일찍이 1736년, 수학자 다니엘 베르누이Daniel Bernoulli에 의해 제시되었다. 그로부터 240년이 지난 1970년대 케네스 애로Kenneth Arrow, 조지 애컬로프George Akerlof, 마이클 스펜스Michael Spence, 조지프 스티글리츠Joseph Stiglitz 등의 업적에 의해 '리스크경제학'이란 분야가 확립되었고, 이어 오늘의 융성을 맞이했다.

이 장에서는 리스크 아래서의 의사결정, 리스크 회피와 리스크 애호, 불확실성과 의사결정, 불완전 정보와 레몬의 원리 등을 순차적으로 설명할 것이다. 21세기에는 경제학뿐만 아니라 심리학·생물학·공학 등을 포함한 학제적인 '리스크학'이 형성되고 발전하기를 진심으로 기대한다.

1. 리스크와 경제학

1) 인간생활과 리스크

인간생활에 리스크가 결부되어 있다는 사실은 동서고금을 막론하고 주목을 받았다. 예를 들면 폼페이의 고대 유적에서 은제銀製 용기가 몇 점 출토되었는데 그중 하나에 '목숨을 단단히 붙들어라. 내일의 일은 알 수 없느니'라는 금언禁言이 새겨져 있었다고 한다.

이 장의 목적은 이처럼 뗄 수 없는 양자 관계를 분석하고, 특히 '경제학에서의 리스크 문제'를 가능한 한 다각적으로 논하는 데 있다.

이상의 금언뿐만 아니라 인간의 지혜가 담긴 속담이나 격언들을 조사해보면 '인간은 리스크에 어떻게 대처해야 하는가'에 대한 다양한 처방이 제시되어 있음을 알 수 있다.

한편에는 리스크 회피에 대하여 '군자는 위험한 곳에 가까이 가지 않는다', '돌다리도 두드려 보고 건넌다', '달걀을 한 바구니에 담지 않는다' 같은 지혜도 전하고 있다.

또 다른 한편에서는 그와 반대로 리스크를 피하지 말고 과감하게 도전하는 것의 효용을 이야기한다. '사람은 고난을 겪어야 큰다', '호랑이 굴에 들어가야 호랑이를 잡는다', '실패는 성공의 어머니' 같은 말들이 그 예다.

이렇듯 두 종류의 처세훈들은 일견 서로 모순되는 것으로 보일지도 모른다. 그러나 깊게 생각해보면 그것들은 서로 대립되는 것이 아니고 양쪽 다 틀리지 않다는 것을 알 수 있다. 인간은 단순하지 않고 복잡한 생물이다. 세상에는 리스크를 피하는 인간도 있지만 리스크에 도전하는 인간도 있다. 그뿐만 아니라 동일한 인간이 어떤 상황에서는 리스크를 피하고 다른 상황에서는 리스크에 도전하기도 한다.

요컨대 리스크는 독이 되기도 하고 약이 되기도 한다. 독이라 하면 일반적으로 피하는 것이 상책이지만 때로는 살모사의 독이 유용할 때도 있다. 리스크는 적당한 양이라면 복용해야 하지만 부작용이 있기 때문에 과도하게 복용할 경우 오히려 독이 될 수 있다.

전통적인 리스크관觀을 조사해보면 리스크를 독으로 생각하는 경향이 강한 것으로 보인다. 예를 들면 얼마 전까지 일본인들 사이에서는 리스크와 관련해 '지진, 벼락, 화재, 아버지' 같은 말이 오고 갔다.

화산 열도인 일본에서는 지진으로 땅이 흔들리는 것이 가장 무서운 자연 리스크였다. 안세이安政 대지진, 간토關東 대지진, 한신阪神·아와지淡路 대지진 급의 거대 지진들은 열외로 하더라도, 수목이나 가옥이 흔들리는 정도의 중·소규모 지진은 일상다반사였다.

그다음으로 무서운 자연 리스크는 하늘에서 치는 벼락이었던 것 같다. 그리고 화재 중에는 화산의 분화나 산불처럼 '자연 리스크'로 간주되는 것과 방화나 실화 같은 '인간 리스크'로 간주되는 것의 두 종류가 있었다. 마지막으로 과거의 가부장제 아래서는 절대 권력이 있는 아버지가 때때로 '벼락을 치는' 경우가 있었다. 그러나 지금은 '자상한 아버지'의 시대로 완전히 변했다.

주의해야 할 점은 리스크관이 시대나 풍토의 영향을 크게 받는다는 것이다. 현대의 리스크관을 감히 요약해본다면 '방사능, 지구온난화, 쓰레기, 에이즈'라고 할 수 있지 않을까? 원·수폭은 인류가 만든 역사상 가장 흉악한 창조물이다. 1945년 8월 히로시마広島와 나가사키長崎에 떨어진 원자폭탄은 상상을 초월하는 방사능 폭풍을 주변에 확산시켰고, 그 후유증은 지금도 사라지지 않은 상태다. 그 이후로도 우크라이나의 체르노빌Chernobyl, 미국의 스리마일Three Mile 섬, 이바라키茨城 현의 도카이東海 촌 등에서 심각한 방사능 누출 사건이 발생하여 엄청난 인명 피해를 일으켰다.

최근에는 이른바 '지구온난화 문제'가 매스컴상에서 다루어지는 일이 많다. 선진국들이 석유나 천연가스를 과잉 소비하여 대기에 탄산가스가 대량 방출되면서 지표 온도가 급격하게 상승하고 있다. 남극대륙이나 기타 지역의 빙하가 녹고 있어 세계 각지의 해면이 상승하고 있으며 적지 않은 면적의 토지가 수면 아래로 가라앉고 있다. 그리고 수천만 명, 수억 명의 인구를 안고 있는 개발도상국에서는 급속한 경제발전에 치중한 나머지 환경 대책이 등한시되고 있다.

쓰레기 문제도 심각하다. 쓰레기처리장에서 배출되는 프레온 가스나 다이옥신의 양이 해마다 증가하고 있는데 그것이 자연 환경이나 인간사회에 미치는 영향을 헤아릴 수 없다. 더 나아가, 현대 사회에서는 무분별한 성관계로 에이즈가 세계적인 규모로 확산되고 있다. 일본의 대학입학식에서 관계자가 신입생들을 앞에 두고 에이즈의 무서움에 대해 이야기하고 있는 광경을 드물지 않게 볼 수 있다.

그 밖에 우유 식중독, 산지를 위장한 쇠고기, 조류 인플루엔자, 내진강도를 위장한 맨션이나 호텔에 관한 사고들을 통해 볼 수 있듯이, 기업가의 도덕성 문제 또한 심각하다. 요컨대 현대 사회에서는 '경쟁'이나 '능률'을 '정의'나 '안심'보다 우선하는 경향이 나타나고 '독으로서의 리스크'가 점점 더 전면에 부상하고 있다.

그와 더불어 현대 사회에서는 '약으로서의 리스크'가 더욱더 중요한 역할을 담당해가고 있다는 점도 주목해야 한다. 예를 들면, 일본에서 야구는 대단히 인기 있는 국민 스포츠인데 그 인기의 비밀은 그것이 '각본 없는 드라마'라는 데 있는 것 같다. 각 타자들은 상대 투수의 다음 투구가 직구인지 커브 볼인지 아니면 포크 볼인지를 거의 알 수 없다. 설사 '읽은' 볼이 왔다 하더라도 홈런을 치는 것은 대단히 어렵다. 그러다가 이른바 '역전 끝내기 만루 홈런'을 목격할 경우 관객들은 모두 기립하게 되고 형용할 수 없는 상쾌함을 맛보게 된다. 이런 점에서 스포츠에서의 리스크의 존재는 강장제나 피로회복제 같은 역할을 하는 것 같다.

나아가 현대의 기업들에게도 리스크가 더욱 다양해지고 확대되는 경향이 있다. 예를 들면 자동차회사가 국외에 조립공장을 만들고 그곳에서 판매활동을 전개할 경우 여러 가지 리스크에 직면한다. 자동차의 품질을 국내와 동일한 수준에서 관리할 수 있을지, 근무 시간이나 보수를 둘러싼 노동쟁의가 발생하지는 않을지, 현지 고객의 기호에 관한 정보들을 정확하게 입수할 수 있을지 등의 문제이다. 기업은 이러한 리스크들에 도전하고 이를 극복해야 한다. 이런 국면에서는 이른바 '하이 리스크·하이 리턴'의 철칙이 지배한다. 리스크가 독이 될 수도 약이 될 수도 있는 것이다.

2) 리스크에 관한 '오래된 정의'와 '새로운 정의'

'리스크'란 대체 무엇일까? 사실 리스크에 대한 정의나 그 내용이 명확하지 않다면 이 책의 의론이 앞으로 나아갈 수 없다. 사견으로는 리스크에 대해 두 가지의 정의를 생각해 볼 수 있다.

첫 번째는 리스크에 대한 일반적이고 오래된 정의로서 다음과 같다.

> 리스크란 인간의 생활 유지나 사회활동에서 '바람직하지 못한 사상事象'이 발생하는 불확실성의 정도 및 결과의 크기를 나타낸다. 리스크가 크다는 의미는 바람직하지는 않지만 개연성이나 일어날 확률이 크다는 것, 또는 그로 인한 물질적·정신적 피해가 크다는 것을 나타낸다.

예를 들어 자동차와 자전거를 비교해보자. 자동차는 자전거에 비해 훨씬 빠르고 편리하지만 동시에 대형 사고를 일으킬 수 있는 리스크가 더 크다. 자동차의 '효용'을 논하면서 '리스크'를 빼놓을 수는 없는 것이다. 그렇기 때문에 자동차 구매자는 '만일의 사고'에 대비하기 위해 반드시 고액의 자동차보험에 가입한다.

앞서 말했듯이 리스크에는 마이너스와 플러스의 양면이 있다. 첫 번째의 오래된 정의는 그중 마이너스의 측면을 대단히 중시하고 있다고 할 수 있다. 그러나 리스크에는 플러스의 측면도 있기 때문에 양 측면을 모두 감안한 새로운 정의가 필요하다.

사견으로는 일본이나 구미를 지배하고 있는 시장경제 시스템은 원래 불안정한 시스템이다. 자본주의라는 불안정하고 불확실한 세계에서는 마치 주가가 격렬하게 변동하듯이 기업의 부침이 가파르다. 그런데 그 수많은 시장 리스크에 과감하게 도전하는 일군의 사람들이 있다. 사람들은 그들을 일반 '경영자'와 구별하여 특별히 '기업가企業家'라 부른다.

버블 붕괴 후 오랫동안 정체해온 일본의 경제사회에 진정한 기업가가 얼마나 존재하는지의 질문은 매우 중요하다. 리스크를 전문으로 다루는 경제학, 즉 '리스크경제학'에서는 리스크 회피자뿐만 아니라 리스크 도전자들도 분석 대상으로 하고 있다.

그런 이유로 우리가 리스크를 제대로 정의하기 위해서는 통상의 첫 번째 정의로부터 한 걸음 더 내딛는 것이 반드시 필요하다. 즉, 리스크의 사고·피해·도산·실업 등과 같은 마이너스 측면뿐만 아니라 꿈을 좇기·혈기·도전정신 같은 플러스 측면도 고려해야 한다. 그리고 이 경우 리스크에 대한 두 번째 새로운 정의는 다음과 같다.

> 리스크란 상황에 따라 하나의 행위에서 복수의 결과가 생기는 것을 가리킨다. 그것은 인간의 생활 유지나 사회경제에 대하여 마이너스와 플러스의 양 측면을 가진다. 리스크가 크다는 것은 복수의 결과 간에 변동의 폭이 크고 또 그 결과

의 정도가 크다는 것을 의미한다.

이 정의의 의미를 이해하기 위해 먼저 '리스크가 없는 세계'를 생각해보자. 여기에서는 모든 사건이 100% 확실하게 발생하기 때문에 인간의 행위와 결과 사이의 관계가 단순명쾌하다. 미토코몬水户黄門의 드라마[1]에서처럼 악행을 한 관리나 어용상인들은 반드시 벌을 받고, 선행을 한 상인이나 아가씨들은 결국 보상을 받는다. 그러나 현실세계는 그렇게 단순한 권선징악의 세계라기보다는 오히려 '나쁜 놈이 두 다리 뻗고 자는' 세계에 가까운 것 같다.

그다음 예로, 수중의 100만 엔을 2% 이자율의 정기예금에 넣는다고 하자. 이 경우 이듬해 원리금 합계가 102만 엔이 되는 것이 보장된다. 그러나 현실의 자산이 모두 그처럼 리스크가 없는 안전자산만 있는 것은 아니다.

지금처럼 100만 엔을 주식 매입과 같은 위험자산에 투자하는 것을 생각해보자. 이 경우 주식 변동은 사전에 예상할 수 있는 일이 아닌 만큼, 그 100만 엔이 1년 후에는 130만 엔으로 상승할 수도 있고 75만 엔으로 하락할 수도 있다. 어느 쪽이 될 것인지는 그 기간의 경기 상황 및 해당 회사의 실적에 따라 달라진다.

이처럼 '리스크가 있는 세계'에서는 행위와 결과의 대응관계가 한 가지가 아니라 복잡하며 예측하기도 어렵다. 이 세계에서는 〈그림 1-1〉의 패널 (A)가 보여주듯이 어느 한 행위로부터 복수의 결과가 나오는 것이 보통이고, 그중 실제로 어떤 결과가 나오는지는 그때의 '상황'에 따라 달라진다.

---

1 에도 시대 전기에 미토(水戶) 번의 번주 도쿠가와 미쓰쿠니(德川光圀)가 일본 각지를 유람하며 목격하는 부당한 일들을 바로잡는다는 내용이다. 현대에 와서 그에 관한 이야기들이 고당(講談), 가부키, 소설, 연극, 영화, TV 드라마, 만화 등 다양한 형태로 제작되고 관람되었다. — 옮긴이 주

〈그림 1-1〉 리스크 또는 불확실성이 있는 세계

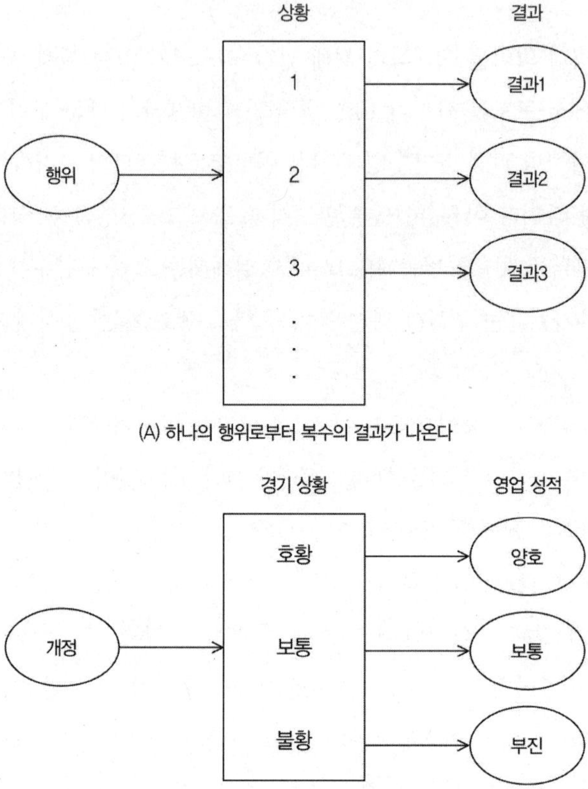

(B) 레스토랑의 영업 성적은 경기 상황에 좌우된다

즉, '상황1'이라면 '결과1'이, '상황2'라면 '결과2'가, '상황3'이라면 '결과3'이 나오게 된다.

예를 들어 어떤 사람이 레스토랑의 개업을 계획하고 있다고 가정해보자. 일반적으로 사람은 전지전능하지 않기 때문에 레스토랑의 영업 성적이 어떻게 될지를 정확하게 예상할 수 없다. 패널 (B)가 보여주듯이 만약 경기 상황이 '호황'이라면 영업 성적이 '양호'하겠지만, 만약 경기가 '보통'이나 '불황'이라면 성적이 '보통'이나 '부진'이 될 것이다.

이야기는 이것으로 끝나지 않는다. 레스토랑의 영업 성적은 일반적인 경기 상황뿐 아니라 점주의 의기意氣나 재치 등 영업과 관련된 인간적인 요소human factors에 의해서도 영향을 받을 것이다. 해당 점주는 대체로 그 영업 성적을 미리 읽을 수 없기 때문에 당초에 개점을 단행할 것인가 아니면 포기할 것인가를 심각하게 고민하게 된다. '리스크가 있는 세계'에서는 의사 결정 주체에게 과감한 결단력이 있어야만 그러한 고민을 끊어낼 수 있다.

3) 리스크와 불확실성

요즘 '리스크risk'라는 말이 연일 매스컴에 오르내리고 있다. 금융 리스크, 건강 리스크, 생활 리스크, 고용 리스크, 국가 리스크 등 리스크가 붙은 표현들을 도처에서 볼 수 있다. 하지만 불과 10~20년 전까지만 해도 이것들을 '위험'이란 말로 번역해 사용했다는 것에 유의할 필요가 있다. 오늘날 중국에서는 유사한 표현으로 '펑시엔風險'이란 말이 애용되고 있다.

그런데 '불확실성uncertainty'이란 유사 표현이 있기 때문에 리스크와 불확실성의 관계에 대해 한마디 해두고자 한다.

현대 경제학에서는 리스크와 불확실성이 거의 같은 의미로 사용되는 경우가 많다. 특히 1970년대 「불확실성의 경제학economics of uncertainty」이 학문 영역을 구축한 이래로 이 두 용어가 혼용되어온 것 같다.

먼저 확인해두어야 할 역사적 사실이 있다. 그것은 프랭크 나이트Frank Knight가 명저 『리스크, 불확실성 및 이윤』(1921) 에서 리스크와 불확실성을 명확하게 구별했고 양자가 서로 다르다는 것을 기초로 자신의 학설을 전개했다는 것이다.

나이트는 먼저 '확률적 상황probability situations'을 논하면서 여기에는 세 가지의 유형이 있다고 했다. 첫 번째 유형은 '선험적 확률a priori probability'이다. 이것은 '두 개의 주사위를 동시에 던질 때 눈의 합이 7이 될 확률'처럼, 수학의 조합 이론에 의해 결정되는 확률이다. 두 번째 유형은 '통계적 확률statistical probability'로, 인간의 평균 여명이나 교통사고 확률처럼 실제 경험의 데이터로부터 결정되는 확률이다. 세 번째 유형은 '추정estimate'이라 부르는 것인데 그 성격이 첫 번째나 두 번째 유형과는 전혀 다르다. 왜냐하면 '추정'의 기초가 되는 상황이 경험하지 못한 사상事象이거나 대수의 법칙이 성립하지 않는 특이 사상이기 때문에 확률 자체를 형성할 수 없기 때문이다.

나이트는 '불확실성'이란 말을 더 일반적으로 사용했는데 거기에는 '측정 가능한 불확실성measurable uncertainty'과 '측정 불가능한 불확실성unmeasurable uncertainty'의 두 가지가 있다고 했다. 측정 가능한 불확실성이란 앞서 말한 선험적 확률 또는 통계적 확률에 해당되는 것으로서 이것을 특히 '리스크'라고 말하기도 한다. 그리고 측정 불가능한 불확실성이란 나이트가 말한 '추정'에 해당되는 것으로서, 이것을 특히 '진정한 불확실성true uncertainty'이라 부르기도 한다.

현대 사회에는 '리스크'란 말이 측정 가능성에 관계없이 상당히 일반적으로 사용된다. 그래서 최근의 필자는 — 나이트의 분류 방법과 달리 — '리스크'를 가능한 한 넓게 해석하고 있고, 그렇게 광의로 정의한 '리스크경제학'을 나의 전문영역이라 생각하고 있다. 정리하자면 리스크에는 측정 가능한 것과 불가능한 것이 있으며, 나는 그 가운데 측정 불가능한 후자의 리스크에 한하여 특별히 '불확실성'이란 말을 사용하고자 한다.

2. 리스크경제학의 역사와 현상

1) 미명기·시동기·발전기: 1970년대까지

리스크를 체계적으로 다루는 학문영역이 '리스크경제학'이다. 리스크경제학이란 명칭은 비교적 최근에 생겼지만 내용으로 본다면 '오래되고도 새로운 학문'이라는 점을 유념해야 한다.

개인적으로는 리스크경제학의 역사를 다섯 시기로 나누어 개관하는 것이 편리하다고 생각한다. 〈표 1-1〉을 보면, 왼쪽의 시대 구분에 따라 오른쪽에는 그 시기 대표적 학자들의 이름을 적었다(발표 연도순).

첫 번째 시대는 유사 이래 1700년 무렵까지의 '미명기未明期'다. 마치 동트기 전의 어둠 속에 있는 듯한 시대로서, 경제학 자체가 아직 학문으로서의 시민권을 확립하지 못하고 있다. 한마디로 '어둠의 시대'라 할 수 있다.

물론 아득히 먼 고대 그리스시대 때부터 자연철학이나 사회철학이 발전했고, 최후의 17세기에는 아이작 뉴턴Isaac Newton, 고트프리트 라이프니츠Gottfried Leibniz, 세키 다카카즈關孝和 같은 대大수학자가 출현했다. 또한 이 무렵 이재異才 지롤라모 카르다노Gerolamo Cardano가 확률 문제를 다루기도 했으며, 블레즈 파스칼Blaise Pascal이나 피에르 페르마Pierre de Fermat가 학문으로서의 확률론을 탄생시켰다.

이 시기의 특징을 요약한다면, 확률론은 이미 탄생했지만 경제학 자체는 아직 확립되지 못한 상태로 리스크와 경제학 간의 상관관계는 거의 없었다.

두 번째 시대는 1700년 무렵부터 1940년 무렵까지 장기간에 걸친 '시동기'이다. 이 기간에 리스크에 관한 중요한 연구가 산발적으로 이루어졌다. 무엇보다 리스크경제학의 전개에 필수적인 수학(확률론)이 이 시기에 확실

〈표 1-1〉 리스크경제학의 과거·현재·미래

시대 구분	대표적인 학자들(발표 연도순)
미명기	어둠 속에 있고, 경제학 자체가 확립되지 않음 (그러나 확률론은 이미 탄생)
1700	
시동기	다니엘 베르누이(1738), 애덤 스미스(1759, 1976) 캉티용(1755), 베이즈(1763), 라플라스(1812), 마샬(1890) 나이트(1921), 케인스(1921, 1936), 드 피네티(1937)
1940	
발전기	폰 노이만·모르겐슈테른(1944), 내시(1951), 젤텐(1960, 1973) 프리드먼·새비지(1948), 토빈(1958), 마코위츠(1952, 1959) 알레(1953), 사이먼(1994), 스티글러(1961), 프랫(1964)
1970	
성숙기	애로(1970), 애컬로프(1970), 스펜스(1974), 스티글리츠(1975) 마샤크·래드너(1972), 후르비츠(1973), 카너먼·트버스키(1979), 샌드모(1971) 비베스(1984), 브락-숄즈(1973), 마턴(1990), 아서(1994), 버넌 스미스(1991)
2000	
재생기	미지인 채로 가느냐, 길을 발견할 것이냐의 분기점에 서 있음 ('리스크학'의 학제적 발전이 요구되고 있음)

하게 뿌리내렸다는 것이 중요하다.

현재와 같은 형태의 확률론이 탄생한 것은 앞서 말했듯이, 파스칼과 페르마 두 사람 덕분이라 할 수 있다. 그 계기를 만든 것이 당시 사교계의 스타였던 드 멜레가 던진 도박에 관한 질문이었다고 한다. 그후 토머스 베이즈Thomas bayes의 '주관적 확률론'이 확률론을 한층 더 발전시켰고(1763), 드디어 피에르 라플라스Pierre Laplace의 대저 『확률론』(1812)을 통해 완성되었다고 할 수 있다. 요컨대 17세기에 탄생한 확률론이 18세기 들어 더욱 발전해 학문으로 확립되기에 이른 것이다.

리스크경제학의 입장에서 보면 '시동기'를 대표하는 3인의 슈퍼스타가 있다. 베르누이, 애덤 스미스Adam Smith, 리처드 캉티용Richard Cantillon이 그들이다. 참고로 아담의 A, 베르누이의 B, 캉티용의 C를 따서 이 '시동기'를 'ABC의 시대'라고 부르기도 한다.

베르누이는 위대한 뉴턴의 뒤를 잇는 대수학자 중 한 사람이다. 그는 신설 페테르부르크 아카데미의 수학 교수가 되었는데, 1738년 『페테르부르크 제국과학아카데미 기요』에 「리스크 측정에 관한 새로운 이론」이라는 획기적인 논문을 발표했다. 이 논문은 리스크 아래 의사결정 기준으로서 '기대효용이론'의 유용성을 논한 사상 최초의 논문이다. 그런 의미에서 베르누이는 리스크경제학의 선구자 중 한 사람이자 최대의 공헌자라고도 할 수 있다. 천재 베르누이의 현대적 의의에 대해서는 절을 바꾸어 다시 논할 것이다.

스미스는 잘 알다시피 '경제학의 아버지'로서 명성이 높다. 스미스의 주저主著로는 『도덕감정론』(1759)과 『국부론』(1776)이 있다. 스미스는 글래스고Glasgow 대학의 도덕철학과 주임교수였는데 시종일관 인간 행동에 대한 뛰어난 관찰자로서 도덕과 윤리, 나아가 인간과 리스크와의 관련성에 대한 심오한 분석들을 내놓았다. 특히 사람들이 이득을 볼 기회에 대해서는 과대평가하는 반면, 손실 리스크를 과소평가하는 경향이 있다는 것을 예리하게 분석했다. 이 때문에 스미스와 현대 심리학 사이에는 중요한 접점이 있다고 말할 수 있다.

캉티용은 시대적으로는 스미스 이전의 학자다. 유감스럽게도 '거의 잊혀진 중상주의자'인데, 사후 출판된 그의 주저 『상업론』(1755)은 '리스크에 대한 도전자'로서의 기업가론을 전개한 것으로서 대단히 큰 의미가 있다. 그 예리한 분석은 시대를 뛰어넘어 20세기의 거인巨人 나이트의 사고방식과 상통한다.

문제의 '시동기'를 장식하는 업적으로는, 앨프레드 마샬Alfred Marshall의 대저 『경제학원리』(1890), 나이트의 명저 『리스크, 불확실성 및 이윤』(1921), 존 메이너드 케인스John Maynard Keynes의 『확률론』(1921)과 『일반이론』(1936), 그리고 브루노 드 피네티Bruno de Finetti의 개인적 확률론(1937) 등이 있다. 이와 같이 리스크경제학은 1700년 무렵부터 240년이라는 긴 기간에 걸쳐 산발적이지만 그 영향력을 높여가고 있었다.

세 번째 시대는 1940년 무렵부터 1970년 무렵까지의 '발전기'다. 기간은 불과 30년밖에 되지 않지만 리스크경제학을 한 단계 발전시킨 획기적인 업적이 이때 출현했다. 수학자 요한 루트비히 폰 노이만Johann Ludwig von Neumann과 경제학자 오스카 모르겐슈테른Oskar Morgenstern의 공동저작 『게임이론과 경제행동』(1944)이 그것이다. 참고로, 노이만의 '노'와 모르겐슈테른의 '모'를 합하여 이 '발전기'를 '노모의 시대'라고 형용하는 사람도 있다.

게임이론은 20세기 사회과학의 역사를 장식하는 일대 지적 건조물이다. 폰 노이만과 모르겐슈테른 두 사람은 모두 '유럽의 파국과 전환의 시대'를 필사적으로 사고하며 살아갔던 사람들이다. 승패勝敗 – 대립과 항쟁은 항상 '제로섬 게임'이다. 상대방의 수를 잘 알 수 없는 '전략 리스크' 상황에서 각 선수는 자신의 입장에서 최선의 방책을 발견하려고 노력한다.

게임의 각 선수가 내리는 의사결정과 관련해서 폰 노이만과 모르겐슈테른이 특히 주목한 것은 '기대효용이론expected utility theory'이었다. 그리하여 실로 200년 만에 베르누이의 요괴가 다시 활약할 수 있는 무대가 펼쳐진 것이다. 다만 게임이론에서는 복수의 선수의 이해가 충돌하는 상황을 다루기 때문에 각자의 효용 수준은 자신의 전략뿐만 아니라 상대방의 전략에 의해서도 영향을 받는다.

게임이론은 이후 몇 번의 우여곡절이 있기는 했으나 오늘날 경제학의 확고한 분야로 자리 잡았다. 우선 존 내시John Nash에 의해 비非제로섬 게임이 정력적으로 연구되었고(1951), 라인하르트 젤텐Reinhard Selten 등에 의해 '불완전 정보판版'이 전개되었다(1960, 1973). 그리고 이것은 조지 스티글러George Stigler(1961) 등의 연구를 촉발시켜 산업조직론 분야의 비약적 발전을 가져왔다.

이 시기의 특징은 기대효용이론에 대한 관심이 고조되었고, 그것의 유용성과 한계 또한 점차 분명해졌다는 것이다. 경제학자 밀턴 프리드먼Milton Friedman과 통계학자 지미 새비지Jimmie Savage는 유명한 공동 논문(1948)에서 '사람들이 보험에 가입하면서도 도박을 하는 것은 무슨 까닭인가'라는 스미스 이래 존재하던 문제를 200년 만에 제기했고, 효용곡선의 요철凹凸을 고려하는 것이 중요하다는 것을 설명해냈다. 이것은 존 프랫John Pratt 등에 의한 「리스크 회피 측도測度」 연구(1964)와 연결되었다. 그뿐만 아니라 확률변수가 2개 이상일 경우에 유효한 「평균·분산 분석」이 제임스 토빈James Tobin(1958)이나 해리 마코위츠Harry Markowitz(1952, 1959)에 의해 제시된 것도 이 시기의 일이다.

이와 동시적·평행적으로, 기대효용이론의 유용성에 대한 날카로운 의문이 제기되었다. 특히 모리스 알레Maurice Allais에 의한 반례反例나 패러독스(1953) 및 허버트 사이먼Herbert Simon에 의한 「한정 합리성」(1957)은 이후의 리스크경제학의 방향을 시사했던 것으로 보인다.

2) 성숙기와 재생기: 1970년대 이후

리스크경제학의 역사에서 1970년은 시대를 경계 짓는 해라고 할 수 있다. 그 이유는 1970년 석학 애로의 명저 『리스크부담이론에 관한 논집』과 이재異才 애컬로프의 옥고玉稿 「레몬시장: 품질 불확실성과 시장메커니즘」이 발표되었기 때문이다. 1970년 이후로 리스크경제학은 학문으로서 성숙하여 이른바 '양팔을 휘젓고 다닐 수 있게' 되었다. 이 '성숙기'는 1970년 무렵부터 2000년 무렵까지 이어졌다.

애로와 애컬로프, 그리고 재주꾼 스펜스와 호걸 스티글리츠의 빛나는 업적들이 1970년대 초에 이루어졌다. 이들 모두의 이름에 'A'와 'S'가 들어가기 때문에 사람들은 이 '성숙기'를 'AS의 시대'라고 부르기도 한다.

리스크의 세계에서는 정보가 큰 힘을 지닌다. 문제는 정보의 분포가 사람들 사이에 공평하지 않다는 것이다. 애컬로프에 의하면, 중고차 판매자는 구매자의 무지를 노려 '레몬'[2]이라는 하자 있는 차를 중고차 시장에 판매할 인센티브를 가진다. 그 결과 중고차 시장은 '레몬' 차로 넘치게 되고 급기야 시장 거래의 축소 내지 붕괴가 일어난다. 이것이 애컬로프의 예리한 결론이다.

이 같은 '정보의 비대칭성'은 다른 시장에서도 작용한다. 보험시장에서는 보험회사가 보험가입자의 품질(고 리스크의 인간인가, 저 리스크의 인간인가)을 사전에 알기 어렵다. 더 나아가 보험가입 그 자체가 부주의·태만 또는 보험금을 노린 사기행위 등 '모럴 해저드(도덕적 해이)'를 일으킬지도 모른다.

그런 이유로 '리스크경제학'은 '정보경제학'과 친밀한 관계를 맺고 있다. 야콥 마샤크Jacob Marshak와 로이 래드너Roy Radner는 정보의 흐름이란 관점에서 독자적인 조직론을 구축했다(1972).

리스크경제학이나 정보경제학의 성과는 소비·저축에 관한 이론, 생산·기업에 관한 이론, 파생금융상품의 이론들에도 응용되어 많은 성과를 냈다. 여기서는 특히 아그너 샌드모Agnar Sandmo의 저축이론(1971), 자비에 비베스Xavier Vives의 과점寡占 이론(1984), 브락-숄즈Black-Scholes의 공식(1973), 로버트 마턴Robert Marton의 파생금융상품 이론(1990) 등을 언급하고자 한다.

그러나 20세기 말이 되자 이른바 세기말적 현상이 나타났다. 지금까지의 리스크경제학 자체가 다소 판에 박힌 듯이 움직이며 그 빛이 둔해진 것이다. 그래서 그 정체 상태를 타파하려는 새로운 움직임이 생겨났다. 심리

2 미국 중고차 시장에서는 고장이 잦은 엉터리 중고차를 속어로 '레몬(lemon)'이라 하고 상태가 양호한 중고차를 '복숭아(peach)'라고 한다. — 옮긴이 주

학자 대니얼 카너먼Daniel Kahneman과 아모스 트버스키Amos Tversky는 인간 행동에 '심리적 편향bias'이 존재한다는 것을 지적하면서 '기대효용이론의 일반화'를 시도했다(1979). 이것은 어떤 의미에서 이백 몇십 년 전의 애덤 스미스가 보여준 예리한 관찰의 '현대판'이라고도 할 수 있다. 이처럼 경제학과 심리학 간의 교류가 절실하다고 다시 한 번 강조한다.

인간은 다른 동식물과 달리 매우 복잡한 생물이다. 단순한 효용이나 기대효용의 극대화만으로는 '있는 그대로의 인간'의 모습을 충분히 파악할 수 없다. 브라이언 아서Brian Arthur(1994) 등의 「복잡성의 경제학」에서는 수확체증이나 경로의존이란 개념들이 큰 역할을 한다. 이것은 리스크경제학과 관련해 장래성을 기대할 수 있는 분야 중 하나다. 또한 버넌 스미스Vernon Smith(1991) 등이 일으킨 「실험경제학」도 경제학의 새로운 지평을 열었다고 할 수 있다.

이처럼 여러 가지 새로운 시도가 있기는 했지만 전체적으로 볼 때, 1970년 무렵부터 2000년 무렵까지 30년간은 막다른 골목에 다다른 기존 경제학이 혁명적인 새로운 경제학이 나타나기를 절실히 기다렸던 시기였다. 현실의 경제사회를 보면 부유한 국가에 사는 가난한 사람들의 절망감, 도시의 슬럼화, 농촌의 피폐화와 인구 유출, 공해와 환경파괴, 부국과 빈국 간의 격차 확대 등 많은 문제가 산적해 있다. 이것을 리스크경제학의 관점에서 해석해보면 보통 사람들의 생활 리스크, 건강 리스크, 환경 리스크, 제도 리스크, 지역 리스크 등 수많은 리스크가 세계 도처에 존재한다는 의미다. 그러나 유감스럽게도 기존 주류 경제학은 낡은 틀에 사로잡혀 참신한 대답을 해줄 수 없는 상태다.

우리는 드디어 21세기에 들어섰다. 이 새로운 세기가 어떻게 전개될 것인지는 막연할 뿐 정확한 예상은 할 수 없다.

확실한 것은 경제학은 현재 폐색상황이기 때문에 경제학의 재생이 꼭 필요하다는 것이다. 그래서 나는 2000년 이후의 시기가 리스크경제학의 '재생기'가 되기를 바란다. 앞길은 미지未知다. 미지를 앞에 두고 우리가 확실한 길을 찾아낼 수 있을 것인지 현시점에서는 알 수 없다.

이러한 이유에서 21세기의 첫 몇십 년은 '암중모색의 시대'라고 불러도 좋을 것 같다. 리스크경제학이 어둠을 벗어나는 데 성공하면 그때 우리는 또 한 층의 비약을 목격할 수 있을 것이다.

나는 21세기에는 경제학뿐만 아니라 심리학, 사회학, 민속학, 생물학, 공학, 의학 등을 포함한 학제적인 '리스크학'의 발전을 기대하고 있다. 그러한 발전이 이루어졌을 때 우리의 리스크경제학은 종합적인 리스크학의 중핵의 하나가 될 것이라 생각한다.

3. 리스크 아래에서의 의사결정

1) 동전 던지기 게임과 패러독스

온고이지신溫故而知新이란 말이 있다. 옛것을 잘 배워 오늘의 사회에 새롭게 살린다는 뜻이다. 앞 절에서도 이야기했듯이 리스크경제학은 일견 최신의 학문 같지만 실은 대단히 오래된 학문이다.

리스크경제학의 최고 원조는 베르누이다. 베르누이가 250년 전에 고안한 '기대효용기준' 내지 '기대효용이론'은 현 리스크경제학의 토대를 형성했다. 인간의 생명은 짧지만 학문은 길다. 이 절에서는 이 토대가 무엇인지 설명하고자 한다.

베르누이는 열정 가득한 30대의 전반기를 당시 유럽 북동부에 위치한 신흥도시 상트페테르부르크Saint Petersburg에서 보냈다. 알렉산드르 푸시킨

Aleksandr Pushkin은 유명한 서사시 『청동기사』(1833)에서 상트페테르부르크를 다음과 같이 묘사하고 있다.

유럽을 향한 창을 열어
우리 여기 해변을 딛고 서 있네.
여기는 자연이 정해준 곳,
머지않아 형형색색의 배를 탄 손님들이
미지의 파도를 넘어 이곳에 도착할 것이네

상트페테르부르크는 '유럽을 향한 창'으로 만들어진 인공도시이자 환상의 도시였다. 그곳에 '미지의 파도'를 타고 멀리서 찾아온 손님 중 한 사람이 베르누이였다.

당시 상트페테르부르크에서는 사람들 사이에 도박이 유행했던 것 같다. 베르누이는 창간된 지 얼마 되지 않은 학술잡지에서 〈표 1-2〉와 같은 '동전 던지기 게임'에 대해 언급하고 있다.

동전에는 앞면과 뒷면이 있다. 어떤 사람이 앞면이 나올 때까지 동전 던지기를 계속한다고 하자. 앞면이 몇 번째에 처음 나오느냐에 따라 그 사람이 획득하는 상금액이 달라진다. 만일 그것이 1회째라면 상금액이 2만 엔, 2회째라면 4만 엔, 3회째라면 8만 엔……, 일반적으로 n회째라면 2^n만 엔을 상금으로 받게 된다고 하자. 다만 동전 던지기 게임에 참가하기 위해서는 100만 엔의 일정액을 지불해야 한다.

흥미를 끄는 점은, 사람들이 100만 엔이라는 큰돈을 내면서까지 동전 던지기 게임에 참가할 것인가의 여부다. 통상적 상식으로 본다면 참가하지 않을 것이 틀림없다. 하지만 게임의 기대치를 계산해보면 그 값은 무한대가 되고, 참가료 100만 엔보다 훨씬 크다. 이 점을 확실히 할 경우 다음과

〈표 1-2〉 베르누이의 '동전 던지기 게임'

사 상 事象	앞면이 나오는 것이 1회째	2회째	3회째	…	n회째	…
상 금	2만 엔	4만 엔	8만 엔	…	2^n만 엔	…
확 률	1/2	1/4	1/8	…	$1/2^n$	…

같이 된다.

우선 1회째에 앞면이 나올 확률은 1/2이므로 여기서 획득할 수 있는 이익의 기대치는 상금 2만 엔의 1/2, 즉 1만 엔이다. 다음으로, 2회째에 앞면이 나올 확률은 1/4이므로 획득할 수 있는 기대 이익은 4만 엔의 1/4, 즉 똑같이 1만 엔이다. 이하 동일한 계산이 계속되고, 일반적으로 n회째에 앞면이 나올 경우, 획득할 수 있는 기대 이익은 2^n만 엔의 $1/2^n$, 즉 항상 1만 엔이다. 따라서 동전 던지기 게임으로부터 획득할 수 있는 기대 이익의 총액은 다음과 같이 무한대로 커지게 된다.

$$(1/2)(2) + (1/4)(4) + (1/8)(8) + \cdots\cdots + (1/2^n)(2^n) + \cdots\cdots = 1 + 1 + 1 + 1 + \cdots\cdots +1+ \cdots\cdots = \infty$$

이것이 의미하는 바는 크다. 만약 어떤 사람이 단순히 '기대 이익 기준 expected-payoff rule'에 따라 행동한다면 그가 동전 던지기 게임으로부터 획득할 수 있는 기대 이익의 크기는 100만 엔의 참가료보다 훨씬 더 크다. 따라서 사람들은 기꺼이 게임에 참가하게 될 것이다. 이렇게 비상식적인 결과에 대해 사람들은 '상트페테르부르크 패러독스'라 부른다.

2) 패러독스의 해소와 기대효용이론

베르누이의 위대함은 단지 상트페테르부르크의 패러독스를 지적한 것에만 그치지 않는다. 그는 더 나아가 이 패러독스를 해소하는 방법까지 제안했다.

베르누이 의론의 출발점은 이것이다. 바로 똑같이 1만 엔을 번다고 하더라도 소득이 없는 상태에서 버는 1만 엔의 가치와 소득 10만 엔에서 버는 1만 엔의 가치가 같을 수 없다고 하는 '생활의 지혜'다. 일반적으로 어떤 사람의 소득이 점차 상승해가는 상황을 생각할 때 그 값어치의 증가분, 즉 '기대효용expected utility'은 동일하지 않고 오히려 점차 감소하기 마련이다. 앞서 서술한 동전 던지기 게임 참가자가 고려하는 것은 각 상금액의 기대치의 총합이 아니라 각 상금액으로부터 획득할 수 있는 '효용'의 기대치의 총합이다. 그리고 이러한 기대효용의 총량을 참가료로부터 획득할 수 있는 효용의 양과 비교하는 것이다.

베르누이는 이와 같은 추론을 거쳐 리스크 아래에서 인간 행동을 설명할 때 '기대효용기준expected-utility rule' 내지 '기대효용이론expected-utility theory'이 유효하다는 것을 설명한 최초의 학자였다. 경제학의 역사에 비추어볼 때 베르누이는 하인리히 고센Heinrich Gossen, 윌리엄 제번스William S. Jevons, 카를 멩거Carl Menger, 마리 에스프리 레옹 발라Marie Esprit Lèon Walras보다 100년이나 먼저 현대경제학에서 말하는 '효용함수의 오목성凹性', 즉 '한계효용체감의 법칙'에 주목한 것이다.

소득 x에 의한 효용함수를 $U(x)$로 표시하기로 하자. 베르누이에 따르면 $U(x)$는 단조롭게 증가하는 오목凹함수이다. 이때 동전 던지기 게임으로부터 획득할 수 있는 기대효용의 총량은 다음과 같다.

$$EU = (1/2)U(2) + (1/4)U(4) + (1/8)U(8) + \cdots\cdots + (1/2^n)U(2^n) + \cdots\cdots$$

여기서 문제는 이상의 EU가 참가료 100만 엔의 효용 $U(100)$보다 더 큰지의 여부다. 만약 효용함수 $U(x)$를 구체적으로 특정할 수 없다면 의론은 여기서 중단해야 할지도 모른다. 하지만 베르누이는 용기를 내서 그와 같은 효용함수로는 대수함수 $U(x) = \log x$가 가장 적당하다고 생각했다. 그렇다면 위의 식은 구체적으로 다음과 같이 계산하는 것이 가능하다.

$$EU = (1/2)(\log 2) + (1/4)(\log 4) + (1/8)(\log 8) + \cdots\cdots + (1/2^n)(\log 2^n) + \cdots\cdots = (1/2 + 2/4 + 3/8 + \cdots\cdots + n/2^n + \cdots\cdots)\log 2 = 2\log 2 = \log 4$$

이런 이유로 사람들은 동전 던지기 게임 참가로부터 log4의 기대효용을 획득할 수 있다. 물론 이 수치도 게임 참가료의 효용 수준 log100보다 훨씬 작기 때문에 사람들은 게임에 참가하지 않을 것이다. 상트페테르부르크의 패러독스는 이렇게 무사히 해소되었고 상식이 다시 힘을 쓰게 되었다.

3) 기대효용이론의 유효성과 문제점

베르누이가 18세기 중엽에 시작한 기대효용이론은 시대를 너무나 앞서간 것이었다. 그 때문에 불행하게도 이후의 경제학에서 오랫동안 경시되거나 무시당했다. 그러나 기대효용이론은 20세기 중엽 복권이 되었고 곧장 종횡무진의 대활약을 시작한다. 기대효용이론이 없었다면 지금 같은 리스크경제학의 화려한 발전은 있을 수 없었다고 해도 과언이 아니다.

이렇듯 기대효용이론의 유효성은 역사가 뒷받침하고 있다. 특히 대수함수對數函數 등 오목함수를 애용하는 점은 현대 미시경제학의 핵심과도 접점이 있다고 할 수 있다.

그러나 '호사다마好事多魔'라는 말이 있듯이, 기대효용이론이 만능일 수는 없고 여러 가지 부작용이 있는 것 또한 사실이다.

첫 번째 문제점은 확률을 어떻게 파악하는지와 관련된다. 사람들이 문제 삼는 확률이 동전 던지기에서 앞면이 나올 확률 같은 '객관적 확률'에만 국한되는 것은 아니다. 오히려 안심, 신뢰, 공포 등과 관련된 '주관적 확률'이 문제인 경우가 적지 않다. 그뿐만 아니라 확률분포 자체가 분명하지 않은 경우, 막연한 불안이나 불확실성이 중요한 경우도 있다.

두 번째 문제점은 효용곡선의 안정성과 관련된다. 인간은 왜 도박을 좋아할까? 인간은 도박을 함으로써 독특한 흥분이나 고양감高揚感을 얻을 수 있을지도 모른다. 만약 그렇다면 효용곡선 그 자체가 안정되어 있지 않고 상하로 굽이칠 가능성도 염두에 두어야 할 것이다. 이 점에 대해서는 다음 절에서 상세히 논할 것이다.

4. 리스크 회피와 리스크 애호

1) 리스크 회피와 보험

인간은 대체 어떤 생물일까? 인간은 정치적 동물일지도, 경제적 동물일지도 모른다. 또는 '태어날 때는 네 발로 걷고, 나중에 두 발로 걷다가 마지막에는 세 발로 걷는 동물'이라고 할 수 있을지도 모르겠다.

개인적인 의견으로는 리스크나 불확실성과 관련하여 '인간은 안심安心을 추구하면서도 꿈을 먹고 사는 사치스러운 동물이다'라고 정의하고 싶다.

전설에 의하면 맥貊이라는 동물은 꿈을 먹고 산다. 인간 또한 큰 꿈을 추구하는 동물이다. 그러나 인간은 기본적으로는 가능한 한 리스크를 피해 안전과 안심을 얻고자 하는 동물이다.

이상을 정리하면 인간은 리스크를 피하는 것과 동시에 리스크에 도전하기도 하는 사치스러운 동물이라고 할 수 있다. 다시 말해 인간은 보험에 가입하면서도 도박에 뛰어드는 일견 기묘한 동물이다.

다음에서는 리스크 회피와 리스크 애호 문제에 대해 좀 더 자세히 분석해보기로 한다. 이를 위해 먼저 우리가 다음과 같은 선택 문제에 직면해 있다고 가정해보자.

(A) 50% : 50% 의 확률로 '변동소득' $x_0 \pm h$ (단, $0 < h < x_0$)

(B) 100% 의 확률로 '확정소득' x_0

두 개의 선택지 (A)와 (B)가 있다. '변동소득'이냐 '확정소득'이냐의 선택지다. 양자의 평균값은 x_0로 동일하지만 분산값은 서로 다르다. 리스크를 회피하는 사람은 불확실한 (A)보다 확실한 (B)를 선호할 것임에 틀림없다. 표준적인 기대효용이론에 의하면 이것은 다음과 같은 부등식이 성립한다는 것을 의미한다.

$$(1/2)U(x_0 - h) + (1/2)U(x_0 - h) < U(x_0)$$

〈그림 1-2〉에서 가로축은 소득, 세로축은 효용의 크기를 나타낸다. 이상의 식의 좌변과 우변의 크기는 분명히 각각 점 M(혹은 점 A)의 세로좌표값 J(내지 점 B)의 세로좌표값에 의해 표시된다. 만약 효용곡선이 그림과 같이 오목곡선이라면 현弦 HK의 중점 M은 호弧 위의 점 J의 아래쪽으로 움직인다. 따라서 세로축상에서 점 A는 점 B의 아래쪽에 위치한다. 요컨대

〈그림 1-2〉 리스크 회피와 '오목형凹型 인간': 보험료의 의미

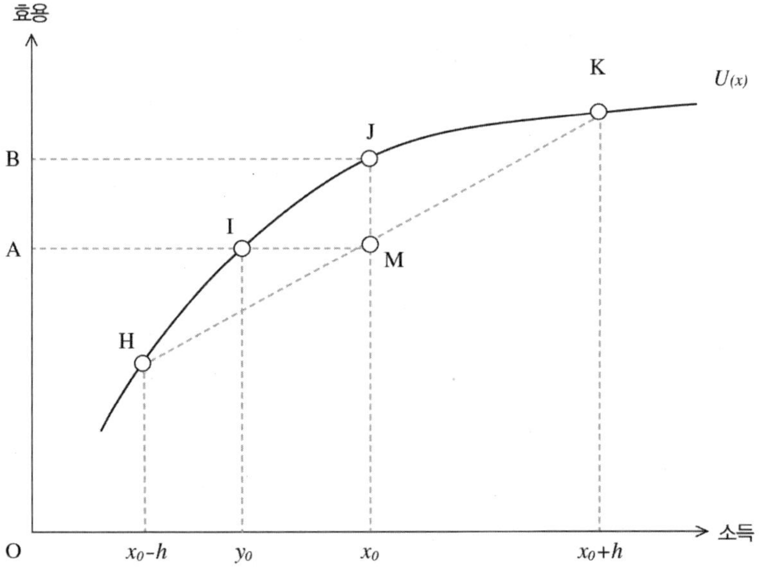

리스크를 회피하는 사람은 이런 의미에서 '오목형凹型 인간'이다.

다음으로, 확실한 소득 x_0를 서서히 감소시키는 것을 통해 이상의 부등식을 등식으로 변환시키는 것을 생각해보자. 지금 x_0가 $y_0 = x_0 - p$일 때 다음과 같은 등식이 성립한다고 가정한다.

$$(1/2)U(x_0 - h) + (1/2)U(x_0 + h) = U(y_0) = U(x_0 - p)$$

이와 같은 y_0를 불확실한 소득 (A)의 '확실성 동치액同値額'이라 하고 p를 '보험 프리미엄' 내지 '보험료'라 부른다. 보험 프리미엄의 크기는 어떤 사람이 소득 변동의 리스크를 피하여 확정소득 y_0를 얻기 위해 지불해도 좋다고 생각하는 최대치다. 〈그림 1-2〉에서는 선분 MI의 길이가 보험 프

리미엄의 크기를 나타낸다.

요컨대 어떤 사람이 리스크 회피자라면 그는 (오목형 효용곡선을 갖는다는 의미에서) '오목형 인간'이고, 어느 정도의 보험료는 지불해도 좋다고 생각하는 사람이다. 따라서 리스크 회피의 정도가 크다는 것은 동시에 효용곡선의 '오목도凹度'가 크다는 것이고 이는 곧 보험료가 크다는 의미다.

2) 리스크 애호와 '볼록형 인간': 첫 번째 해석

일본 속담에 '오이를 거꾸로 먹어도 제멋'이라는 말이 있다. 이처럼 사람은 리스크를 앞에 두고 그것을 회피하는 것이 아니라 정면으로 맞서 도전할 때가 있다.

그러한 '리스크 애호'의 문제를 분석하기 위해 상술한 (A)와 (B)의 선택문제로 돌아가 보자. 이 경우 두 가지 해석이 가능하다는 것에 유의하기 바란다. 첫 번째 해석은 단순히 리스크 애호를 리스크 회피의 반대로 보는 것이다. 즉, 리스크를 애호하는 사람은 리스크를 회피하는 사람과는 대조적으로 평균치가 같다면 변동소득 (A)를 확정소득 (B)보다 선호할 것이라 해석하는 것이다. 따라서 부등호의 방향이 반대인 다음의 식이 성립한다.

$$(1/2)U(x_0 - h) + (1/2)U(x_0 + h) \rangle U(x_0)$$

〈그림 1-3〉에서, 문제의 효용곡선이 볼록凸곡선이라고 하자. 이 경우 현 HK의 중점 M이 호상의 점 J의 위쪽에 위치한다. 따라서 세로축상에서 점 A쪽이 점 B보다 위쪽에 오게 된다. 그러한 의미에서 리스크를 애호하는 사람은 '볼록형凸型 인간'이고, 곡선의 '볼록도凸度'가 클수록 리스크를 애호하는 정도가 크다고 해석할 수 있다.

〈그림 1-3〉 리스크 회피와 '볼록형凸型 인간': 보험료의 의미

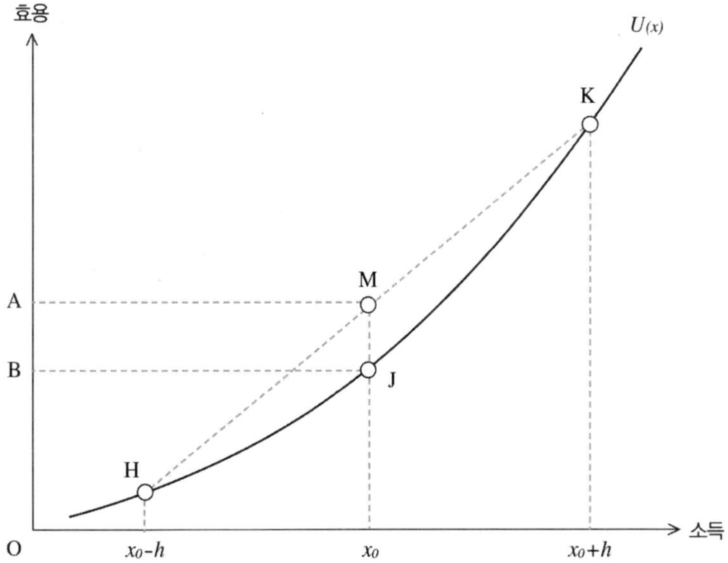

인간의 세계를 관찰하면 동일한 사람이 보험에 가입하고 동시에 도박을 즐긴다. 이는 첫 번째 해석에 의하면, 사람이 어떤 때는 '오목형 인간'이 되고 어떤 때는 '볼록형 인간'이 된다는 것을 의미한다. 프리드먼과 새비지는 일찍이 인간의 효용곡선이 처음에는 오목곡선이었다가 중간에 볼록곡선으로 바뀌고 마지막에는 다시 오목곡선으로 돌아간다고 생각했다. 따라서 그들은 보험과 도박을 동시에 행하는 사람을 요철凹凸 병존의 '오목볼록오목형凹凸凹型 인간'이라 불렀다.

3) 리스크 애호와 '오목 시프트형 인간': 두 번째 해석

그런데 이 '오목볼록오목형 인간'이란 표현을 어떻게 봐야 할까? 재기 있

고 날카로운 견해라고 보아야 할까? 나로서는 '재주 있는 자, 자기 재주에 망한다'는 것 같은 인상을 지우기 어렵다.

우선 효용곡선이 요철凹凸을 적당히 변화시킨다고 하는 사고방식은 기본적으로 통상적인 미시경제학의 가정, 즉 오목형凹型 효용곡선의 가정과 양립하지 않는다. 또한 오목형 효용곡선의 기본 틀을 무너뜨리지 않으면서 도박에 참가하는 것에 대한 분석을 가능하게 하는 다른 길이 충분히 존재한다는 것을 잊어서는 안 된다.

이 다른 길을 모색할 때 그 실마리가 되는 것이 푸시킨의 명작 『스페이드의 여왕』(1833)의 첫머리에 등장하는 다음의 「제시題詩」다.

날씨가 궂은 날에는 자주
사람들이 모여
오십에서 백으로 판돈을 늘리고
따고 잃는 것을 분필로 기록하며
날씨가 궂은 날에는 다들
그렇게 시간을 보냈지

제국의 수도 상트페테르부르크에 살던 푸시킨은 카드놀이에 열중했던 것 같다. 카드놀이뿐만 아니라 복권, 경마, 경륜, 화투, 마작 등 각종 도박 행위의 배후에는 사람들의 기분을 도취시키는 심리적 요인이 존재한다. 예를 들어 합리적인 계산으로는 사람들이 '연말 점보 복권' 판매장에 몰리는 것은 분명 수지에 맞지 않는다. 그러나 여기에는 '일확천금의 꿈'을 사는 것 같은 계산외적計算外的인 요소가 사람들의 심리에 미묘한 영향을 주고 있다고 해석할 수 있을 것이다.

문제가 되는 것은 효용곡선의 형상形狀과 변수變數다. 사람은 기본적으

〈그림 1-4〉 리스크 애호와 '오목凹 시프트형 인간' : 두 번째 해석

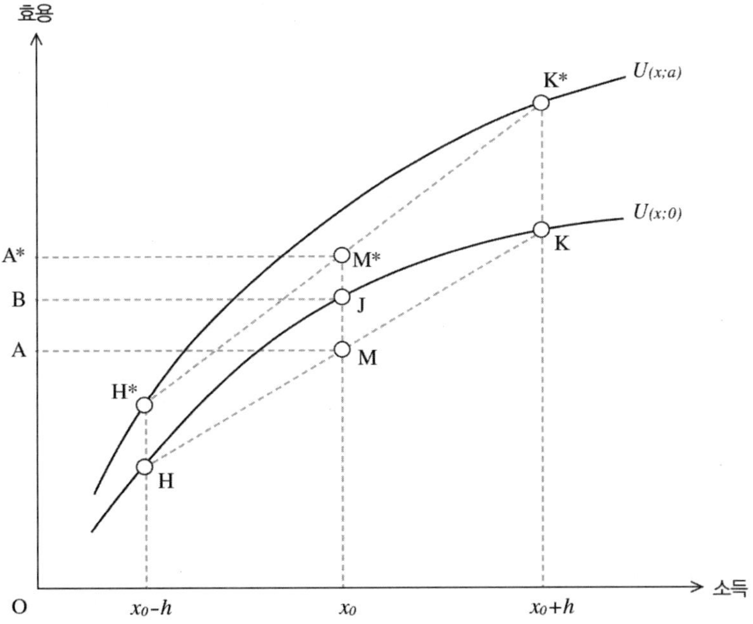

로 리스크를 회피하는 경향이 있는 만큼 그 효용곡선은 전체적으로 오목凹 곡선이라고 상정하면 될 것이다. 그러나 여기서는 효용곡선의 변수를 하나 늘려 두 개로 하고, 도박에 참가함으로써 효용곡선이 위로 이동하는 것을 생각해보자. 다시 말해 이제는 효용함수가 $U = U$(소득액)에 그치지 않고 $U = U$(소득액: 심리 요인)이 되는 것이다.

이제 심리 요인을 α로 표시하기로 하고 해당 도박의 내용이 상술한 선택지 (A)와 같다고 하자. 물론 도박에 참가하기 이전에는 심리 요인의 존재를 무시할 수 있기 때문에(즉, $\alpha = 0$), 도박 참가 이전의 효용 수준은 다음과 같다.

$$EU(\text{참가 이전}) = U(x_0;\ 0)$$

이것은 〈그림 1-4〉에서 '옛' 효용곡선 $U(x_0;\ 0)$상의 점 J의 가로좌표값, 즉 선분 BO의 길이로 표시된다.

그런데 사람이 도박에 참가하면 효용곡선이 상방으로 이동하기 때문에 참가 이후의 효용 수준은 다음과 같다.

$$EU(\text{참가 이후}) = (1/2)U(x_0 - h\ ;\ \alpha) + (1/2)U(x_0 + h;\ \alpha)$$

이것은 도표에서는 '새로운' 효용곡선 $U(x\ ;\ \alpha)$의 현 H*K*의 중점 M*의 세로좌표값 즉, 선분 A*O의 길이로 측정된다.

만약 효용곡선이 오목凹곡선이고 그 이동이 〈그림 1-4〉와 같은 경우에는 세로축상의 점 A*O가 점 B의 위쪽에 위치할 것이다. 이것은 물론 도박 참가에 의해 사람들의 기대효용이 오히려 증대하는 것을 의미한다.

사견으로는, 두 번째의 새로운 해석이 첫 번째의 구舊 해석보다 우월하다고 생각한다. 기본적으로 리스크 회피형 인간이더라도 때로는 도박에 참가함으로써 기분을 고양시키는 것이 충분히 가능하기 때문이다.

5. 불확실성과 의사결정: 확률을 이용할 수 없는 경우

1) TV 다큐멘터리: 〈프로젝트 X〉와 리스크 도전자들

'리스크'와 유사한 것으로 '불확실성'이란 용어가 있다. 만약 '리스크'를 상술한 것과 같이 넓게 해석한다면, 세상에는 실로 다양한 리스크가 존재할 것이다. 그리고 그것들은 그 사상事象이 되풀이하여 일어날 확률분포를 확정할 수 있는 것(측정 가능한 것)과 그렇지 않은 것으로 크게 구분할 수 있다. 전자를 협의의 리스크, 후자를 특히 불확실성이라고 부른다. 다음에서는 불확실성하의 프로젝트 선정 문제를 분석해보자.

수년 전 일본 NHK 다큐멘터리 〈프로젝트 X: 도전자들〉이 큰 인기를 끌었다. 프로그램의 오프닝 테마곡인 「지상의 별」(나카지마 미유키中島美雪 노래) 또한 사람들에게 큰 감동을 주었다.

프로젝트 X의 출연자들은 전부 리스크 도전자들이었다. 그들은 일편단심으로, 어디에 있는지 불분명한 '지상의 별'을 찾아 리스크가 상당히 큰 프로젝트에 과감히 도전했다.

여기서 주의할 점이 있다. 그것은 현실의 세상사가 모두 〈프로젝트 X〉처럼 순조롭게 진행되지는 않는다는 것이다. 사실 산에 올라간 당신으로서는 낙천적으로 멀리 있는 '지상의 별'을 추구하기보다 자신의 주변을 주시하며 한 걸음씩 신중히 밟아가는 것이 득책인 경우가 더 많을 것이다.

불확실성의 세계에서는 사람들이 생기生起확률을 이용할 수 없기 때문에 막연한 상황에 놓인 채 의사결정을 할 수밖에 없다. 이용할 수 있는 것은 여러 가지 프로젝트들뿐이다. 사람들은 각 프로젝트에 대응하여 때로는 낙관적인 시나리오를 만들고 때로는 신중한 시나리오를 택하도록 요구받는다. 요컨대 불확실성 아래의 의사결정은 리스크 아래서의 의사결정보다 복잡하고 괴기하며 또 그만큼 흥미진진하게 전개된다.

2) 불확실성하의 프로젝트 선정: 세 가지 판단기준

이야기를 단순화하기 위해 〈표 1-3〉과 같이 해당 프로젝트가 X, Y, Z 세 가지만 있다고 하자. 각 프로젝트에 대해서는 '낙관적인 시나리오 I'과

〈표 1-3〉 불확실성과 의사결정: 낙관적 시나리오와 신중한 시나리오

프로젝트	시나리오 I	시나리오 II	최대	최소	평균	심리요인
X	10	-12	10	-12	-1	대
Y	5	-3	5	-3	1	중
Z	1	-1	1	-1	0	소
최대			10	-1	1	

'신중한 시나리오 II'라는 두 가지 시나리오가 준비되어 있다. 다만 각 시나리오의 생기확률은 알기 어렵고, 게다가 프로젝트 담당자의 심리 요인이 미묘하게 작용하는 것도 염두에 두어야 한다.

세 가지 프로젝트 가운데 프로젝트 X는 이른바 '하이 리스크·하이 리턴'의 프로젝트다. 그것이 가져올 이득은, 낙관적인 시나리오에서는 10이고 신중한 시나리오에서는 12이다. 그에 비해 프로젝트 Y와 프로젝트 Z는 각각 '미디엄 리스크·미디엄 리턴', '로우 리스크·로우 리턴'이다. 용기, 혈기 등의 심리 요인은 프로젝트 X일 때 가장 크게 작용하고 프로젝트 Z일 때 가장 작게 작용한다고 가정하자.

이 세 가지 프로젝트 가운데 어느 것이 최적인가는 선험적으로 말할 수 없다. 실제로 프로그램 선정 작업은 판정 기준 및 심리 요인들에 의해 크게 좌우될 것이다. 사람들이 흔히 채택하는 판단기준으로 다음 세 가지를 들 수 있다.

첫 번째 판단기준은 '최선 중에서 가장 최선을 지향한다'라는 대단히 적극적인 기준이다. 더 정확하게 말한다면 '각 프로젝트에 대하여 최선의 시나리오를 상정하고, 그 최선의 시나리오를 더욱 최선이 되도록 만드는 프로젝트를 선정하라'는 맥시맥스maximax 기준이다. 〈표 1-3〉에서는 프로젝트 X가 이 기준에 의해 선정될 것이다.

두 번째 판단기준은 '최악 중에서 가장 나은 것을 선정한다'와 같은 대단히 신중한 기준이다. 더 정확하게 말하면 '각 프로젝트에 관하여 먼저 최악의 시나리오를 상정하고 그 최악의 시나리오를 최선으로 만들 것 같은 프로젝트를 선정하라'는 맥시민maximin 기준이다. 이 기준에 의하면 프로젝트 Z가 선정될 것이다.

세 번째 판단기준은 '먼저 평균을 취하고 그중에서 최선의 것을 선택한다'와 같은 중용적·상식적인 기준이다. 이 맥시Maxi평균 기준에 의하면 프로젝트 Y가 선정될 것이다.

이상의 세 가지 기준은 때와 장소에 따라 유효하기도 지나치기도 한다. 첫 번째 기준과 관련하여 우리는 20세기 최고 경제학자 케인스가 『고용, 이자 및 화폐에 관한 일반이론』에서 술회한 다음의 말을 떠올릴 수 있다.

> 기업이 장래 이익에 대한 정확한 계산을 기초로 하지 않는다는 것은 남극 탐험의 경우와 거의 다르지 않다. 따라서 만약 혈기가 둔해지고 자생적인 낙관이 꺾이면서 수학적 기대치 외에 우리가 의지할 것이 없게 된다면 기업은 쇠퇴하고 사멸할 것이다.

케인스는 나이트나 조지프 슘페터Joseph Schumpeter와 마찬가지로 기업행동에서 '혈기'의 중요성을 강조했다. 남극이나 에베레스트 탐험을 감행하는 사람은 기본적으로 리스크 도전자일 것이다. 또한 기업가로서 새로운 것을 구축하거나 새 시장을 개척하기 위해서는 합리적인 계산뿐만 아니라 그것을 뛰어넘는 혈기나 의욕이 반드시 필요하다.

하지만 관공서가 공공 공사 프로젝트를 선정하면서 무턱대고 첫 번째 기준에만 의지한다면 반드시 여러 가지 문제가 생길 수밖에 없다. 예를 들면 공항, 신역新驛, 오락시설 등 공공시설의 건설이 문제가 되는 경우 프로젝트 담당자라면 비용 대비 효과를 분석하면서 비용을 과소평가하고 효과를 과대평가하기 쉽다. 특히 환경 측면을 충분히 배려하기 위해서는 '전진, 전진, 또 전진'의 첫 번째 기준보다 '앞길을 주시하면서 신중히'라고 하는 두 번째 기준 쪽이 양책良策일 경우가 많다.

세 번째 기준은 첫 번째와 두 번째의 중간에 위치한다. 이론적으로 그다지 재미는 없지만 현실세계의 정책결정에서는 의외로 많이 채용되는 것 같다. 특히 중용을 좋아하는 정신풍토 아래서는 이것이 독특한 심리적 안심을 주는지도 모른다.

6. 불완전 정보와 경제사회의 작동방식

1) 불완전 정보의 세계

중국 최고最古 병서『손자』에는 남을 알고 자신을 알면 승리가 위태롭지 않고, 지地를 알고 천天을 알면 온전히 승리할 수 있다(知彼知己 勝乃不殆, 知天知地 勝乃可全)'라는 말이 나온다.

인간사회에서는 정보전에서 이기는 것이 무엇보다 중요하다. 자신을 알고 상대방을 알면 싸움을 유리하게 이끌 수 있다. 만약 정보 분포가 사회 구성원들 사이에 평등하지 않다면 사회경제의 작동이나 그 성과가 상당히 악화된다.

예를 들어 의료 서비스의 세계에서는 공급자 쪽인 의사는 수요자 쪽인 환자에 비해 압도적인 정보 우위에 있다. 그 때문에 과잉 검사, 과잉 투약 등의 모럴 해저드가 발생하기 쉽다. 한편 손해보험의 세계에서는 보험자(공급자) 쪽이 비보험자(수요자)의 '능력'이나 '자질'에 대해 충분한 정보를 얻기 어렵다. 그 때문에 '상등上等 고객'이 손해를 보고 '하등下等 고객'이 이득을 보는 경향이 있다.

애로, 애컬로프, 스펜스, 스티글리츠 등의 학자들이 1970년대 이래 이러한 불완전 정보, 특히 비대칭 정보하에서 시장의 작동방식이 안고 있는 문제점들을 연구해왔다. 다음에서 간단한 게임이론의 기법을 사용하여 불완전 정보의 효과를 분석해보기로 한다.

2) 중고차 시장과 '레몬의 원리'

애컬로프가 문제 삼은 '중고차 시장'에서는 정보의 비대칭성이 현저하게 나타난다. 왜냐하면 판매자 쪽은 자기의 자동차에 대해 잘 알고 있지만 구매자 쪽은 그 자동차에 대한 정보가 거의 없기 때문이다.

이야기를 명쾌하게 진행하기 위해 자동차 판매자 '나오미'와 '마사미'가 서로 〈그림 1-5〉와 같은 중고차 게임을 한다고 하자. 매각에 붙여진 자동차에는 품질 상등의 '최상'과 품질 하등의 '레몬'의 두 종류가 있다고 상정한다.

두 사람은 각각 두 가지 전략을 가지고 있기 때문에 총 네 개의 박스가 만들어진다. 만약 두 사람의 전략이 동일하다면 문제는 간단하다. 다시 말해 두 사람의 전략이 '최상'(또는 '레몬')인 경우에는 두 사람 모두 5의 이익(또는 3의 이익)을 얻는다. 이 경우에서는 물론 '최상' 쪽이 '레몬'좀 더 높은 평가를 받는다.

그러나 두 사람의 전략이 다를 경우에는 상황은 달라진다. 예를 들어 나오미가 양질의 '최상'을 내놓았지만 마사미는 악질의 '레몬'을 내놓았다고 하자. 자동차 구매자로서는 시장에 나온 자동차가 '최상'인지 '레몬'인지를 판별할 수 없다. 그래서 구매자는 궁여지책으로 눈앞에 있는 자동차의 품

〈그림 1-5〉 비대칭 정보의 효과: 「레몬의 원리」

마사미

나오미	최상	레몬
최상	5 5	7* 1
레몬	1 7*	3* 3*

질이 보통 정도라고 간주하고 '최상'보다는 싸고 '레몬'보다는 비싼 가격을 부른다. 그 경우 손해를 본 '최상' 판매자(나오미)는 1의 이득을, 이득을 본 '레몬'의 판매자(마사미)는 7의 이득을 얻는다.

중고차 게임이 〈그림 1-5〉와 같다면 게임의 균형해均衡解를 구하는 것은 쉬운 작업이다. 우선 마사미의 전략을 '최상'에 고정했을 때 나오미가 전략 '최상'을 취한다면 5의 이득을, 전략 '레몬'을 취한다면 7의 이득을 얻게 된다. 이 두 가지 이득 가운데 좀 더 큰 수치 7에 별표를 표시한다. 다음으로, 마사미의 전략이 '레몬'으로 고정된다면 나오미의 최적 전략은 레몬이고 3의 이득을 얻을 수 있다. 이 3에 별표를 붙인다.

나오미의 전략을 고정시키고 마사미의 전략을 유동화할 때도 마찬가지 작업을 행할 수 있다. 그 결과 오른쪽 아래의 박스만 별표 두 개가 붙게 되고, 그것이 중고차 게임의 균형 페어 (레몬, 레몬) = (3, 3)이다. 왼쪽 위의 박스 (최상, 최상) = (5, 5)는 좀 더 우수한 페어를 나타내지만, 게임을 통해 실현되는 일은 없다.

중고차 시장의 균형均衡에서는 나오미나 마사미가 모두 레몬을 팔러 나온다. 시장에는 구매자들의 기대를 배반한 결함 있는 차만 출회되기 때문에 결국 시장이 기능 정지 상태에 빠질 것이다. 이것은 '악화가 양화를 구축한다'는 그레셤의 법칙Gresham's law의 시장판인 것이다.

비대칭 정보의 세계에서는 상술한 '레몬의 원리'가 상당히 일반적으로 작동한다. 다른 예로 '고속버스 운행 게임'이 있다. 지방발 대도시행을 운행하는 두 버스회사에게 채택 가능한 두 가지 운행전략이 있다고 하자. 하나는 보조 운전수를 붙이고 제한속도를 준수하는 '안전운전 전략'이다. 다른 하나는 보조 운전수를 붙이지 않고 제한속도를 지키지 않는 '신속운전 전략'이다. 이 게임에서는 두 버스회사가 '신속운전 전략'을 균형으로 선택할 것이다. 목전의 이익에 사로잡힌 나머지 '안전'이 희생될 가능성이 크다.

3) 모럴 해저드와 사회의 품격

'레몬의 원리'는 이른바 '사회의 품격'을 분석할 때도 유효하다. 중고차 시장에서는 각자가 처음부터 품질이 서로 다른 두 종류의 자동차(양질의 '최상'과 악질의 '레몬')를 소유하고 있는 것으로 상정했었다. 그러나 신차일 때는 상태가 동일했다고 해도 시간이 흐르면서 자동차의 상태가 조금씩 달라지는 것이 보통이다. 그 이유는 여러 가지가 있겠지만 우선 생각할 수 있는 것은 기후나 주행거리 등 객관적 조건에 차이다. 그리고 이에 더해 자동차의 관리 상태, 운전 습관, 사고력事故歷 등 주관적 차이도 무시할 수 없다.

여기서 우리는 후자의 주관적·인적 조건이 어떻게 해서 달라지는지를 문제 삼을 수 있다. 지금 어떤 개인이 새 차를 구입하고 5년 후에 다시 새 차를 구입할 생각이라고 가정해보자. 5년 후의 자동차는 운전자의 관리나 운전 습관에 따라 '최상'의 상태로 있을 수도 있고 '레몬'으로 악화되어 있을 수도 있다. 중고차 시장에서 만약 최상과 레몬의 선별이 불가능하여 동일한 가격이 책정된다면 자동차 소유자는 5년 동안 자동차를 어떻게 관리하게 될까? 설사 구입 시에 '최상'의 인품을 가진 군자였다 하더라도 5년 후에는 '레몬' 같은 소인배로 전락해 있지 않을까? 만약 그렇다면 여기서도 '레몬의 원리'가 작용하여, 인격 저하 같은 모럴 해저드 현상이 세상에 범람할지도 모른다.

20세기는 사회주의의 시대였다. 1922년에 소련이 세계 최초의 사회주의 국가로 탄생하여 미국과 어깨를 견줄 정도로 발전했다가 1991년에 무참히 붕괴했다. 이러한 소련의 번영과 몰락을 보면 불완전 정보와 사회경제의 작동방식 사이에 밀접한 관계가 있는 것이 분명하다.

어떤 사회든지 정보의 흐름이 편중되고 일방적이라면 사회경제의 작동은 악화된다. 특히 비대칭 정보 아래서는 악화가 양화를 구축하고 '레몬'이 '최상'을 내쫓으며 품격이 낮은 사람들이 세상을 휘두를 것이다. 이런 현상이 시장경제에만 특유한 것은 아니다. 역사를 돌이켜보면 사회주의 체제에서 더 크게 나타났을 수 있다. 왜냐하면 사회주의 국가에서는 당과 정부에 의해 정보의 집중적인 관리가 대규모로 이루어지기 때문이다.

이와 관련하여 당시 소련 대통령 미하일 고르바초프Mikhail Gorbachev는 개혁 선언 「페레스트로이카perestroika」에서 다음과 같은 말을 한 적이 있다.

> 말과 행동 사이에 큰 간극이 벌어졌기 때문에 우리가 발표하는 슬로건에 대해 대중은 무력감과 불신감을 품는다. 이 같은 상태에서 신뢰가 결여되는 것은 당연한 일이다. 즉 정부의 발표, 신문기사, 책에 쓰여 있는 것들을 모두 의심하기 시작하는 것이다. 대중의 도덕성도 저하하기 시작했다.

일본 사회를 겸허하게 관찰해보면 이런 고르바초프의 한탄이 결코 남의 일이 아닌 것 같다. 일본은 이른바 격차사회에 돌입했다. 경제 격차, 지역 격차, 의료 격차만이 격차의 전부가 아니다. 교육 격차, 대학 격차, 네트워크 격차 등 제반 정보의 흐름에 따른 정보 격차의 문제가 해마다 확대되고 있다.

지금만큼 국가의 품격, 사회의 품격, 인간의 품격 등 품격과 도덕성의 문제가 제기된 때는 없었다. 이런 중대한 문제를 해결하기 위해서는 경제학적 접근만으로는 충분하지 않다. 심리학, 사회학, 생물학, 공학, 의학적인 접근을 포함한 종합적이고도 학제적인 접근이 반드시 필요한 상황이다. 이를 위해 중심이 되는 지주의 하나로, 앞으로 리스크학 내지 리스크 연구의 중요성이 더욱더 커질 것이다.

참고문헌

池田三郎·酒井泰弘·多和田眞. 2004.『リスク, 環境および経済』. 勁草書房.

酒井泰弘. 1982.『不確実性の経済学』. 有斐閣.

________. 1991.『リスクと情報 新しい経済学』. 勁草書房.

________. 1996.『リスクの経済学: 情報と社会風土』. 有斐閣.

________. 2006.『リスク社会を見る目』. 岩波書店.

水島一也. 1995.『保険文化: リスクと日本人』. 千倉書房.

George A. Ackerlof. 1995.『ある理論経済学者のお話の本』. 幸村千佳良·井上桃子 譯. ハーベスト社.

von Neumann·Morgenstern. 1972~1973. 銀林浩·橋本和美·宮本敏雄 監譯,『ゲームの理論と経済行動』. 東京圖書.

제2장

리스크와 법

나카야마 류이치中山竜一

생각지 못한 사고가 발생했을 때 반드시 문제가 되는 것이 그것을 미연에 방지할 수 없었는가, 그리고 그 책임을 누가 져야 할 것인가의 여부다. 이처럼 잠재적인 리스크가 불행하게도 현실화되었을 때 대체 법이 할 수 있는 것은 무엇일까? 이 장에서는 민사상의 책임에 초점을 맞추면서 「리스크와 법法」에 관한 전체적인 조감도를 그려낼 것이다. 특히 ① 인과관계의 파악과 과실책임, ② 통계 데이터로 얻을 수 있는 확률과 무과실책임, ③ 예측 불가능한 리스크와 예방원칙(=사전 배려의 원칙) 등 법적 책임의 세 가지 체제를 다루고, 다양한 리스크 유형과 그것들에 대한 법적 대처가 어떤 관계에 있는가를 검토한다. 이런 과정을 통해 '리스크사회'에서의 법적 리스크 관리의 중층적 구조를 제시할 것이다.

1. 리스크와 법적 책임

리스크와 법은 떼려야 뗄 수 없는 관계이지만, 또 한편으로 이 주제를 정면으로 다루고 있는 연구는 많지 않다. 그래서 글의 서두에서 먼저 리스크와 법이 어떤 관계인지부터 확인해보기로 한다.

우리는 지금 일상생활의 구석구석에 이르기까지 다양한 리스크에 둘러싸여 살아가고 있다. 아침에 일어나 샤워기를 틀었다가 가스 급탕기의 결함 때문에 일산화탄소에 중독되어버리는 리스크, 유통기한이 지난 요구르트를 마셨다가 심한 식중독에 걸려버리는 리스크, 여느 때와 마찬가지로 통근 전차에 탔는데 인명사고가 일어나 도착이 지연되어 거래처와의 계약이 해지되어버리는 리스크, 운동 중 넘어졌는데 적절한 조치를 받지 못해 평생 장애를 짊어지고 살아가게 되는 리스크, 지병 치료를 위해 신약을 처방받아 복용했는데 오히려 상태가 악화되거나 병 하나를 더 얻게 되는 리스크. 살기 좋은 동네라고 생각해 가진 돈을 전부 털어 가옥을 신축했는데 방만한 재정으로 지방자치체가 파산해, 주민세의 엄청난 상승뿐만 아니라 각종 대민對民 서비스까지 악화되는 리스크. 경제 상황이 안 좋아지면서 사회가 불안해지고 치안도 나빠져 이유 없이 피습 등의 흉악범죄를 당하게 되는 리스크 등. 이처럼 리스크와 관련한 말로 표현할 수 있는 잠재적 재액은 수를 헤아리지 못할 정도로 많다.

이러한 리스크들이 불행하게도 현실화되었을 때 가장 먼저 우리 마음에 떠오르는 것은 누구 탓에 이런 곤욕을 치르게 되었느냐 하는 생각일 것이다. 예를 들어 병원에서 처방해준 약을 먹은 뒤 본인 또는 가족이 큰 장애를 짊어지게 되었을 때, 아마 우리는 그 책임이 누구에게 있는가를 물을 것이다. 잘못된 약을 처방한 혹은 위험성이 높은 약을 굳이 사용한 의사나 병원을 문책해야 할 것인가, 안전성 테스트를 충분히 하지 않은 제조자에게 책임을 물어야 할 것인가, 아니면 그 약이 시장에 유통되도록 공적 인증을 해준 관할 관청에 책임을 물어야 할 것인가. 이 모두가 '누구에게 책임이 있는가?'에 대한 질문들이다. 그리고 그 '책임'을 더 분석해보면 크게 두 가지로 나눌 수 있다. 먼저 환자의 신뢰를 배반하고 사회질서에 중대한 해악을 미친 것에 대한 책임, 다음으로 해당 사고 때문에 발생한 손해의 비용, 즉 의료비, 통원비, 개호 비용, 사는 곳을 배리어 프리barrier-free로 개축하기 위한 비용, 사고가 없었더라면 벌 수 있었을 임금인 일실이익逸失利益 등, 이 모든 것을 배상할 책임이다. 우리는 통상 전자를 형사책임, 후자를 민사책임이라고 말한다.

다만 일상적인 리스크를 생각할 때는 민사책임 쪽이 우리에게 훨씬 비근卑近하다. 그것은 형사책임은 개인의 기본적인 자유나 권리를 빼앗는 무거운 제재를 초래하기 때문에 형법전刑法典에 미리 제시되어 있는 행위 외에는 책임을 물을 수가 없고, 게다가 그 사무를 담당하는 사람은 검찰관 등 공무원으로 한정되기 때문이다. 그에 비해 민사책임은 우리가 평소에 늘 관심을 기울이는 주제일 뿐만 아니라 이를 적극적으로 활용하지 않으면 손해 회복에 필요한 비용을 영영 확보할 길이 없게 된다. 이러한 이유로, 이 장에서는 일단 민사책임에 초점을 맞춰 의론을 진행하기로 한다.

그런데 생각지 못한 사고 등을 통해 잠재적 리스크가 현실화되어 누군가가 그 책임을 짊어져야 할 때 민법상으로 가장 중요한 역할을 담당해온 것이 「불법행위법不法行爲法」이다.[1] 「불법행위법」이란 한마디로, 사고 등으로 입은 손해의 회복에 필요한 비용을 피해자로부터 가해자에게로 전가하

---

1 계약법도, 리스크가 현실화했을 때의 비용 분배 방법을 사전에 정해놓는다는 의미에서, 일정하게 리스크 관리 기능을 담당한다고 할 수 있다. 그런 의미에서 계약법도 리스크 대처의 예방법무(豫防法務)와 관련이 있지만, 이 장에서는 이에 대한 논의는 생략한다.

는 제도이며, 그런 의미에서 손해비용을 회복하는 데 그 주된 기능이 있다. 이와 동시에 「불법행위법」은 '~을 하면 손해배상의 의무가 생겨 결국 손해다'라는 메시지를 담고 있다. 그런 의미에서 「불법행위법」에는 일탈 행동의 억제라는(형사법과도 유사한) 부차적 기능도 있다고 할 수 있다. 실제 미국처럼 형사처벌의 억제 효과를 명시적으로 기대하는 '징벌적 손해배상제도'를 두고 있는 나라도 있다.

그러나 손해의 억제를 위해서는 본래 사후적인 손해비용의 회복을 주안으로 하는 「불법행위법」보다는, 리스크를 내포한 행위 혹은 리스크를 포함하는 상품이나 서비스의 제공과 유통을 미리 금지한다거나 이에 필요한 규제망規制網의 설정을 목적으로 한 별도의 제도를 만드는 쪽이 실효성 측면에서 더 효과적일 것이다. 그 결과 잠재적인 리스크에 관하여 법法이 할 수 있는 또 하나의 접근으로서 금지청구 방법, 더 나아가 「환경법」, 「식품위생법」, 「약사법」 등 행정법적 규제를 통해 리스크의 현실화를 '미연에 방지'하는 방법을 구상하게 된다.

이와 같이 리스크에 대한 오늘날의 법적 대처는 전통적인 「불법행위법」에 의한 사후적 구제에 그치지 않고 우리의 인식 틀과 리스크관觀, 더 나아가 (이 양자에 의해 큰 영향을 받은) 피해자의 의식의 변화 등과 보조를 맞추어 다양한 채널을 열어가고 있다. 그리고 그에 수반하여 「불법행위법」을 비롯한 전통적인 구제 제도의 내실도 그 모습을 크게 바꿔나가고 있다. 그래서 이 장에서는, 이야기를 단순화하기 위해, 개별 분야의 세세한 논점들을 파고들어 가기보다 리스크와 법에 관한 전체적인 조감도를 시간 축을 따라 그려내는 데 집중하고자 한다.

2. 예견가능성과 과실책임

앞서 서술한 대로 잠재적 리스크가 사고 등의 형태로 현실화되어 누군가가 그 책임을 져야만 하는 상황에서 사람들이 가장 먼저 들고 나오는 것이 「불법행위법」이다. 일본 「민법」 709조는 이를 다음과 같이 일반적이고 포괄적인 방식으로 규정하고 있다.

'고의 또는 과실로 타인의 권리나 법률상으로 보호받는 이익을 침해한 자는 그로써 발생한 손해를 배상할 책임이 있다.'

즉, 생명·신체·재산·생활·명예 등에 손해를 입었고 그 손해가 타인에 의해 의도적으로 혹은 그의 과실에 의해 생긴 것이라면, 그것을 회복하는 데 필요한 비용은 그것을 발생시킨 당사자가 부담해야 한다는 것이다.[2]

일본 「민법」의 이 규정은 프랑스 민법전 1382조 '타인에게 손해를 끼친 사람의 행위에 대해 그것이 어떤 것이든 손해가 과실에 의해 발생했다면, 그 사람이 손해를 배상할 의무가 있다'는 문언에 뿌리를 두고 있고, 멀리는 고대 로마법으로까지도 거슬러 올라갈 수 있다. 물론 여기서 법학설사法學說史 이야기까지 하려는 것은 아니지만, 다음의 점에 유의하시기 바란다. 일본 「민법」이나 프랑스 민법전에서의 '과실'의 개념은 확실히 고대 로마법의 '선량한 가장家長의 신중함'을 기반으로 행동하지 않은 실수culpa라는 사고에 그 기원을 두고 있다. 그러나 더 중요한 것은 그것이 휘호 흐로티위스Hugo Grotius, 사무엘 푸펜도르프Samuel Pufendorf, 장 도마Jean Domat 같은 17, 18

---

2 민사적인 법 관계에서는 우선 '손해를 회복하는 데 드는 비용을 누가 부담해야 하는가?'가 문제되기 때문에 손해가 고의에 의해 생긴 것인지 아니면 과실에 의한 것인지가 반드시 중요한 것은 아니다. 따라서 다음에서는 '과실'에 초점을 맞춰 의론을 진행시키기로 한다(다만 사회질서의 유지를 목적으로 하는 형법에서는 고의와 과실이 차이가 결정적으로 중요하다).

세기의 근대 자연법 사상가들에 의해 근대적인 세계관 혹은 인식론적 틀에 맞추어 다시 쓰여진 것이라는 점이다(Zweigert·Kötz, 1998). 다시 말해 현재의 과실책임이라는 기반에는 통상의 지성과 판단력을 가진 '이성인'이라는 근대적인 인간상과 그것을 핵심으로 하는 새로운 '인식과 행위의 연관'이 존재하는 것이다.

조금 도식적이긴 하나 이 새로운 '인식과 행위의 연관'을 다음과 같이 설명할 수 있다. 첫 번째, 인간은 이성을 지니고 있고 이를 이용하여 자신의 외부 세계에 있는 모든 사물의 인과관계를 알 수 있다. 예를 들면 높은 곳에서 꽃병을 떨어뜨리면 조각조각 부서질 뿐만 아니라 때마침 그 낙하점에 있는 물건이나 사람에게 큰 피해를 입힐 수도 있다는 인식 등이다. 물리학을 모델로 하는 전통적인 자연과학의 기본적 발상은 그러한 원인과 결과를 축적하는 것이고, 우리가 초등교육과정에서 배우는 이과理科 교육은 그러한 인과관계와 관련된 지식을 습득하기 위한 것이었다고 할 수 있다.

두 번째, 근대적인 인간상의 또 하나의 특징은 인간이 이성뿐만 아니라 자유의사를 행사할 힘을 지니고 있다고 보는 것이다. 그렇기 때문에 인간은 이성을 사용하여 획득한 지식들을 그저 하릴없이 축적만 하는 것이 아니라 외부 세계를 제어하는 데 그것을 활용하게 되는 것이다. 예를 들어 꽃병이 베란다에서 떨어지는 것이 위험하다고 판단하면 자신의 자유의사로 꽃병을 안전한 장소로 옮기거나 난간을 설치하는 것 같은 자기결정을 하는 것이 좋은 것이다.

이성에 의한 인과관계 파악과 자유의사에 의한 외부 세계에의 개입이라는, 이러한 근대적 의미의 '인식과 행위의 연관'은 니콜라우스 코페르니쿠스 Nicolaus Copernicus, 아이작 뉴턴 등에 의한 이른바 과학혁명에 의해 생겨난 것이다. 이 혁명을 거치면서 인간을 둘러싼 자연적 세계와 인간 내부의 정신적 세계, 혹은 객체로서의 '사물'의 세계와 주체로서의 '자기'의 세계가 서로 분리되었고, 물리학을 중심으로 한 자연과학과 철학 등의 정신과학이 각자의 길을 걷기 시작했다고 한다(Koyrė, 1957). 그리고 이 장의 의론에서 특히 중요한 것은 다름 아니라 이 새로운 '인식과 행위의 연관(또는 인식론적 틀)'이 형성됨으로써 '나의 행위가 어떤 결과를 가져오는가'에 관한 '예견가능성豫見可能性'이 비약적으로 커졌다는 것이다. 막스 베버Max Weber나 프랑크푸르트학파의 사상가들이 지적했듯이 이 예견가능성은 과학, 경제, 정치 등 근대 사회 모든 인간 활동의 전제가 되었을 뿐 아니라 '법적 책임'의 관념에도 결정적인 영향을 미쳤다.

예견가능성과 법적 책임, 특히 민사상 과실책임과의 관련성에 대해서는 다음과 같이 설명할 수 있다. 우선 이성에 의한 인과 연쇄의 인식과 자유의사에 의한 개입이라는 도식을 전제한다면 자연스럽게 다음과 같은 추론이 도출된다. 통상의 이성과 판단력을 갖춘 인간이라면 당연히 회피해야 하는, 다시 말해 사물의 인과관계를 이해함으로써 예견할 수 있고 그 결과 자유의사를 사용하여 회피해야 할 손해를 자신의 부주의 때문에 발생시켰다면 그 책임은 손해를 야기한 당사자에게 돌아가야 하고, 그 손해 때문에 생긴 비용도 그 당사자가 부담해야 한다. 즉, 결과를 예견할 수 있었음에도 회피를 위한 적절한 조치를 강구하지 않았다는 사실이 과실책임의 기본 출발점이 되는 것이다.

현대를 살아가는 우리에게는 과실책임의 원칙을 이끌어내는 이 같은 추론이 당연하다고 생각될지 모른다. 그러나 동일한 이 추론에서 도출되는 다음과 같은 결론에 대해서는 사람들이 그다지 수긍하지 않는 것 같다.

첫 번째, 결과의 예견가능성이 과실책임의 전제조건이라면 보통의 이성과 판단력을 가진 사람이라도 인과관계를 파악할 수 없는, 따라서 예견이 불가능한 그런 손해에 대해서는 그 책임을 누구에게도 돌릴 수 없다. 그 결과 그러한 손해는 어느 누구의 탓이 아닌 일종의 불운이나 재난으로 간주되어 손해의 비용을 피해자 본인이 떠맡게 되는 것이다. 쉬운 예가 지진이나 쓰나미 같은 자연재해다. 사실 이에 대해서는 극히 최근까지지도 자선활동 등 타인의 선의 또는 공동체적인 상호부조에 대한 기대를 제외하면, 피해자 본인이 손해 회복 비용의 전액을 부담하는 수밖에 없었다. 다시 말해 피해를 당한 사람들은 단순히 불운으로 치부했던 것이다.

두 번째로 어떠한 피해를 입은 사람이 자기가 아닌 타인의 과실 때문에 손해가 야기되었다고 주장하기 위해서는 상대방에게 과실이 있었다는 것, 그중에서도 특히 손해 결과가 예견 가능했다는 것을 피해를 입은 측에서 입증해야 한다. 왜냐하면 가해자 측은 당연히 "결과는 예측 불가능했기 때문에 나에게 책임이 없다"라고 주장할 것이기 때문이다. 이렇듯 과실의 입증은 기본적으로 피해자 측의 부담이 된다. 그리고 그것은 현재도 여전히 「불법행위법」의 기본 원칙으로 통용되고 있다.

그러나 여기서 잠시 멈춰 다음과 같은 경우를 생각해보자. 인플루엔자의 특효약이라 하는 신약을 의사로부터 처방받아 복용하고 회복 불능의 장애를 짊어지게 된 사람이 있다고 하자. 피해자가 그 신약과 장애 사이에 인과관계를 입증하는 것이 과연 가능할까? 왜냐하면 그 신약에 관한 정보를 가장 많이 보유하고 있는 쪽은 그것을 처방한 의사 내지 제약회사 또는 인허가 권한을 가진 감독관청이기 때문이다. 안전장치의 미흡 때문에 작업 도중 큰 부상을 당한 경우나 열차의 탈선 사고 때문에 대량의 사상자가 발생한 경우 등에 대해서도 이 같은 논점을 제기할 수 있다.[3]

이와 같이 사람들 간에는 정보 격차가 존재하기 때문에, 예견가능성이

---

3 또 다른 논점으로, "사고 방지라는 관점에서 보면 과실책임의 추궁이 단순한 가해자 찾기로 끝나기 쉽고 (그렇게 되면) 장래의 사고 방지에 도움이 될 원인 규명에 대해서는 마이너스가 될 수도 있다"는 안전학(安全學) 쪽의 지적도 있기에 이는 경청할 만한 이야기라 하겠다.

라는 요건은 사고 피해자에게 가혹한 요구가 되는 경우가 많다. 더 큰 문제는 과실책임을 전제로 하는 '인식과 행위의 연관'을 기반으로 대규모의 산업화가 진행된 결과, 그러한 유형의 사고 피해자 수가 그 이후 급격하게 증가했다는 것이다. 이러한 피해자들을 구제하기 위한 좋은 방법은 없을까?

3. 통계·보험·무과실책임

앞 절 후반부에서 언급했듯이, 과실책임의 전제가 된 근대의 '인식과 행위의 연관(또는 인식론적 틀)'은 사회 그 자체에도 일대 변화를 가져왔다. 그것은 일반적으로 산업화라 말하는 과정인데, 이는 동시에 지금까지 없었던 새로운 유형의 사고事故를 대량으로 만들어내는 과정이기도 했다. 관점을 다르게 해보면, 산업화의 진전은 사고의 역사라고 해도 과언이 아니다(Virilio, 2005).

산업화 시대인 19세기를 돌아볼 때 눈에 띄는 것은 공장이나 탄광에서 빈발했던 산업재해들이다. 그런데 산재 사고의 피해자인 노동자들이 「불법행위법」에 의해 손해배상을 받기 위해서는, 사고의 원인이 열악한 노동환경이나 기계의 정비 불량 등에 있고 그것이 경영자의 과실 때문임을 입증해야 했다. 그러나 앞서 서술했듯이 이것은 거의 달성이 불가능한 요구였다. 그리하여 대부분의 나라에서 산재 사고의 피해자들은 어떤 구제 수단도 보장받지 못한 채 오랫동안 방치되었다. 그러한 법제도는 경영자의 입장에서 보면 확실히 노동비용을 압축하여 싼값에 상품을 제조하고 판매하는 데 유리했다. 그러나 발흥 중이던 국민국가의 입장에서 보면 그것은 국력을 대폭 감쇄시키는, 그렇기 때문에 국가 간 경쟁에 커다란 악영향을 끼치는 중대한 문제였다. 그 결과 '사회문제'라는 새로운 문제설정 및 (이와 밀접하게 결부된) 통계에 기초하는 '리스크'라는 관념이 돌연 역사의 무대에 등장하게 된다.

그런데 이 장에서는 지금까지 리스크란 말을 그다지 엄밀하게 정의하지는 않았다. 예를 들면 최근 흔히 사용하는 리스크 테이킹risk taking 같은 말은 '손실을 입을 가능성이 있으나 역으로 큰 이익을 볼 가능성도 있기 때문에 감히 해본다'는 뜻일 것이다. 바꿔 말하면 이것은 확실하지 않은 것이나 알 수 없는 것, 즉 '불확실성'이나 '비지非知'의 존재를 충분히 인지한 상태에서 행동하는 것으로, 현대의 의사결정이론이나 조직이론에서는 이러한 광의의 용법이 지배적일 것으로 생각된다.[4] 그러나 여기서 유념해야 할 것은 '리스크'라는 표현이 애초에 보험 용어로 사용되었고, 그것이 얼마 안 되어 확률이나 통계 관념과 결부되기 시작했다는 점이다(Ewald, 1991).

보험의 역사를 여기서 상세하게 설명할 수는 없으나 적어도 근대적인 보험에 대해 말하자면, 그 핵심은 통계와 확률의 발상을 모든 사회적 사상事象에 적용시켰다는 사실이다. 즉, 다음과 같은 것이다. 주사위를 여러 번 던지면 1의 눈이 나올 확률이 1/6에 한없이 수렴되어간다. 보험保險이 발견한 것은 '대수大數의 법칙'이라 부르는 이 원리가 인간의 생사를 비롯한 여러 사회 현상에도 적용된다는 사실이었고, 따라서 사전에 통계 자료를 통

---

4 니콜라스 루만의 유명한 '보험/리스크'의 2분법도 이 문맥에 위치할 수 있다(山口, 2003). "모든 지(知)에는 불확실성이나 비지(非知)가 수반된다"는 지적은 확실히 맞는 말이며, 수동적으로 재난에 노출되어 있는 사람의 입장에서 보면 (자신의 행위와 무관한) 단지 외부로부터의 '위험'으로 인지할 수밖에 없는 사상이더라도 의사결정자의 입장에서 보면 자기결정에 내재하는 '리스크'로 간주할 수 있다는 루만의 사고는 — 예를 들어 주민과 행정기관의 리스크 커뮤니케이션이 문제가 되는 경우에서처럼 — 분쟁의 해소로 연결될 어떤 힌트를 제공해주는지도 모른다. 다만 리스크에 대한 이러한 이해는 어떤 시대에나 적용 가능한 것이고, 법적 책임의 변천을 더듬는 이 장의 시도와는 관심을 달리하는 영역이라 하겠다.

해 연령별 사망률 같은 확률들을 뽑아놓을 수 있다면 손실 보전에 필요한 자금액을 보험료의 형태로 합리적으로 산정할 수 있게 되었다(中山, 1995). '리스크risk'란 말은 원래 '배를 조종하여 단애斷崖의 협간峽間을 빠져나간다'는 뜻의 라틴어에 어원을 둔 말인데, 대항해시대에는 당대의 모험자본주의(및 당시의 해상보험의 투기성)를 반영하여 '용기를 내서 감히 시도한다'는 의미를 띠었다가 근대에 들어와서 통계 데이터를 전제로 한 손실발생의 확률 내지 손실액 기대치를 의미하게 되었다. 덧붙인다면, 그와 같은 통계 데이터의 수집과 예견된 손해의 배분이라는 기본원리에 입각하여 설립된 최초의 근대적 보험회사는 1762년에 영국에서 설립된 이퀴터블사社였다. 이퀴터블사의 창업자들은 합리적 보험사업의 초석이 될 「연령별 사망률 일람표(생명표life table)」의 작성을, 벤저민 프랭클린Benjamin Franklin과 애덤 스미스의 친구이며 수학자인 토머스 베이즈로부터 그의 논문 「우연성의 문제 해결을 위한 소론」을 넘겨받은, 리처드 프라이스Richard Price에게 의뢰했다.

한편 통계 데이터와 확률에 입각하여 리스크를 파악하는 새로운 방법은 산재 사고 같은 대량 현상에 대해서도 적용할 수 있다. 산재 사고는 사용자나 노동자 등 개인의 주의 깊음(다른 말로 표현하면, 이성에 의한 인과관계의 파악과 자유의사에 의한 개입)에 의해 좌우되는 것이라기보다 공장 운영이라는 사업에 일정한 확률로 내재하는 '리스크'로 파악해야 한다. 그리고 이러한 산재 사고의 '리스크'는 사고에 관한 과거의 통계 데이터를 수집해 사고 발생률을 추출하는 방법을 통해 합리적인 산정이 가능하다. 그런 이유로 공장 운영처럼 위험을 수반하는 사업을 운영하는 경영자는 사업에 뒤따르는 리스크와 사업 수익을 저울질한 다음 그러한 사업을 시작한 이상 전문적 지식과 자금을 동원하여 리스크가 현실화하는 것을 '미연에 방지'해야 할 책임이 있다. 그리고 만에 하나 리스크가 현실화되었을 때는 설사 경영자에게 과실이 없다고 해도 일정한 리스크를 내포한 사업에서 이익을 얻는 만큼, 그 책임을 떠맡아 손해를 배상할 의무가 있는 것이다. 이것이 바로 '무과실 손해배상책임'이라고 하는, 책임을 파악하는 새로운 방식이다.

일본법의 형성에 큰 영향을 미친 프랑스에서는 이렇게 책임을 파악하는 새로운 방식이, 보일러 폭발사고에서 사용자 측 책임을 인정한 1896년 9월 16일 파훼원破毁院(프랑스 최고사법재판소) 판결을 통해 「판례법」의 형태로 출현했다. 이 사건의 재판관들은 본래 과실책임 시스템에서 보조적 규정에 지나지 않았던 「민법」 1384조 1항의 '사람은 자신의 행위가 일으킨 손해뿐만 아니라 자기가 책임져야 할 타인 또는 자기가 보관하는 물건이 일으킨 손해에 대해서도 책임을 진다'는 내용을 경영자의 무과실책임을 규정하는 것으로 재해석했다. 이어 세바스티앵 살레유Sébastien Saleilles 나 루이스 조슬랭Louis Josserand같은 당시의 법학자들이 무과실책임이라는 이 새로운 책임관을 「리스크 이론théorie du risque」으로 정식화했고, 급기야 1898년에 「노동자재해보상법」이 제정되기에 이르렀다. 그리고 20세기에 들어 이 같은 '판례를 통한 무과실책임화'의 흐름은 ― 1930년의 파훼원 판결을 통해 ― 교통사고라는 새로운 대량 현상에까지 파급되었다. 자동차의 보급은 현대사회에 많은 혜택을 가져다준 한편, 수많은 교통사고 피해자를 만들어냈다. 음주운전이나 무면허운전처럼 운전자에게 형법상의 과실책임을 엄중히 물어야 하는 경우도 있지만, 그렇다고 운전자의 과실이 입증되지 않는 한 피해자는 어떤 보상도 받을 수 없다는 것은 피해자 구제의 관점에서 볼 때 너무 가혹하다. 그래서 자동차의 운전이라는 행위 그 자체에 일정한 리스크(이것은 과거 교통사고 통계로부터 산출될 수 있음)가 포함되어 있다고 간주하여, 운전자가 그러한 리스크를 인수한 이상 과실 유무에 관계없이 현실화된 리스크에 책임을 져야 한다는 것을 인정하게 되었다(덧붙여 말하면, 자동차 운전이라는 행위를 운전자 전체의 리스크로 파악하여 운전자 모두에게 강제적으로 보험에 가입하게 하고, 만에 하나 교통사고가 일어났을 때는 운전자의 과실 유무에 관계없이 피해자에게 사고의 비용을 보상하는 것 같은 제도를 구상하는 것도 가능할 것이다. 일본의 「자동차손해배상보장법」은 이에 가까운 제도다).

물론 개인주의적인 과실책임의 원리로부터 집합적 리스크 개념을 기반으로 하는 무과실책임으로의 전환이 단지 프랑스만의 현상이 아니다. 프랑스 다음으로 일본법에 큰 영향을 미친 독일에서도 1871년 「제국손해배상법」을 통해 무과실책임의 원리를 도입했다. 독일에서는 그 후 철도, 자동차, 항공기, 광업에 관한 특별법이나 '보험책임Gefahrdungshaftung'론을 둘러싼 학설들을 통해 무과실책임 체제로 전환해갔다(浦川, 1985). 또한 독일에서는 탈리도마이드thalidomide 약해藥害 사건을 계기로 일찍이 1976년 「약사법」을 개정하여 의약품의 부작용에 관한 무과실책임을 인정했는데, 이것은 특필할 만한 일이라 하겠다.

바다 건너 영국에서는 이보다 조금 늦은 1898년 「노동자손해배상법」이 제정되었고, 이와 병행하여 노동자들에게 불리한 코먼로common law 법리들이 순차적으로 폐지되었다. 그리고 최종적으로 제2차대전 중의 국민총동원체제를 배경으로 과실에 관한 피해자 측의 입증책임을 전면적으로 면제했으며 더 나아가 산업재해뿐만 아니라 질병이나 폐질에 의한 손실보상 이나 최저수입의 보장까지 다루는 종합적인 복지국가 프로그램을 실시하기에 이르렀다(Bartrip, 1987). 또한 개인의 자유를 중시하는 정치문화가 특징인 미국에서도 1960년대의 여러 판례를 통해 '엄격책임strict liability'의 이름 아래 무과실책임을 채택한 「제조물책임법」이 발전했는데, 이것은 이후 유럽 여러 나라와 일본의 입법에도 큰 영향을 미쳤다(Stapleton, 1994).

여기서 일본의 '무과실 손해배상책임 제도'에 대해 정리해보기로 한다(浦川, 1985).

첫 번째, 다른 나라와 마찬가지로 일본에서도 무과실책임을 도입하는 계기가 된 것은 메이지 이후 급속한 산업화가 가져온 산업재해 때문이었다. 당시 일본의 경제부처였던 농상무성農商務省은 이미 1882년(메이지 15년)부터 노동자 보호책을 모색했으나 반대가 많았고, 1911년(메이지 44년)에 이르러서야 「공장법」 15조의 형태로 '직공이 그의 중대한 과실 때문이 아니라 업무상 부상을 당하거나 질병에 걸리거나 사망했을 경우 공장주는 정해진 칙령에 따라 본인 또는 그 가족을 부조해야 한다'고 경영자의 무과실책임을 명기할 수 있었다. 일본형 사회보장제도의 핵심은 여기에 후의 산재보험과 기타 사회보험들을 결합하여 만들어졌다.

두 번째, 공해公害 피해자 구제 분야가 있다. 메이지 후반부터 아시오광독足尾鉱毒 사건이나 벳시別子광산 질병 사건을 비롯한 대규모의 토양 오염이나 연해煙害, 석탄 채굴에 따른 지반 함몰 등을 둘러싼 사회운동이 일본 각지에서 격렬하게 전개되었고, 그 결과 광해鑛害 피해자의 고의나 과실 유무에 관계없이 점차 기업이 배상을 하는 관행이 형성되었다. 1939년 「광업법」 개정은 이 관행을 추인하는 형태로 광해에 관한 무과실책임제도를 확립한 것이다(현행 「광업법」 109조 이하). 그러나 제2차대전 후의 고도성장에 따라 미나마타水俣 병, 이타이이타이 병, 욧카이치四日市 천식 같은 심각한 공해 피해에 대한 보상 문제가 다시 부상했다. 그리하여 1972년에 개정된 법은, 공장에서 배출된 유해물질에 의해 사람이 건강을 침해받았을 때는 기업이 무과실책임을 져야 한다는 것을 명기했다(「대기오염방지법」 25조, 「수질오탁방지법」 19조). 1993년에 제정된 「환경기본법」에 통합된 여러 환경입법들은 그러한 흐름의 연장선상에 있다.

세 번째, 자동차사고를 둘러싼 무과실책임에 대해서는 이미 1935년 내무성이 사회보험 방식에 의한 피해자 구제 시안試案을 공표한 바 있다. 그러나 전쟁 때문에 일시적으로 중단되었다가 이후 전후의 급속한 자동차의 증가에 따라 독일의 제도를 모델로 한 「자동차손해배상보장법」이 1955년에 제정되었다. 동법 제3조는 가해자에게 과실이 없다는 것을 입증하지 못할 경우, 가해자에게 손해배상의 책임이 있다는 것을 명기하고 있는데, 실제로 가해자의 과실이 전혀 없다고 판결하는 일은 거의 없는 만큼 사실상의 무과실책임제도를 도입한 것이라고 할 수 있다.

네 번째, 새롭게는 「제조물책임법」이 1994년에 제정되어 이듬해부터 시행되었다. 동법 제3조는 결함 있는 제품에 의해 생명, 신체, 재산에 손해를 입은 경우 제조자 측에게 무과실책임이 있음을 규정하고 있다. 다만 제품에 결함이 있다는 것과 결함과 피해 사이의 인과관계에 대한 입증책임은 피해자 측이 부담하도록 했다.

다섯 번째, 1961년에는 「원자력 손해배상법」이 제정되었는데, 동법 제3조는 원자력사업자의 무과실책임을 명기하고 있다. 만에 하나 원전 사고가 일어났을 때의 손해의 보상은 사업자 간 협력, 재보험 등 보험적 수단 및 국가의 원조를 통해 행하도록 하고 있는데, 이는 다음 절에서 논하겠지만 '리스크사회에서의 새로운 리스크'라는 관점에서 보면 그 실효성과 관련하여 많은 과제를 남겼다고 할 수 있다.

이와 같이 일본에서는 규제영역별로 특별법을 제정하는 방식을 통해 무과실책임제도를 도입해왔는데, 사실 이 방식에는 문제가 있다. 우선 많은 사고가 발생하여 사회적 압력이 있었고, 그제야 입법화에 나섰기 때문에 규제 대상이 아무래도 산발적이고 세분화되기 쉬웠다는 점이다. 예를 들어 자동차사고에 대해서는 무과실책임을 인정하고 있으면서도 동일한 고속교통기관인 항공기나 철도 사고에 대해서는 인정하지 않고 있고, 원전 사고에 대해서는 무과실책임을 적용하고 있으면서도 그 밖의 에너지 관련 시설들에 대해서는 적용하지 않고 있다. 구체적으로는 1985년 일항日航기 추락사고나 2005년 JR 후쿠치야마선福知山線 열차사고의 피해자 또는 그 유족들이 만약 「불법행위법」에 의한 손해배상을 청구하고자 할 경우, 일항이나 JR의 기업 측 과실을 입증해야 했는데, 이것은 대단히 큰 부담이다. 이처럼 산발적이고 또 세분화된 규제는 심각한 제도 간 불평등이라는 부정의不正義를 만들어내고 있다.

또 일본 무과실책임제도의 또 다른 문제점은 그 입법과정에서 이것을 어디까지나 과실책임원칙의 예외로 규정지었기 때문에 현실의 재판에서 이러한 무과실책임 규정들이 반드시 유효하게 활용되지 않고, 역시 과실책임에 의한 해결이 우선되고 있다는 점이다. 실제로 대기 오염이나 수질 오염에 관하여 수많은 소송이 제기되었으나 그 사이 「대기오염방지법」 제25조가 적용된 판례는 겨우 다섯 건에 지나지 않고, 「수질오탁방지법」 제19조가 적용된 판례는 단 한 건도 없었다. 게다가 판결 모두 과실책임의 유무에 관한 상세한 검토를 병기하고 있는 현실이다(橋本, 2006).

그런데 무과실책임제도 도입의 전제가 되는 것은 리스크를 미리 산정할 수 있다는 것, 즉 상정되는 손해와 그 비용에 관한 통계 데이터가 존재한다는 점이다. 그러나 역사를 돌아보면 알 수 있듯이 각종 사회적 손해에 대한 통계 데이터 수집이 언제나 확실하게 보장되는 것은 아니다.

매우 흥미로운 것은 1990년대 토머스 쿤Thomas Kuhn이나 이언 해킹Ian Hacking 같은 연구자들을 세계각지에서 모아 독일 빌레펠트대학에서 조직된 학제적 연구그룹에서, 코페르니쿠스나 뉴턴의 그것에 필적할 만한 또 하나의 과학혁명이 18세기 말 무렵부터 20세기 초에 걸쳐 일어났던 것이 아닌가 하는 가설을 제기하고 있다는 점이다. 그들은 이를 '확률혁명Probabilistic Revolution'이라고 명명했는데, 여기서는 대략 다음과 같은 것이 지적되었다(Krüger·Daston and Heidelberger, 1987).

18세기 말부터 19세기에 걸쳐, 앞 절에서 설명한 '외적 세계의 인과관계 파악과 자유의사에 의한 개입' 같은 근대적인 인식론적 틀에 더하여 통계 데이터와 확률을 기반으로 하는 새로운 세계상, 즉 '인식과 행위의 연관'이 출현했다. 확률을 둘러싼 의론 자체는, 가령 도박의 판돈 계산이나 화재보험·연금 같은 보험에서의 수리數理, 천체 관측 등 그 이전부터 시작되었다. 그런데 여기에 국민국가의 형성과 더불어 각국이 수집하기 시작한 다양한 통계 데이터가 결부되면서 바야흐로 새로운 '인식과 행위의 연관'이 탄생하게 된 것이다. 인간의 생사를 비롯한 모든 사회적 사상事象에 「대수大數의 법칙」을 적용하는 것이 가능하다는 것을 발견한 것이 보험사업가들이었다는 사실은 이미 언급했고, 발흥 중이던 국민국가들은 그 원리를 산재뿐만 아니라 국력의 유지와 증강과 관련된 그 밖의 다양한 영역, 즉 빈곤, 위생, 범죄, 연령, 질병, 자살 등 다양한 사회문제에 적용하기 시작했다. 실제로 서구 각국은 18세기 말부터 19세기 초의 세기 전환기에 경쟁적으로 '통계국'을 창설하여 '국민'에 관한 여러 가지 수치를 수집하기 시작했다. 그리고 그렇게 문제 영역별로 수집된 통계 데이터들이 구분화되고 계층화되어 많은 표준norm, standard이 도출되었다. 그리고 그 표준에서 벗어난 개인이나 집단은 일정한 리스크가 있다고 간주되어 행정기관의 일정한 개입 또는 개선조치의 대상이 되었다. 또한 제반 사회문제를 사회에 내포되어 있는 불가피한 리스크로 파악하여 통계 데이터를 참조해 그러한 리스크의 현실화에 대비하는, 새로운 통치 기술이 탄생했다(Ewald, 1986; Hacking, 1990).

이 새로운 통치 기술은 현대 행정활동의 기본이라 할 수 있다. 예전의 (단일)통계국은 '인쇄된 통계지표'를 눈덩이처럼 키워가다가 결국 현재 우리에게 익숙한 다수의 행정관청으로 조직이 분화되었다(Hacking, 1990). 국민의 건강, 수입, 환경위생, 학교교육, 형사행정 등 그 주제가 무엇이든 그곳의 주된 활동은, '표준'으로부터 일탈한 대상의 특정特定, 조사, 시책 입안, 실시, 평가라는 주기의 반복이었다. 그리고 이러한 활동의 기반이 된 것이 바로 특정 사상을 대량으로 관찰하여 해당 사상에 대한 리스크를 특정하는 통계학적 세계상世界像이었고, 더 나아가 그렇게 산출된 확률을 참조해 리스크의 현실화를 미연에 방지하려고 노력하고, 만에 하나 리스크가 현실화되는 경우에 대비하여 손해 회복에 필요한 비용을 사전에 축적한다는, 즉 새로운 '인식과 행위의 연관'이었다. 그렇다면 이른바 '복지국가'의 토대가 되는 것도 바로 이러한 새로운 '인식과 행위의 연관(인식론적 틀)'이라 할 수 있다. 왜냐하면 적어도 오늘날 우리가 이해하는 '복지국가'란 각종 보험이나 세금정책을 통한 리스크 재분배 시스템 이외의 아무것도 아니기 때문이다. 이미 보았듯이 일본에서도 산재, 공해, 교통사고 등에 의한 피해와 관련하여 리스크 현실화를 미연에 방지한다거나 현실화된 리스크의 손해를 회복하는 데 큰 역할을 수행해온 것은, 그것을 대량현상으로서 관찰이 가능한 입장에 있던 행정기관이었다. 이른바 일본형 복지·행정국가에 대해 생각할 때 여러분은 이른바 일본적 특수성에만 관심을 둘 것이 아니라 이러한 보편사적普遍史的 맥락에 주목할 필요가 있다.

4. 리스크사회와 법적 규제의 한계

그런데 법法의 한 국면인 사법제도는 이미 일어난 사건의 해결을 주된 임무로 한다는 점에서 과거지향적인 성격의 제도인 이상, 여기서 채택되는 수단일지라도 (손해배상이 전형적으로 그렇듯이) 사후적 구제라는 색채를 띠게 된다(물론 최근에는 헌법상의 인격권을 근거로 금지청구에 의한 사전 개입을 인정하는 것이 대단히 중요한 논점이 되었지만). 그러나 법의 또 다른 측면을 입법이나 행정 활동에서 찾는다면 일정한 행위의 회피와 방지를 위한 조치를 사전에 명령할 가능성도 생각해야 한다. 그러한 법제도는 손해 발생의 인과관계 혹은 손해 발생의 확률이나 그 기대치인 리스크가 분명히 보이고 일정한 예견가능성이 존재하는 경우에는, 입법이나 행정을 통해 미연 방지를 위한 시책을 스스로 행하게 하거나, 그러한 조취를 취하도록 개인이나 기업에게 명하게 된다. 건축, 식품 위생, 약품, 공업제품 등의 안전성에 관한 광범한 행정적 규제영역들은 이와 같은 방식으로 형성되었다(덧붙이자면 법의 일반 이론에서는 이러한 일련의 행정적 규제를 가리켜 관리형管理型 법이라 부르기도 한다).

그러나 다음의 점에도 주목할 필요가 있다. 오늘날처럼 과학기술이 고도화되고 전문적 지식이 더욱 세분화하고 있는 시대에는, 복잡한 인과관계를 파악하거나 바람직하지 못한 사상이 일어날 확률 또는 손해의 기대치, 즉 리스크를 산정하는 것이 누구에게나 가능한 것이 아니다. 대다수의 사람들은 최신형 자동차의 내부 구조에 대해서, 매물로 나온 맨션의 내진耐震 기준이나 그 심사방법에 대해서, 유전자 변형 식품이나 신약의 제조과정 또는 거기에 포함된 잠재적 리스크를 측정하는 방법에 대해서, 보험료 산정의 전제가 되는 통계 데이터나 보험 수리數理에 대해서, 또는 투자신탁의 포트폴리오 작성에 사용된 복잡한 수식에 대해서 상세한 것은 거의 알지 못한다. 그런 상품이나 서비스들은 우리에게는 블랙박스와 다름없으며, 그저 생산자나 제공자(그리고 그것에 인증을 부여한 행정관청)들을 신뢰하여 그것을 구입하는 판단을 내리는 데 그칠 뿐이다. 그런 상품이나 서비스의 안전성에 일말의 불안을 느낄 때 우리에게 가능한 선택지는 구입 자체를 단념하거나 각종 사보험私保險에 가입하는 정도밖에 없다. 이러한 현실을 굳이 '리스크'란 말을 사용하여 표현한다면, 미연 방지를 위해 전문적 지식이나 기술을 동원하여 적극적으로 대처하는 전문가들과는 달리, 일반 개인에게 가능한 것은 (넓은 의미에서) 리스크를 취하느냐 마느냐, 그리고 리스크를 취할 때는 만일의 경우의 손해 회복에 대비하여 얼마만큼 지출할 수 있는가를 판단하는 것에 한정된다.

이처럼 오늘날의 사회에서는 전문가와 일반 개인 간 지식의 불균형이 너무 크다. 그리하여 인과관계의 해명이나 리스크의 산정을 통해 예견가능성을 확보하는 것, 그리고 이를 기초로 미연 방지를 위한 조치를 신속하게 취하는 것은 사실상 과학적 지식 또는 기술적 수단을 소유한 기업이나 행정기관 내 전문가의 책임이 되었다. 그러나 만약 고도의 지식과 기술을 갖춘 전문가조차 인과관계의 해명은커녕 일정하게 신뢰할 수 있는 리스크 산정조차 불가능한 경우가 생긴다면 어떻게 되는 것일까? 이 경우 전문가의 판단에 모든 것을 맡기는 것이 과연 현명하다고 할 수 있을까? 그런데 그러한 사태야말로 바로 우리가 현재 직면한 '리스크사회'의 새로운 현실인 것이다.

요즘에는 '리스크사회'라는 말을 당연한 것처럼 사용하고 있지만 원래 이 표현은 독일의 사회학자 울리히 벡이 장래에 대한 전망이 점점 더 불투명해지고 있는 현대 사회를 가리키는 키워드로 사용했다(Beck, 1986). 일찍이 우리는 지식의 증대나 과학기술의 진보가 우리 일상생활을 좀 더 편리하고 풍족하게 하고 안심이나 안정을 보장해줄 것으로 믿어 의심치 않았다. 그러나 오늘날의 현실은 어떠한가? 막스 베버 등 예전의 근대화 이론에 따르면 근대화란 생활과 지知의 제반 영역에서의 합리화 과정이었기 때문에 당연히 행위의 예견가능성을 크게 확대시켜줄 것으로 기대되었다. 그러나 오늘날의 현실을 보면 지식 증대나 기술 혁신이 예견가능성을 확보하는 데 유용하기는커녕 오히려 예측 불가능성을 키우고 있는 것이 아닐까? 설사 과거 산업화 시대에는 사고나 공해 등 부정적인 결말이 초래되었다고 해도 지식의 증대나 과학기술의 진보가 반드시 이 모든 것을 극복해줄 것이라고 낙관할 수 있었다. 그러나 원전 사고, 삼림 파괴, 오존층 파괴, 지구온난화, 식품 오염, 약해藥害 같은 20세기 중엽 이후 출현한 리스크들은 그 결과의 규모나 심각성을 더 이상 예견할 수 없다는 의미에서 지금까지와는 다른 '새로운 리스크들'이라고 불러야 하지 않을까? 이것들은 바로 인간의 지식이나 기술이 산출한 리스크(앤서니 기든스의 말에 따르면 '인간의 손에 의해 만들어진 불확실성manufactured uncertainty')인 것이다. 그리고 여기에는 '이것이 리스크인가 아닌가'의 인지와 주관적인 판정을 포함해 재차 인간의 지식이나 기술에 의존하는 재귀적再歸的 구조가 존재함과 더불어 개인 생활, 시장, 지역공동체를 뛰어넘어 지구 전체를 삼킬 수 있는 글로벌한 성격도 존재한다는 것을 간과해서는 안 된다(Giddens, 1999).

기존의 행정적 통제는 이런 새로운 리스크들에 직면할 때 기능부전에 빠져버리는 경우가 많았다. 그 이유는 불충분한 정보를 바탕으로 한 규제가 오히려 예측 불가능한 새로운 리스크를 만들어내기도 하고, 대체 무엇이 리스크이고 어디에 리스크가 있는지에 관한 질문 자체가 사회적으로 규정되는 사안이며, 이는 또한 지식이나 기술에 의해서도 변동하므로 행정적 개입이 오히려 새로운 리스크를 야기할 수도 있기 때문이다. 리스크사회에서의 근대화는 말하자면, 근대화 과정이 야기한 결과가 자신에게 되돌아오는, 즉 '재귀적 근대화'의 단계라고 할 수 있는데, 이 단계에서는 전문적인 지식과 행정적 개입에 의한 통제에 모든 것을 맡기는 것이 더 이상 불가능하다.

만약 리스크사회가 성격이 그렇다면, 리스크사회에서는 개인의 생활양식뿐만 아니라 집단적인 의사결정의 존재방식도 바뀌어야 한다. 그래서 벡은 식품의 위생관리, 쓰레기 소각장이나 발전소 등의 설치, 허용 가능한 유전자 진단이나 생식 기술의 정도 등을 사례로 들어, 예측 불가능한 리스크를 안고 있는 문제에 대해서는 그 결정 권한을 전문가나 행정관료의 손에서 해방시켜 시민이나 NGO 등을 포함한 다양한 관계자나 집단이 참가하는 새로운 숙의熟議의 장으로 옮겨야 한다고 했다. 그리고 바로 그러한 '정치'의 재창조야말로 리스크사회가 요구하는 하나의 귀결이라고 주장하고 있다(Beck, 1994, 1998).

저널리스트로 활약하기도 했던 벡의 이러한 시대 진단에는 확실히 탁월

한 감각으로 새로운 시대의 핵심을 파악하는 예리함이 있다. 그러나 이 장의 관심에서 본다면 약간의 부족한 점도 있다. 그 하나는 벡이 사용한 '리스크'의 의미에 약간의 애매함이 있고, 리스크사회 내의 다양한 난제의 해결을 대체적으로 '정치'에서 구하고 있다는 점이 그것이다.

이미 언급했듯이 '리스크'란 말은 오늘날 통상 두 가지 의미로 사용된다. 우선 리스크를 불확실성이나 비지非知와 유사한 의미로 사용하는, 의사결정이론이나 조직이론에서 쓰이는 용법(이른바 광의의 리스크)이 그 하나이고, 또 하나는 통계 데이터나 확률과 결부된 이해로서 공학, 생물학, 의학 등의 자연과학에서 사용하는 용법(이른바 협의의 리스크)이다. 그런데 이 장에서는 주로 두 번째 용법에 초점을 맞추었다. 왜냐하면 이 관점을 취하지 않으면 인식론적인 틀과 사회 변화에 대응하여 그 모습을 변화시켜온 법적 책임의 흐름을 볼 수 없게 되기 때문이다. 그런 이유로 여기에서는 벡의 시대 진단을 더욱 진전시켜 '새로운 리스크'의 성격을 다음과 같이 이해하기로 한다. 리스크사회에서의 '새로운 리스크'란 단순히 불확실성이나 비지非知의 의미라기보다는, 잠재적 리스크가 현실화된 경우의 손해 규모와 영향의 크기를 사전에 파악하기가 대단히 어렵고, 신뢰할 수 있는 통계 데이터가 존재하지 않거나 측정 방법 자체가 지닌 한계 때문에 대략적인 발생 확률이나 부정적인 기대치를 산정하는 것이 불가능한 리스크를 말한다.

이렇게 이해한다면 원전 사고, 지구온난화, HIV 피해, 예방접종을 매개로 한 간염肝炎, 광우병 오염 등 '새로운 리스크'들에 직면했을 때 전문가의 의견을 바탕으로 행정적 수단을 이용한 미연 방지나 무과실책임의 원리, 보험적 수법을 통한 사고 비용의 사후 보상 같은 것들이 왜 좀처럼 기능하기 어려운지를 잘 알 수 있다. 왜냐하면 이런 리스크들은 과거의 통계 데이터가 대량으로 존재하던 산재 사고나 교통사고의 경우와 달리, 긴급 대책이 필요한 시점에서 실험실의 일정한 제약 아래 산출된 어떤 종류의 수치가 수중에 있다 해도, 과거의 실제 통계 데이터는 극히 적은 수밖에 존재하지 않는데다가 손해의 파급 효과가 어디까지 미칠 것인지도 한정하기가 대단히 어렵기 때문에, 결과적으로 대수大數의 법칙이 잘 적용되지 않아 리스크 산정이 곤란하기 때문이다.

그러나 우리가 지금까지 근거로 해온 '인식과 행위의 연관' 내지 '인식론적 틀'이 근저에서부터 변하고 있기 때문에 리스크의 미연 방지라는 중책을 전문가들에게만 맡겨놓는 것이 더 이상 불가능한 상황이기는 해도 그렇다고 (이것은 벡에 대한 두 번째 불만과 연결되는 것이지만) 정치 되살리기로 건너뛰는 것이 충분한 방법이 될 수 있을까? 확실히 '새로운 시민운동'을 모델로 한, 문제영역별 비당파적·잠정적인 미시적 정치는 다양한 관계자들stakeholders 간의 토의를 활성화하고 새로운 해결책의 개별적이고 구체적인 창출을 촉진함으로써 리스크사회에서 의사형성의 중요한 장이 될 것임에 틀림없다. 그러나 '새로운 리스크'들에 대한 긴급한 대처가 피할 수 없는 일상적 과제가 되고 있다면 좀 더 안정적이고 일상적인 규범이나 절차를 정식화해두는 것도 동시에 필요한 것이 아닐까? 다시 말해 리스크사회에서도 어떠한 법적法的 구상이 필요하다는 것이다.

그런데 리스크사회의 근저에 있는 새로운 인식론적인 틀은 법法의 영역에서도 이미 새로운 변화를 일으키기 시작했다. 그리고 이러한 변화를 명확하게 표현하는 것이 '예방=사전배려의 원칙precautionary principle'이라는 새로운 법원리인 것이다.[5] (근래의) '예방=사전배려precaution'의 발상은 환경이나

---

5 'precautionary principle'이라는 표현은 통상 '예방원칙'이라고 번역된다. 그러나 이 장에서는 인과관계의 해명을 전제로 한 '미연 방지(prevention)'와의 차이를 명확히 하기 위해 굳이 '예방=사전배려의 원칙'이란 표현을 사용하기로 한다. 또한 제4절의 고찰은 일찍이 다른 기회에 집필한 것(中山, 2004)에 새로운 정보를 더해 부연한 것으로서, 내용상 중복되는 부분이 있음을 알린다.

건강 보호를 비롯한 여러 법 영역에서 확산되고 있는데, 이 발상은 기존의 '미연 방지prevention'형 접근이나 과실책임 및 무과실책임의 원리를 중심으로 하는 법적 책임에 관한 기존 시스템의 근본적인 재편을 요구하고 있다.

5. '예방=사전배려의 원칙'을 둘러싸고

'예방=사전배려의 원칙' 내지 '예방=사전배려적 접근'이란, 비록 원인과 피해 사이에 과학적 증명이 명확한 형태로 존재하지 않더라도 심각하고 불가역적인 리스크가 있는 경우에는 미리 '예방=사전배려'의 조치를 취해야 한다는 것이다(大塚, 2006). 예를 들어 1992년의 UN개발환경회의에서 채택된 「환경과 개발에 관한 리우데자네이루 선언Rio Declaration On Environment And Development」의 제15원칙은 다음과 같다.

> 환경을 보호하기 위해 각국은 그 능력에 따라 광범하게 예방=사전배려적 접근을 적용해야 한다. 심각하고 불가역적인 피해가 발생할 우려가 있는 경우, 완전한 과학적 확실성이 없다는 사실이 환경이 악화되는 것을 방지하기 위한 대비의 효과가 큰 여러 조치들을 지연시키는 이유로 사용되어서는 안 된다.

이 원칙은 1970년대 독일의 환경 정책에서 시작되어 1980년대에 산성비에 의한 삼림 파괴나 구소련의 체르노빌 원전 사고 같은 심각한 피해를 목도한 다음부터 환경 보전과 경제 발전의 양립을 위한 기본원리로 확립되었다(Evald·Gollier and de Sadeleer, 2001). 이 원칙은 1987년의 「북해北海 보호에 관한 선언」 등의 국제문서, 1992년의 EU 설립에 관한 「마스트리히트 조약」, 같은 해의 「리우 선언」과 「기후변화 조약」, 「생물다양성 조약」,

2000년의 「바이오세이프티biosafety에 관한 카르타헤나 의정서」 등의 국제 조약들에서 속속 채택되었고 더 나아가 EU 가맹국들과 미국의 국내법에도 들어가게 되었다. 또한 오늘날에는 프랑스헌법의 환경헌장 제5조 및 EU 헌법 조약초안 III-233조 같은 헌법 문서에도 명기되는 등 지속적으로 확산되는 추세이다.

그리고 그 적용 영역 또한 환경법의 틀을 벗어나 유전자 변형 작물이나 광우병 규제 같은 식품 위생 영역, HIV나 간염 전염의 우려가 있는 혈액제제 규제 같은 의사법醫事法의 영역 등 인간의 생명 또는 생활과 관련된 제반 영역으로 확대되고 있다.

그러나 한편에서는 이 원칙에 대한 여러 가지 비판이 있다는 것도 무시해서는 안 된다. 예를 들면 "예방=사전배려의 원칙은 '의심스러운 것은 모두 금지'와 같은 제로 리스크의 발상에 따른 것으로 과학기술의 발전을 위축시키고 자유로운 경제활동을 가로막는다"라든지 "비용편익분석cost-benefit analysis을 기반으로 하는 합리적 선택의 가능성을 무시하고 일반 대중의 비합리적 공포에 안이하게 영합하는 잘못된 포퓰리즘이다"라는 의혹이 산업계나 학계 일부에서 강하게 나타나고 있다(Sunstein, 2002, 2005). 또한 이와 관련해 미국이 예방=사전배려의 원칙을 도입하는 데 적극적인 EU 가맹국들에 비해 이 원칙을 도입하는 데 상당히 회의적인 자세를 보이고 있는 것처럼, 각국이 엇갈린 보조를 취하고 있는 것도 눈에 띈다(덧붙이자면 일본에서는 2000년 12월의 내각회의를 통과한 「제2차 환경기본계획」에 '예방적 방책'의 문언이 들어갔고, 2003년 제정된 「식품안전기본법」을 둘러싸고 예방=사전배려의 원칙을 어디까지 명시적으로 받아들일 것인지가 쟁점이 되기도 했다).

물론 이러한 회의나 비난을 이해할 수 없는 것은 아니다. 그러나 이미 보았듯이 리스크사회의 '새로운 리스크'가 기존의 리스크와 근본적으로 다른 것이라면, 인과관계가 해명되고 통계 데이터가 충실해짐으로써 미연 방지형 시책이 가능해질 때까지 기다리며 보고만 있는 사이 돌이킬 수 없는 결과가 생겨나는 최악의 시나리오에 대해서도 진지하게 맞대면해야 한다. 그러나 다행히 이미 우리는 예방=사전배려의 원칙에 대한 회의나 비난을 정면에서 받아내면서 그 운용 가능성에 대하여 검토한 학제적 연구 성과들을 손에 넣고 있다. 그것이 바로 앞으로 거론할 2000년 2월 2일 자 『예방=사전배려의 원칙에 관한 유럽위원회 보고서』(이하, 약칭 『보고서』)다 (Commission of the European Communities, 2000). 다음에서는 제5장 「예방=사전배려의 원칙의 구성요소들」과 제6장 「예방=사전배려의 원칙의 적용 지침」을 중심으로 그것의 기본적인 사고를 소개하고, 「예방=사전배려의 원칙」이 법적 책임에 대해 미치는 영향력에 대해 얼마간 고찰해보고자 한다.

『보고서』 제5장에서는 우선 다음의 사실이 확인된다. 리스크 분석은 일반적으로 ① 리스크 평가assessment, ② 리스크 관리, ③ 리스크 커뮤니케이션의 세 단계로 구성되는데, 「예방=사전배려의 원칙」은 그중 리스크 관리에 관한 법원리이다. 즉, 과학적 불확실성이 존재하기 때문에 리스크에 대한 완전한 평가가 불가능하고 동시에 환경이나 인간 또는 동·식물의 적절한 보호가 위기에 처할 우려가 있다고 결정권자가 판단할 때 그는 리스크 관리의 일환으로 예방=사전배려의 원칙을 적용한다. 구체적으로 말하면 먼저 '잠재적인 부정적 효과'를 감정하고, 그다음 그런 리스크의 '과학적 평가'를 행한다. 이후 그런 리스크의 평가 결과 '과학적 불확실성'을 피할 수 없다고 판단되면 그때는 예방=사전배려의 원칙을 적용할 조건이 갖추어진 것이다. 그리고 예방=사전배려의 원칙의 이름 아래 구체적으로 어떤 조치를 채택할 것인가는 어떠한 적극적인 행동도 취하지 않는다는 선택지를 포함해, 해당 사회에서의 여론의 방향이나 거기에서 허용되는 리스크의 정도까지 감안하여 정치적으로 결정한다. 『보고서』는 나아가, '예방=사전배려의 원칙'에 대한 호소가 반드시 사법적 심사와 결부되는 법적 수단을 강구하는 것은 아니라고 했다. 결정권자는 연구조사 프로그램에 대한 자금 제공 또는 제품이나 서비스가 가져오는 유해한 영향에 관한 정보 제공 등 모든 수단을 강구할 수 있다.

『보고서』는 이와 같이 제5장에서 리스크 분석과 예방=사전배려의 원칙과의 일반적인 관계를 확인한 후, 제6장 에서 예방=사전배려의 원칙을 적용할 때의 여섯 가지 원칙을 제시하고 있다.

첫 번째, 바람직한 보호 수준에 합당해야 하고 제로 리스크를 언제나 목표로 해서는 안 된다(비례성). 잠재적 리스크의 성격에 따라 완전 금지가 지나친 경우도 있고 완전 금지 외에는 방법이 없는 경우도 있다.

두 번째, 동일한 상황에서는 동일한 방법으로 실시되어야 하고 어느 나라, 어느 지역의 제품이라든가 어떤 생산과정을 통해 만들어졌다는 이유로 자의적 판단이 개입되어서는 안 된다(무차별성).

세 번째, 기존에 취해진 동일한 조치와 일관된 형태로 행해져야 한다(일관성).

네 번째, 장기와 단기의 두 관점에서 어떤 조치를 행하는 경우와 행하지 않을 경우에 대한 비용편익의 검토가 실시되어야 한다(비용편익의 검토). 그렇지만 동시에 어떤 조치에 대한 시비를 오로지 경제적인 비용편익 분석으로만 환원해서는 안 된다. 가능하고 또 적절하다고 간주될 경우 조치의 시비를 둘러싼 의론에 비용편익 분석이 포함되는 것은 바람직하지만 동시에 (그 의론에) 좀 더 광범하고 다양한 비경제적인 고려 또한 포함되어야 한다. 그리고 다른 선택지의 효과나 채택 가능성도 고려해야 하는데, 가령 일반 사람들이 환경이나 건강 등의 이익을 보호하기 위해 자진해서 높은 대가를 지불하고 있다면 그쪽을 우선해야 한다(『보고서』는 '위원회는 유럽 사법재판소의 판례를 존중하여 공중위생의 보호와 관련된 요구들은 경제적 고려보다 더 중요하다는 것을 확인한다'는 문언을 여기에 추가했다).

다섯 번째, 이러한 조치는 과학적 데이터가 불확정적이고 부적절하고 부정확하므로 해당 리스크가 상당히 크다고 여겨지는 한에서, 조치가 유지되어야 한다. 그렇다고 해서 과학적 지식의 진전에 따라 조치를 재검토할 가능성을 반드시 배제하는 것은 아니다(과학적 발전의 검토).

여섯 번째, EU와 그 가맹국들은 이미 약품, 농약, 식품첨가물 같은 특정 제품들에 대해서는 판매 전 사전승인positive list의 절차를 시행하고 있으며, 이것은 과학적인 입증책임을 전환하는 하나의 방법에 해당된다. 그러나 그러한 사전승인이 기능하는 것은 선험적으로a priori 유해하다고 간주된 물질 또는 일정 수준을 섭취하면 유해한 것으로 인정된 물질들에 한정된다. 사전승인의 절차가 존재하지 않는 영역에서는 일반 개인이나 소비자 단체, 또는 공적 기관 등이 제품이나 과정의 위험성을 입증하게 되는데, 예방=사전배려의 원칙하에 행해지는 조치 중에는 입증책임을 생산업자나 수입업자에게 전환하는 것이 포함된다. 다만 그러한 의무를 체계적으로 일반원칙화하기는 어려운 만큼 개별적인 검토를 요한다(입증책임의 전환).

예방=사전배려의 원칙이 이와 같은 방식으로 운용된다고 한다면, 우리는 거기에서 무엇을 이끌어낼 수 있을까?

우선 첫 번째로, 예방=사전배려의 원칙은 원인과 결과의 인과관계나 양자 간 통계 데이터에 기초한 확률이나 기대치를 도출할 수 없는 종류의 잠재적 리스크에 대해서만 적용된다. 인과관계가 명백하거나 통계에 의거해 도출된 리스크값을 신뢰할 수 있는 경우에는 기존의 미연 방지형 접근을 택하면 되기 때문이다. 『보고서』는 유해물질에 관한 동물실험을 비롯한 정량적·정질적定質的 조사도 장려하고 있지만 우리가 오늘날 직면하는 '새로운 리스크'에서는 손해 원인으로 상정되는 것과 결과 발생 사이에 상당히 큰 시간의 차이가 존재하기 때문에, 실험실에서의 데이터에 기초한 미연 방지는 대단히 어렵다는 현실을 함께 직시해야 한다.

두 번째는 손해의 규모나 성질에 대한 것이다. 예방=사전배려의 원칙이 적용되는 것은 개인 또는 비교적 소수가 피해자였던 기존의 리스크와는 달리 한번 현실화할 경우 한 사회 전체 또는 지구 전체에 파멸과 손해를 가져올 수 있는 리스크들이다. 현 세대에는 피해가 나타나지 않다가 미래 세대가 되어 비로소 나타날 리스크, 또는 금전적 배상이나 사후적 시책으로 복구가 불가능한 리스크도 여기에 포함된다. 「불법행위법」에 의한 개별적 보상이든 사회보장제도 등에 의한 공적 구제이든, 사후적·금전적 보상의 사고방식은 이 새로운 리스크가 만들어내는 손해의 규모와 성질에 어울리지 않는다. 예방=사전배려의 원칙에 의한 조치가 위험성 검사나 정보개시開示에 머물지 않고, 최악의 상황이 상정되는 경우 제품의 유통 또는 사업 그 자체의 중단까지 불사하는 것은 그 때문이다.

세 번째로 예방=사전배려의 원칙이라는 발상의 배경에는 리스크를 취하는 행위를 둘러싼 비용 대비 효과의 의미 전환이 있다. 일찍이 산재나 교통사고의 리스크가 문제되던 때는 기본적으로 비용편익 분석에 기초하여 문제 해결을 도모할 수 있었다. 예를 들어 공장 조업의 가부에 관한 결정은 단순하게 말하면, 공장 운영에 의한 이익과 산재 보상금 등의 손실을 저울에 올려놓아 이익이 많으면 조업을 계속하고 손실이 많으면 조업 정지를 결정했다. 또 자동차 등 위험한 탈것의 경우 사회가 그것을 허용할 것인가 말 것인가는 그것으로 얻을 수 있는 이익과 편리와 사고나 소음 등으로 인한 손실을 비교하여 결정했다. 그러나 그에 비해 예방=사전배려의 원칙의 의사결정의 단계에서는 손실이 어디까지 확산될 것인지 알 수 없거나 계산이 불가능한 종류의 리스크를 대상으로 한다.

예를 들어 원자력발전소나 관련 시설의 조업 또는 식품첨가물의 시비가 문제가 되는 경우처럼 전문가들이 실험실 데이터에 기초하여 산출하는 리스크값은 대단히 작고 이익 쪽이 아주 크다고 제시되었더라도, 일반인들은 비용편익 분석의 결과보다 만에 하나를 생각하여 극히 작은 리스크에 더 민감하게 반응하는 경우를 자주 볼 수 있다. 예전 같으면 "일반인들에게는 전문적 지식이 결여되어 있기 때문에 그들의 리스크 인지에는 편향bias이 존재한다"고 지적한 다음 일반인과 전문가들로 구성된 리스크 커뮤니케이션을 조직할 필요가 있다고 선언하면 그것으로 족했다. 확실히 최근의 행동경제학이나 리스크심리학이 지적하고 있듯이, 리스크 인지에는 일반적으로 일정한 편향이 존재한다. 그러나 그와 동시에 리스크의 질이 근저에서부터 변했기 때문에 예전 같으면 합리적인 리스크 테이킹이라고 생각되던 행동이라도 이제는 합리적이라고 간주할 수 없는 경우도 있다는 것을 직시해야 한다. 원인으로 상정되는 물질 혹은 과정과 결과 간에 상당한 시간적 차이가 존재한다는 것, 파급효과의 범위를 어디까지로 할 것인가를 확정하기 어렵다는 것, 그리고 실험실이라는 특수한 조건하에서 산정된 수치에는 원리상의 불확실성이 따라붙기 마련이라는 것 등을 진지하게 고려한다면, 그러한 수치들에 기초한 비용편익 분석의 결과를 맹목적으로 신뢰하는 것이 반드시 합리적이지는 않음을 알 수 있다. 『보고서』가 「비용편익의 검토」 항에 '비非경제적 이익'에 대한 고려의 필요성을 삽입한 이유도 단기적인 '합리적 선택rational choice'을 뛰어넘은, 일반인들의 장기적인 '도리성reasonableness'을 가정한 때문이 아닐까.

네 번째는 전문가의 역할 변화와 결정 참가자의 확대이다. 이미 검토했듯이 이전에는 전문가들이 인과관계나 통계학적 확률의 해명을 통해 사업·제품·실천이 가져올 결과를 보장해주며 사실상 그들이 각종 시책의 결정권자의 역할을 했다. 그러나 예방=사전배려의 원칙이 대상으로 하는 새로운 리스크들은 전문가들에게도 감당하기 어려운 과업일 것이다. 만약 전문적인 지식이 있는데도 이러한 리스크들이 어떤 결과를 가져올 것인가를 예견하는 것이 원리상 곤란하다고 한다면, 그 결정권한은 해당 잠재적 리스크의 영향을 받을 가능성이 있는 모든 관계자stakeholders에게로 확대되어 할 것이다. 그리하여 국가나 국제사회 차원에서부터 지방공공단체나 주민활동의 마이크로 정치에 이르는 다양한 수준에서 숙의민주주의deliberative democracy가 널리 활성화될 필요가 생기는 것이다. 다만 이를 위해서는 숙의나 결정의 전제로서, 잠재적인 리스크에 노출되어 있는 다양한 관계자가 결정 과정에 원활히 참여할 수 있는 제도적·절차적 조건이 정비되어야 하며, 설사 본질적으로 불확실성을 지닌 것들이라고 해도 입수할 수 있는 모든 정보를 개시하고 공유하는 시스템을 갖추는 것 등이 선결되어야 할 것이다.

다섯 번째로 예방=사전배려의 원칙은 입증책임의 전환이라는 흐름을 더욱 강화시키고 있다. 전통적인 「불법행위법」처럼 과실책임의 원리가 지배하는 영역에서는 위해가 현실적으로 가해진 이후에 피해자 측이 과실 유무의 입증을 담당해야 했다. 그러나 이미 논했듯이 산재나 제조물 책임 등 무과실책임과 보험 원리가 기능하는 영역에서의 입증책임은, 리스크의 유무나 그 정도에 대해 가장 풍부한 정보를 가지고 있으며 사고를 미연에 방지할 수 있는 입장에 서 있는 사용자나 생산자 측으로 이동했다. 그리고 더 나아가 예방=사전배려의 원칙이 지배하는 영역에서는, 사업을 한다거나 약품이나 식품 등을 시장에 유통시키는 사람에게 사전에 그 잠재적 리스크가 허용 가능한 정도라는 것을 증명할 의무가 부과된다. 다만 사업자나 생산자 측도 잠재적 리스크의 정도나 성질에 대해서는 불확실한 지식만을 지니고 있다는 점에서 여타 관계자와 다를 바 없는 이상, 우리는 과거의 무과실책임의 시대처럼 단지 리스크의 현실화를 막기 위한 인센티브 제공만을 기대해서는 안 된다. 여기에 더해 사업이나 제품에 관한 모든 정보를 개시할 의무를 부과함으로써 그러한 리스크에 관여할 수밖에 없는 다양한 사람들이 리스크 테이킹 여부를 스스로 결정할 수 있는 전제조건을 제공해야 하는 것이다. 우리는 또한 그러한 입증책임의 전환에 따라 앞으로 '금지청구'가 늘어날 것을 예상할 수 있다.

6. 리스크법의 현재와 미래

이 장에서는 인식과 행위의 상관성, 특히 행위 결과의 예견가능성이 법적 책임을 바라보는 방식에 어떤 영향을 가져왔는가에 초점을 맞추어 법과 리스크의 관계에 대해 검토했다. 그리고 이를 통해 ① 인과관계의 파악과 과실책임, ② 통계 데이터에 기초한 리스크 계산과 무과실책임, ③ '리스크 사회'에서의 예측 불가능한 리스크와 예방=사전배려의 원칙과 같은 방식으로, 법적 책임을 세 개의 층으로 나누어볼 수 있었다. "사고의 책임을 누가 져야 하는가?" 하는 물음을 중심으로 하는 민사책임에 관한 이 같은 큰 흐름을 좀 더 넓은 문맥에서 바라본다면, 이것은 개인이나 기업 등의 행위를 그저 사적私的인 일로 인식하던 시대로부터 그 파급효과의 심대성 때문에 공공적인 의미를 지닐 수밖에 없게 된 시대로의 추이에 대응하는 것으로 볼 수 있다. 그렇다면 이제 개인이나 기업이 취해야 할 태도는, 각자의 행위에서 "상당히 주의를 기울였는가?" 또는 "미연 방지를 위해 충분한 조치를 취했는가?"를 묻는 데 그쳐서는 안 되고, 충분히 개시된 정보를 바탕으로 한 관계자들 간의 숙의를 포함하여 "예방=사전배려를 위해 가능한 절차를 확실하게 밟았는가?"를 묻는 데까지 나아가야 한다. 그리고 현재 그러한 방향으로 나아가는 추세다.

마지막으로, 앞으로의 검토 과제로 남겨놓은 몇 가지 논점에 대해 언급하려고 한다.

첫 번째는 과실책임, 무과실책임, 예방=사전배려의 원칙들의 상호 관계에 대한 것이다. 이 장에서는 편의상 역사적 출현 순서로 설명을 시도했으나 그렇다고 옛것이 새로운 것에 의해 극복되거나 폐기되는 그런 관계를 의미하는 것은 아니다. 단층斷層의 표면에 서로 다른 복수의 시대층時代層이 노출되어 있는 것처럼, 이 세 가지 책임원리는 오늘날에도 서로 공존하면서 각각 중요한 역할을 수행하고 있다. 예를 들어 최근 심각한 사회문제가 되어 있는 산부인과나 소아과 의사 부족 현상을 해소하기 위해서는 먼저 신뢰할 수 있는 통계 데이터를 정비하고 오진 리스크를 커버하는 무과실책임보험제도를 확립하는 것이 하나의 현실적 대책이 될 수 있을 것이다.

나아가 이들 세 원리는 서로 영향을 주고받으며 각자의 구체적인 존재 방식을 바꿔가는 중이라고도 말할 수 있다. 예를 들어 무과실책임 원리를 만들어낸 동일한 사회변화에 의해 ('손해를 초래한 본인이 실제로 결과를 예견할 수 있었는가'가 아니라 '표준적인 사람이라면 예견할 수 있었는가'라는 객관화된 규준에 의거하여 과실 유무를 판단하는 것 같은) '과실책임의 객관화'라고 부르는 현상과, 개인·기업·행정기관이 마땅히 취해야 할 조치를 취하지 않고 아무것도 하지 않는 것의 과실을 묻는 무작위 과실책임의 강화 같은 형태로 과실책임 그 자체의 내실도 변화하고 있으며, 피해자 구제 면에서는 무과실책임과 기능적으로 거의 동일한 효과를 만들어내고 있다(橋本, 2006). 또한 이러한 문제를 생각할 때 민간보험회사가 제공하는 제3자책임보험의 보급 같은 기술적 요소를 함께 고려해야 한다. 예를 들어 유전자 정보와 질병 리스크의 관계가 더 많이 밝혀진다면 리스크 세분형 보험이 더 많이 보급될 것이고 그로써 민사책임을 파악하는 방식도 크게 영향을 받을 것이라는 가정을 할 수 있다. 더 나아가 예방=사전배려 원칙의 현재 운용 상황은 — 유럽재판소의 판례들(예를 들어 2002년 9월 11일의 「화이자 애니멀헬스 사社 대 EU이사회」 사건이나 같은 날 「알파머 사社 대 EU이사회」 사건 등)에서 볼 수 있듯이 — 약품이나 식품의 인허가에 관한 사례가 중심을 이루고 있지만, 앞으로 이 원칙이 다양한 영역에 침투해 들어간다면 금지청구에 대한 위치부여를 비롯해 법적 책임의 전체적 편성에 커다란 변용을 초래할 것으로 예상된다. 이미 일본에서도 새집증후군 등 화학물질 과민증과 민사상 과실책임과의 관련성을 추궁하면서 예방=사전배려 원칙의 중요성을 지적하는 새로운 연구가 나타나고 있다(潮見, 2007).

두 번째는 이 장의 고찰 대상에서 굳이 제외한 「형사법」과 리스크의 관련성에 대한 것이다. 근대 형법은 민사상 과실책임과 마찬가지로 인과관계 파악과 자유의사의 행사라는 '인식과 행위의 연관'을 기초로 하고, 그런 이유로 책임능력이나 '범의犯意, mens rea'의 유무 등이 처벌하느냐 마느냐를 둘러싼 중요한 논점이 되어 있다. 오늘날 큰 논쟁을 일으키고 있는 심신상실心神喪失이나 심신모약心神耗弱 소년의 형사책임능력 및 법을 저촉한 정신장애인을 둘러싼 의론들도 우선 이런 문맥에서 파악할 필요가 있다. 그러나 이러한 근대 형법의 기본사상과 병행하여, (통계에 의거한 리스크 관리와 동일한 발상에 입각한) '사회문제'로서의 범죄나 '리스크'로서 범죄자로부터 사회를 방위하는 것, 이에 더해 범죄자의 신체와 내면의 쌍방을 대상으로 교정矯正 내지 훈육을 실시하는 것 같은, 19세기 이래의 형사정책적인 발상들이 이제는 사회 구석구석에 침투해 있다는 것도 간과할 수 없다(Foucault, 1975). 다만 '리스크사회'를 그 연장선상에 있는 것으로 보고 (여러 가지 자유의 침해와 연결되는) 첨단 감시 기술에 대한 안이한 의존이나 안전 확보의 이름으로 행해지는 예방구금preventive detention 같은 것들을 예방=사전배려 원칙과 마찬가지의 발상이라고 정당화해 버린다면 이는 리스크사회를 지나치게 단순화하는 것이다. 왜냐하면 환경이나 생명 보호를 위해 어쩔 수 없이 경제활동이나 연구에 일정한 제약을 가하는 예방=사전배려의 원칙과 안전이라는 이름하에 적정 절차를 밟지 않고 신체를 구속하거나 불가양不

可讓의 개인적 자유에 큰 제약을 가하는 사회 관리 수법들을 동일 선상에 놓고 논하는 것은 대저 원리상의 곤란을 내포하고 있기 때문이다(말할 것도 없이 이것은 복수의 자유의 우선순위라든지 '인간의 존엄성'을 둘러싼 법철학적 의론과 관련된 논점들이지만 여기서는 더 이상 파고들지 않는다).

세 번째는 현재의 국제정치와 관련된다. 「예방=사전배려 원칙」의 발상을 이라크 전쟁 같은 '예방전쟁preventive war'과 결부시켜 논하는 것을 종종 듣는데, 이는 논외로 해야 할 것이다. 일본에서는 역어譯語로 'prevention'과 'precaution'의 차이가 명확하게 구분되지 않고, 또 통일적인 역어도 존재하지 않는 것이 사태를 더 복잡하게 하고 있는데, 실제로 양자의 의미상 차이가 어느 정도 명확한 유럽과는 대조적으로 미국 등의 영어권에서도 양자의 개념상의 차이는 그다지 명확하게 의식되지는 않는다. 'prevention'과 'precaution' 혹은 미연 방지, 예방, 사전배려 같은 말의 개념 혼란으로 글로벌화된 관리국가管理國家의 디스토피아를 불러들이는 구실이 되지 않도록, 법 제도와 실천은 그 밖의 여러 사회과학이나 자연과학과의 협력 아래, 그러한 개념의 사상적 내실을 명확히 하여, 누구든 공통의 언어로 논쟁할 수 있는 조건을 먼저 갖추어야 한다.

참고문헌

浦川道太郎. 1985.「無過失損害賠償責任」. 星野英一 編.『民法講座6事務管理·不當利得·不法行爲』. 有斐閣.

大塚直. 2006.『環境法 第2版』. 有斐閣.

潮見佳男. 2007.「化學物質過敏症と民事過失」. 棚瀨孝雄 編.『市民社會と責任』. 有斐閣.

中山竜一. 1995.「保險社會の誕生: フーコー的視座から見た福祉國家と社會的正義」.『法哲學年報』. 有斐閣.

________. 2004.「リスク社會における法と自己決定」. 田中成明 編.『現代法の展望: 自己決定の諸相』. 有斐閣.

橋本佳幸. 2006.『責任法の多元的構造: 不作爲不法行爲·危險責任をめぐって』. 有斐閣.

山口節郎. 2003.『現代社會のゆらぎとリスク』. 新曜社.

Bartrip, P. W. J. 1987. *Workmen's Compensation in Twentieth Century Britain*. Avebury.

Beck, Ulrich. 1986. *Riskogesellschaft: Auf dem Weg in eine andere Moderne*. Suhrkamp Verlag.

________. 1994. "The Reinvention of Politics: Toward a Theory of Reflexive Modernization". in Ulrich Beck·Anthony Giddens·Scott Lash, *Reflexive Modernization: Politics, Tradition and Aesthetics in the Modern Social Order*. Polity Press.

________. 1998. "Politics of Risk Society". in James Franklin(ed.). *The Politics of Risk Society*. Polity Press.

Commission of the European Communities. 2000. *Communication from the Commis* sion on the Precautionary Principle. COM(2001)1 final.

Ewald, François. 1986. *L'Etat providence*. Editions Grasset & Fasquelle.

________. 1991. "Insurance and Risk". in G. Burchell·C. Gordon·P. Miller(eds.). *The Foucault Effect: Studies in Governmentality*. The University of Chicago Press.

Ewald, François, Christian Gollier and Nicolas de Sadeleer. 2001. *Le pricipe de pré caution*. resses Universitaires de France.

Foucault, Michel. 1975. *Surveiller et punir*. Editions Gallimard.

Giddens, Anthony. 1999. "Risk and Responsibility". *The Modern Law Review*, vol. 62, No. 1.

Hacking, Ian. 1990. *The Taming of Chance*. Cambridge University Press.

Koyrė, Alexandre. 1957. *From the Closed World to the Infinite Universe*, Johns Hopkins University Press.

Krüger, Lorenz·Lorraine Daston·Michael Heidelberger(eds.). 1987. *The Probabilistic Revolution*, vol. 1. MIT Press.

Stapleton, Jane. 1994. *Product Liability*. Butterworths.

Sunstein, Cass R. 2002. *Risk and Reason: Safety, Law and the Environment*. Cambridge University Press.

________. 2005. *Laws of Fear: Beyond the Precautionary Principle*. Cambridge University Press.

Virilio, Paul. 2005. *L'accident originel*, Galilee.

Zweigert, Konrad·Hein Kötz. 1998. *Introduction to Comparative Law*(third revised edition). Oxford University Press.

제3장

리스크와 복지사회

히로이 요시노리広井良典

이 장에서는 리스크와 복지사회를 중심 테마로 하면서, 우선 '리스크와 사회보장'이란 주제에 대하여 기본적인 개념 정리를 하고(제1절), 이어서 '리스크와 커뮤니케이션'이란 주제를 사회적 자본과의 관계 등에 입각하여 논한다(제2절). 마지막으로 「리스크와 복지사회」의 테마를 축으로 리스크를 둘러싼 역사적 동태와 앞으로의 전망에 대해 생각해본다(제3절). 리스크라는 테마는 학제적學際的 성격을 띠고 있기 때문에, 제1절에서는 주로 경제학적 및 철학적 관점이, 제2절에서는 정치학적·사회학적 및 생물학적인 관점이, 제3절에서는 그것들을 총괄하는 시점이 포함될 것이다.

1. 리스크와 사회보장

1) 사회보장의 의미

'사회보장'이란 'social security'를 번역한 것인데, 'security'의 어원은 라틴어 'se(=without)', 'cure(=care)'에서 유래한 말로 '케어care'가 없는 것을 의미한다. 다만 여기서의 '케어'는 돌봄, 배려의 뜻이 아니라 근심, 걱정, 고민의 의미다. 따라서 'security'란 근심이나 걱정이 없는 것을 의미한다 [広井, 1999, '케어'라는 말의 뜻이 시대에 따라 달라진 경위에 대해서는 広井 (2000) 참조].

이렇게 보면 사회보장은 '사회적인 차원에서 근심이나 걱정이 없는 상태'를 실현하기 위한 제도를 뜻하게 되어 '리스크'와 불가분의 관계에 있음을 알 수 있다. 다시 말해 사회적 차원에서 여러 가지 리스크에 대비하기 위한 주요 장치 중 하나가 사회보장인 것이다.

조금 더 일반화해서 여러 가지 사회적 리스크에 대응을 단순화해보면 크게 ① 개인 또는 시장을 통한 대응, ② 정부(내지 공적 부문)를 통한 대응, ③ 가족이나 커뮤니티를 통한 대응 세 가지 방법이 있다.

이렇게 나눌 경우 ①에는 민간 의료보험이나 개인연금 등 '민간보험'을 통한 대응이 포함된다. 또한 뒤에서도 논하겠지만 ③에는 가족이나 공동체 같은 '전통적' 혹은 자연발생적 성격의 것과 NPO 등과 같은 자발적 성격의 것 두 가지가 우선 포함된다.

이 세 가지는 각각 사회보장 등의 문맥에서 흔히 사용되는 '자조自助', '공조公助', '공조共助'의 용어와 개념에 대응한다. 그리고 사회적 리스크에 대한 대응에서 이 ①~③의 삼자의 역할분담 방식을 어떻게 볼 것인가 또는 어느 쪽에 우선순위를 부여할 것인가 하는 것이 사회보장, 복지국가/복지

사회론의 중심 테마를 이룬다고 말할 수 있다. 더 나아가 사회적 리스크에 대한 대응에서 이 세 가지 중 어느 쪽을 중시하는지는 국가에 따라 또는 지역에 따라 상당히 다른데, 그것이 (예를 들면 요스타 에스핑-앤더슨에게 볼 수 있듯이) 「비교복지국가론」의 기본 좌표축을 형성하기도 한다(에스핑-앤더슨, 2000 등).

이상의 의론은 말하자면 '정태적'인 것이었지만, 사회적 리스크에 대한 대응이라는 주제가 형성된 과정이나 그에 관한 역할분담을 어떻게 할 것인가 같은 문제 설정은 '농업 중심의 전통 사회에서 시장화·산업화를 통한 경제의 급격한 성장과 확대의 시대를 거쳐, 포스트산업화 또는 성숙화 사회로'라고 하는 경제사회의 동태적 진화와 불가분의 관계에 있다. 이 점에 대해서는 이 장 제3절에서 다시 논할 것이다.

2) '리스크의 분산'과 '소득재분배'

지금까지는 다양한 사회적 리스크의 대응에 관한 주요한 장치로서의 사회보장에 대해 의론을 진행했는데, 일반적으로 사회보장제도의 기본적인 기능은 ① 리스크의 분산, ② 소득재분배 두 가지다. 확인하는 뜻에서 기술하자면 여기서 '리스크의 분산'이란 '리스크'를 '불확실한(=예측 곤란한) 위험'이라고 하는 통상적인 의미로 이해하고, 그러한 불확실한 위험을 복수의 개인 간에 분산하기 위해 집단적·집합적으로 대응하는 것이며, 실질적으로는 이를 '보험'으로 바꿔 말할 수 있다. 이 경우 리스크의 분산으로서의 '보험'이라는 장치는 합리적 주체인 개인이 불확실성에 대처하기 위해 맺는 계약이며, 그 자체는 순수하게 '이기적'인 동기(사리 추구에 기초하는 합리적인 동기)에서 나온 것 — 바꿔 말하면 '시장경제' 안에서 생겨나는 것 — 으로 거기에 이타적인 요소가 들어 있는 것은 아니다.

역사적으로 보면 이와 같은 리스크 분산을 위한 장치가 본격적으로 전개된 것은 근대 이후의 일이고, 구체적으로는 해상보험(15세기 전후, 이탈리아의 상업도시), 화재보험(1666년, 영국), 생명보험(1762년, 영국)의 형태로 생성되고 전개되었다. 다시 말해 농업을 기반으로 하는 전통적인 공동체의 틀이나 질서를 뛰어넘는 독립적인 개인이 자유로운(=리스크 테이킹 하는) 경제 활동에 나서는 과정에서 생겨난 것이 '보험(=리스크의 분산)'이라는 시스템이었으며, 그런 의미에서 '리스크'라는 개념의 (포스트 근대 이전의) '근대성', 혹은 시장경제라는 시스템과의 표리일체성을 나타낸다고 말할 수 있다. 결국 '보험'이란 시장경제 시스템 또는 리스크의 근대성近代性과 표리일체의 관계에 있다고 말할 수 있다.

그런데 지금 리스크를 분산하는 역할로서의 보험이 시장경제에서 생성되었다는 이야기를 했는데, 이는 말할 필요도 없이 민간보험에 대한 이야기이고 사회보장의 일부를 이루는 사회보험은 이 틀에 포함되지 않는다. 다소 교과서적인 이야기이지만, 민간보험과 사회보험의 기본적으로 다른 점은 다음의 두 가지이다.

민간보험은 ① 가입이 임의이고, ② 보험료 설정이 급부·반대급부 균등의 원칙을 따르며(개인의 리스크 정도에 따른 보험료 설정), 사회보험은 ① 가입이 강제이고, ② 보험료 설정은 평균보험료 방식을 따른다(보험료를 사회 전체적으로 평준화하여 설정).

그렇다면 왜, 혹은 어떤 경우에 민간보험이 아닌 사회보험이 필요하게 되는 것일까? 바꿔 말하면, '리스크의 분산'은 어떤 경우에 시장경제에 맡기는 것이 가능하고 어떤 경우에는 공적 제도에 의해 사회보험을 처리해야 할까?

이 주제는 어떤 의미에서 오래되고도 새로운 이야기라 할 수 있는데, 여기서 이 주제를 깊이 파고들지는 않겠지만 근년의 경제학적 문맥에서 보면

'특히 정보의 불완전성 내지 비대칭성에서 유래하는 시장의 실패(특히 보험 시장에서의 역선택)를 회피하기 위해 사회보험의 방식이 요구된다'는 것이 일반적인 이해다(Barr·Whynes, 1993). 다시 말해 시장경제란 원래 개인에게 그가 필요로 하는 정보를 완전히 파악할 수 있다는 전제 위에 있으나 실제 사회에서는 그런 정보의 완전성이나 대칭성이 제대로 작동하지 않는 경우가 다양하게 존재한다(시장실패). 그것을 시정하기 위해서는 정부가 개입해야 하는 필요성이 생기고, 그 한 형태가 '사회보험'인 것이다. 덧붙인다면 보험시장에서의 역선택이란, 보험회사가 각 개인의 리스크(예를 들면 어떤 개인에게 병이 생길 리스크나 그 경우 소요되는 의료비의 규모)를 완전하게 파악할 수가 없기 때문에 결국 리스크가 비교적 작은 개인은 보험계약에서 이탈하게 되며 결과적으로 보험시장이 잘 돌아가지 않게 되는 사태를 가리키는 말이다.

앞에서 사회보장에는 '리스크의 분산'과 '소득재분배'의 두 가지 기능이 있다고 했는데 지금까지의 의론에 입각하여 그 기능을 좀 더 정확하게 다시 정리한다면 사회보장은 효율성의 관점에서 사회보험(=리스크 분산 가운데 시장에 맡기는 것이 곤란한 것), 공평성의 관점에서 소득재분배의 두 가지로 구성된다고 이해할 수 있다. 여기서 '효율성의 관점에서'라는 말이 붙은 것은, 앞에서 이야기했듯이 사회보험이라는 틀에 의한 공적 대응은 '시장의 실패'를 시정하여 시장 본래의 기능(=효율성)을 실현하는 데 그 취지가 있기 때문이다. 다시 말하면 사회보험을 포함한 사회보장 시스템에는 공평성뿐만 아니라 효율성에 기여하는 측면도 있는 것이다(이상의 논점에 대해서는, 広井, 1999 참조).

그와 동시에 ― 의론이 다소 흐트러지는 이야기지만 ― 사회보험이라고 하는 시스템은 앞에서 사회보험의 두 번째 특질로 지적한 보험료 설정방식(평균보험료 방식)과 연관하여 그 안에 '소득재분배'(공평성 관점에서의 대응)

의 기능까지를 겸하고 있다. 예를 들면 공적 의료보험의 경우 '병의 발병 가능성이 높은 이러한 리스크에 따른 (높은) 보험료를 지불하는 것이 아니라 발병에 따른 리스크와 무관하게 평균화된 보험료를 지불한다'는 점에서 실질적으로 '건강한 사람으로부터 병이 나기 쉬운 사람에게 소득을 재분배하는' 요소를 안고 있는 것이다.

이상의 의론으로부터 우리는 '리스크의 분산'과 '소득재분배'라는 두 가지가 좌표축(또는 시간좌표)의 설정 여하에 따라 실은 '연속적'이라는 것을 알게 된다. 그리고 이 문제는 본래 '리스크'란 무엇인가 하는 근본적인 주제와 연결되는 요소를 내포하고 있다. 이에 대해 좀 더 생각해보자.

3) 롤스의 의론과 '리스크'

여기서 다소 의외일 수 있으나, 이상의 의론과 크게 관련해 떠오르는 것이 정치철학자 존 롤스John Rawls의 의론이다.

이 의론에 필요한 수준에서 짚어본다면, 롤스는 주저 『정의론』에서 정의의 두 가지 원리를 이야기한다. 제1원리는 '개개인은 기본적 자유에 관한 평등한 권리를 가져야 한다'고 하는 자유권 보장에 관한 것이다. 사회보장을 둘러싼 우리의 논의에 좀 더 직접적으로 관계되는 것은 제2원리인데 그 요점은 '사회에서 가장 불우한 사람들에게 최대의 편익이 되도록' 자원배분의 시정이 이루어져야 한다는 것으로, '격차 원리' 또는 '맥시민Maximin 원리'라고 한다.

롤스는 이러한 정의의 두 가지 원리를 (잘 알려져 있는) 다음과 같은 원초상태original position에서의 사회계약이라는 가정적인 추론으로부터 이끌어냈다. 즉, 복수의 (이기적이면서 합리적인) 개인이 존재하고, 지금부터 그들이 구성하는 사회의 규칙이나 규범을 합의에 의해 결정하려고 하는 상황을 상정한다. 다만 지금 생각하려 하는 정의의 원리는 보편적이어야 하기 때문에 다음과 같은 기본적인 가정을 설정한다. 그것은 원초상태에서 각 개인은 자신의 속성(건강한가 병약한가, 남성인가 여성인가, 부유한가 가난한가 등)에 대한 정보가 전혀 없다는 가정으로, 이것이 바로 '무지無知의 베일'의 가정이다. 그리고 그러한 '원초상태에서 무지의 베일 아래에서 이루어진 사회계약'으로 도출되는 것이 앞서 기술한 '정의의 제2원리'이다. 이상이 롤스 의론의 기본 골격이다.

이 논리 자체는 대단히 명쾌하기 때문에 보충 설명은 필요하지 않겠지만 여기에서 '무지의 베일'이라는 가정이 의론에서 가장 중요한 핵심임은 말할 필요도 없을 것이다. 각 개인 자신의 속성을 알지 못하고 또한 각자는 '이기적이면서 합리적'인 주체다. 그리고 그 '이기성' 때문에 특정 속성(예를 들어 병약하다든가 장애를 지니고 있다든가)을 지닌 개인이 그로써 차별을 받을 가능성이 있는 제도들은 (자신도 그런 존재일 수 있기 때문에) 사회의 규칙로 선택하지 않는다. '사회에서 가장 불우한 사람들에게 최대의 편익이 되도록' 자원을 재분배한다고 하는 앞서 언급한 '격차 원리' 또는 '맥시민 원리'는 이를 바탕으로 도출되는 것이다.

그런데 자신의 속성이 어떠할지 전혀 알지 못하는 '무지의 베일' 아래서는 개인에게, 말하자면 '모든 것이 리스크 문제'가 될 수 있다. 예를 들어 자신도 어쩌면 '출생 시점부터 어떤 장애를 가진 개인'일지도 모르고 '열 살에 부모와 사별하여 생활고에 빠진 개인'일지도 모른다. 따라서 롤스가 상정하는 '무지의 베일' 아래서의 사회계약에서는 사람들이 출생 시점부터 어떤 사고나 장애 등에 대해 상응한 보장이 마련되는 제도를 선택할 것이다. 이것을 대변하는 가장 넓은 의미에서의 사회안전망safety net 시스템이 바로 사회보장제도이며, 또 역으로 사회보장제도는 이 같은 '무지의 베일' 아래 사회계약에서 사람들이 선택할 내용을 기반으로 만들어져야 한다.

시오노야 유이치塩野谷祐一는 이와 같은 롤스의 '무지의 베일' 이론을 원용하면서 사회보장의 존재이유를 설명하고 있는데, 그는 '롤스의 맥시민 원리는 기본적으로 보험 이론'이라고 지적하면서 사회보장제도에 대해 다음과 같이 논했다.

> 사람들은 자신이 불우한 처지에 놓이더라도 곤란하지 않도록 제도를 설계한다. …… 이것이 바로 보험의 원리다. 이렇게 보험의 원리를 기반으로 한 사회보장의 골격이 사회계약으로 합의된다. 이러한 사회보장의 이념은 부자의 자혜慈惠도 아니고 국가의 가부장주의paternalism도 아니다. 또한 개인들의 이타심 때문도 아니다. 사회보장제도는 …… 본질적으로 모든 자율적 개인이 어디까지나 자신의 이익을 위해 만들어낸 리스크 분산 제도인 것이다(塩野谷, 1997).

덧붙여 말하면, 영국의 경제학자 니콜라스 바Nicholas Barr도 롤스를 원용하면서 '복지국가란 롤스의 무지의 베일 아래서 각 개인이 자발적으로 맺는 보험계약으로 파악할 수 있다'고 논했고 또 '이 관점에서 보면 사회보험뿐만 아니라 사회부조도 하나의 보험으로 파악할 수 있다' '복지국가의 성격은 시간 지평time horizon의 선택 문제로 압축된다'고 말했는데(Barr, 1992), 이런 견해에 한해서 본다면 그와 시오노야는 공통된 인식에 서 있다고 할 수 있다.

앞에서 나는 사회보장의 기능으로 '리스크의 분산(보험)'과 '소득재분배' 두 가지를 구별하여 지적했다. 그렇지만 이상과 같은 '무지의 베일'의 가정하에서는 이 구별이 본질적인 의미를 가질 수 없게 된다. 즉, 우리의 통상적 이해로는 '자신에게 장래 일어날지 모르는 사고나 병에 대비하는 것'은 '리스크의 분산(보험)'이고 '출생 시부터 장애를 지니고 있는 사람에 대한 복지 시책'은 '소득재분배'라고 구분하고 있지만, '무지의 베일'의 가정하에서는 자신이 어떤 속성을 갖고 태어나는가를 포함하여 자신에 대한 모든 정보가 은폐되어 있기 때문에 그러한 구별이 의미를 상실하고 모든 것이 '리스크의 분산(보험)'의 문제가 되는 것이다. 시오노야는 사회보장제도는 궁극적으로는 모두 리스크 분산 제도라 했고, 바 또한 '사회보험뿐만 아니라 사회부조도 또 하나의 보험으로 파악할 수 있다'고 한 것은 모두 그러한 문맥에서의 말이다.

이런 의미에서 롤스가 상정한 원초상태에서의 사회계약은 이른바 태어나기 전에 개최한 회의 같은 것이고 시간축을 극한(태어나기 전)에까지 소급함으로써 '리스크' 개념을 무한대까지 확장한 것으로 이해할 수도 있다.

이처럼 시오노야나 바처럼 사회보장을 롤스적인 '무지의 베일하에서의 사회계약'으로 파악하고 또 근거를 부여하려 하는 관점은 ─ 지금까지 정면에서 논해진 적이 없었던 ─ 사회보장에 대한 원리적인 기초 부여와 관련하여 하나의 통일되고 새로운 전망을 보여주었다고 할 수 있다. 하지만 이를 충분히 인정한다는 것을 전제로 할 때, 나는 이 사회보장에 대한 기초 부여 논리에 어느 정도의 기본적인 의문이 있다. 이 의문은 크게 ① 현실적인 차원의 것과, ② 이론적인 차원의 것의 두 가지로 나뉘는데 여기서는 보다 더 본질적이고 중요하다고 생각되는 후자의 점에 대해 간결하게 술회해보겠다(상세한 것은 広井, 1999 참조).

4) 리스크·정보·시간

이상에서 정리한 것을 골자로 보면, 롤스의 논법은 합리적이면서 이기적인 개인으로부터 출발하고, 그들에게 '무지의 베일'을 덮어씌운 다음 그 상태에서 정의 내지 규범의 기준을 도출하려 했다. 이 경우 '무지의 베일'을 덮어씌운다는 것은 개인의 합리성·이기성의 요소를 유지시킨 채 말하자면

〈표 3-1〉 롤스의 '무지의 베일'의 원리

무지의 베일

합리적·이기적 개인 → 정의 내지 규범 (특히 맥시민 원리)

(=정보 제로)

(자신에 관한) 정보를 제로로 하는 것에 의해, 정의나 규범의 문제에 대한 통로를 열고자 한 것이다. 즉, 기본구도는 〈표 3-1〉과 같다.

아마도 롤스의 의론이 일부 경제학자들에게 일정한 설득력을 가질 수 있었던 것은 이렇듯 어디까지나 '합리적이고 이기적인 개인'으로부터 출발한다는 구도, 이에 더해 '정보'의 문제를 개재시켜 정의나 규범을 도출한다는 의론의 줄거리가 어떤 의미에서 시장경제학적인 (굳이 이야기하자면 '미국적인') 패러다임과 통하는 면이 있었기 때문일 것이다.

지금 '정보'의 문제라는 말을 했는데, 앞에서 조금 언급했듯이 '무지의 베일(=정보 제로)'을 씌운다는 것은, 모든 것을 리스크 문제로 한다는 것과 같은 말이다. 즉, 통상의 개인은 이미 자기 자신에 대한 것 가운데 일부는 리스크이고 일부는 리스크가 아니라는 것을 알고 있다. 예를 들면 어느 30대의 개인에게 '50대에 암에 걸리는 것'은 그 사람에게 리스크일 수 있으나 '태어날 때부터 장애를 지니고 있는 것'은 이미 리스크가 아니다. 그런데 '무지의 베일'을 씌워 모든 것을 리스크 문제로 치환한다는 것이 상기 롤스의 논법이다. 이것은 앞에서도 이야기했듯이 이른바 '시간축'을 극한(태어나기 전)까지 소급하는 것으로, 자신에 대한 모든 것이 불확실하다는 방향으로 리스크 개념을 극대화한 것이라 말할 수 있다. 그것은 '정보가 제로'라는 사실과도 겹쳐진다.

이와 같이 롤스는 의론의 구도에서 '합리적·이기적인 개인'으로부터 출발하여, 어디까지나 그러한 개인에게 내재하여 의론을 전개한다. 위에서 시간축을 극한에까지 소급한다는 표현을 사용했는데, 말하자면 롤스의 의론에서 개인은 '시간축을 뛰어넘을 수는 있으나 인칭축人稱軸을 뛰어넘지는 못하고 있다(=계속 개인의 내부에 머물러 있다)'고 표현할 수 있을지도 모른다. 요컨대 롤스의 의론에서는 (반드시 전면에 직접 등장하지는 않고 있지만) '리스크-정보-시간'이라는 컨셉이 중요한 도구 역할을 하고 있다.

나는 앞에서도 언급했듯이 이러한(무지의 베일을 사용한) 논법에 의해 정의나 규범에 근거를 부여하거나 (시오노야나 바와 같은) 사회보장제도에 기초를 부여하는 것에 대해 기본적으로 의문을 품고 있다. 결론만 말한다면 나는 규범이나 정의의 근거는 롤스처럼 (이기적·합리적인) 개인들에게 내재하면서 '무지의 베일'을 매개로 하여 도출할 수 있는 그런 것이 아니라, 개인을 뛰어넘는 지점에 서는 것을 통해 기초를 부여해야 하는 것이라고 생각한다. 앞에서 '시간축'과 '인칭축'을 이야기했는데 이 표현들을 사용해서 설명한다면, 롤스처럼 '인칭축에서는 개인(자기 자신) 속에 계속 머물러 있으면서 시간축을 뛰어넘는' 그런 방식에 의해서가 아니라 '인칭축 그 자체를 뛰어넘음' — (인칭적인) 초월성 — 에 의해, 비로소 규범이나 정의에 근거를 부여할 수 있다는 것이다.

요컨대 규범(정의)이란 "서로 다른 주체에 귀속하는 복수의 가치 혹은 욕구를 어떻게 조정하느냐?" 하는 것에서 발생하는 하나의 통제 원리인 만큼, 사적인 개인의 입장(또는 '인칭성의 축')을 초월하여 그에 대한 근거를 찾는, 말하자면 '적극적인 접근'이 필요한 것이 아닐까? 롤스의 의론은 '정보 제로'라는 조작을 통해 규범을 하나의 보험계약으로 환원하는 것인데, 이를 통해 복수의 (이기적인) 주체 간에 하나의 '공통된 이익(리스크에 대한 집단적 대응)'을 찾아내고 있다. 그러나 오히려 이것이 규범이 연관되어 있는 무대의 본질인 '주체의 복수성'을 회피해버리는 결과를 초래하는 것이 아닐까?

바꿔 말하면 롤스의 의론은 '이기적인 개인' 플러스 '정보 제로'라는 조건을 설정하여 사적인 가치利己를 철저히 추구하는 것의 연장선상에서 (마치 의론을 반전시키는 것처럼) 공적인 가치(규범)를 끌어들인다. 이는 예컨대 일단 시장을 전제해놓은 다음, 시장의 전제조건인 완전 정보라는 조건을 100% 전도시키고 발생하는 그러한 '시장의 실패'에 대하여 정부(공적 부문) 아닌 누가 개입할 수 있겠는가 하는 논리와 의론 구도가 동일하다. 앞에서 논한 것처럼 이 경우의 '시장의 실패'는 효율성의 관점에 따라 시정是正이 이루어지는 것인데 롤스의 정보 제로의 조건 아래서는 시장은 모두 실패할 수밖에 없으며 그 결과 극한에 가서는 효율성의 원리와 공평성의 원리가 서로 일치하게 된다. 필자는 이것이 롤스 의론의 본질적인 구도라고 생각한다.

그러나 그러한 의론 구조는 첫 번째로 전제가 '전적으로 이기적인 개인'이라는 점에서, 두 번째로 '보험계약으로서의 규범'을 이해할 때 결국 가치(내지 주체)의 복수성을 정면에 문제 삼는 일 없이 끝난다는 점에서 근본적인 의문이 있다. 공공의 가치(규범)라면 그런 식이 아니라 독립적이고 적극적인 근거가 있어야 한다. 그 기본이 되는 것은 '개인으로부터의 초월성(=인칭성의 축을 뛰어넘는 것)'이며, 이를 통해 비로소 복수複數의 욕구 내지 가치들에 대한 우선순위를 부여할 수 있는 것이다. 규범 또는 공공성의 본질은 이처럼 개인의 입장으로부터 벗어나는 것으로 찾아야 하는 것이 아닐까? 이는 '소득재분배'에는 '리스크의 분산'으로 환원될 수 없는 고유의 성격이 있다는 논점과도 겹쳐진다. 사회보장이나 복지국가를 둘러싼 많은 문제를 '리스크론'의 관점에서 논할 경우에는, 이러한 관점에서 리스크 개념의 한계를 부여할 필요가 있지 않을까 생각한다.

2. 리스크와 커뮤니티

1) 커뮤니티라는 관점

제1절에서는 리스크와 사회보장/복지국가와의 관계와 관련하여 ① 사회보장을 일단 '리스크 분산'과 '소득재분배'로 구분했고, ② '리스크 분산'을 민간보험과 사회보험으로 나누면서 사회보험이 필요한 근거를 (정보의 불완전성 내지 비대칭성에서 유래하는) '시장의 실패'에서 구하는 의론을 확인했으며(아울러 사회보험은 소득재분배의 요소도 포함하고 있다는 것을 확인했다), ③ 이를 전제로, 소득재분배를 리스크 분산으로 환원하는(바꿔 말하면 공평성을 효율성으로 환원하는) 주장에 대해 비판했다.

이를 종합한다면 모든 것을 합리적 개인이나 효율성에서 출발하여(게다가 거기에 정보 개념을 추가하여) 설명하려 하는, 이른바 일원론적인 입장에 대한 비판을 한 것이고, 소득재분배 또는 공평성(또는 공공성)이 지니고 있는 고유의 가치를 확인한 것이라 하겠다.

그러나 여기서 또 하나의 (이른바 제3의) 영역이 망각되고 있는 것이 아닐까? 결론부터 말하면 그것은 '커뮤니티' 또는 '공共'이라는 개념과 관련된 영역이다. 앞서 나는 이 장의 서두에서 '리스크에 대한 대응'과 관련하여 자조自助, 공조公助, 공조共助의 세 가지 가치 혹은 그 영역을 거론했는데, 지금까지 자조와 공조公助의 두 가지를 논했다면, 이번에는 공조共助의 가치에 관한 이야기다. 덧붙이자면, 여기서의 자조-공조共助-공조公助 세 영역은 칼 폴라니karl Polanyi가 (인간사회 내 경제적인 유대의 기본 이념형으로) 이야기하는 교환-호수互酬[1]-재분배에 각각 대응한다고 할 수 있을 것이다.

---

1 공동체 구성원들이 서로 주고받는 것. — 옮긴이 주

〈표 3-2〉 앵글로색슨형 보험과 알펜형 보험의 비교

	앵글로색슨형 보험	알펜형 보험
기본적 특질	선택, 경쟁	상호부조, 연대
제도의 기본 단위	개인	공동체
보험에의 가입	(개인의) 선택	자생적
보험료 책정	리스크에 비례	평준화
보험자의 규모	'규모의 경제'를 추구	소규모 운영

자료: 알베르(1992)에서 재인용.

생각해보면 제1절에서는 사회보험의 존재의의를 '시장의 실패'를 시정하기 위한 공적개입으로 이해하는 사고방식에 대해 서술했는데, 이것은 신고전파 경제학적인 틀 안에서의 이해방식이다. 한편 사회보험을 이와 다르게 이해하는 방식도 있는데 그것은 사회보험이란 한마디로 '공동체의 상호부조', 즉 공조共助라는 개념에 기초하여 설명하는 방식이다. 여기서는 이를 깊이 파고들지는 않겠지만, 이 주제는 미셸 알베르Michel Albert가 『자본주의 대對 자본주의』에서 논한 '앵글로색슨형型 보험 대 알펜형型 보험(또는 독일형 보험)'의 대비와 겹쳐진다(〈표 3-2〉, 그리고 이러한 의론에 대해서는, 広井, 1999 참조).

2) 리스크와 커뮤니티

이상과 같은 문제의식에 입각하여 '리스크와 커뮤니티'라는 주제에 대해 조금 더 생각해보기로 하자.

이 주제의 의미가 무엇인지를 설명하기 위해 먼저 구체적인 예를 들어보겠다. 2005년 12월 일본 도치기栃木 현 이마이치今市 시에서 여자 초등학생 살해 사건이 발생했는데, 시체가 시 인근 숲속에 유기되어 있었던 아주 끔찍한 사건이었기 때문에 언론의 관심이 상당히 높았다. 나는 범인이 잡히지 않은 채 1년이 경과하여, 그때부터 지금까지 인근 주민들이 어떻게 대응해왔는지 등을 추적한 프로그램, NHK의 〈클로즈업 현대〉를 볼 기회가 있었다. 범인이 아직도 잡히지 않은 상태였기 때문에 주민들, 특히 초등학생을 자녀로 둔 부모들은 교대로 아이들과 함께 등교길에 나서는 수고를 하고 있었다. 사건이 있은 뒤로 시에서 통학용 스쿨버스를 운행하기 시작했지만 예산상의 제약 때문에 계속해서 운영하기가 곤란해지고 있었다. 이 프로그램에서는 스쿨버스의 존속을 요구하는 목소리나 "이미 누적 적자를 안고 있는 지자체 혼자서는 재정상 계속적인 운영이 불가능하니 전국적인 제도로서 국가에서 지원해주었으면 한다"와 같은 시의 의견 등 여러 의론들을 소개하고 있었다. 통학에 수반하는 활동 등을 지속적으로 솔선해온 한 여성의 "언제까지 이런 활동을 계속해야 하는지 앞이 보이지 않는 것이 가장 불안합니다"라는 말이 가슴에 와 닿았다.

그와 함께 동 프로그램에 나온 한 도시공학 전문가가 "주민들의 이런 활동은 물론 뜻깊은 것이지만 그와 동시에 '주간에 어른이나 고령자들의 모습이 보이는 거리 만들기'를 실천해나가는 것이 궁극적으로 가장 중요한 것이 아닐까요?"라고 말한 것도 인상적이었다.

범죄 발생은 말할 필요도 없이 현대 사회의 주요한 '리스크' 중 하나이며 그러한 리스크에 대해 여러 방식으로 대응해가는 것 또한 중요한 일이다. 그렇지만 그러한 '리스크에 대한 대응'이라는 관점뿐만 아니라, 또 다른 대응 방식으로서, 앞서 서술한 '주간에 어른들의 모습이 보이는 거리 만들기' 같은 '커뮤니티 기반' 그 자체를 강화하는 접근도 존재한다. 물론 이 두 가지가 반드시 양자택일의 관계인 것은 아니고 상호 보완적이며 서로 겹쳐지는 부분도 큰 것이 사실이지만(예를 들면 이상의 주민들의 활동 자체가 커뮤니티 만들기와 연결되는 것처럼), 그럼에도 두 가지는 기본 발상에서 차이가 있다고 생각된다.

그것은 앞에서 제시한 '앵글로색슨형 보험'과 '알펜형 보험'의 대비와도 상통하는 것인데 크게 단순화시켜 보면 다음과 같은 차이를 보인다.

① '리스크 최소화'를 지향하는 대응: (경쟁적인) 개인이 전제, 소극적(방위적)인 성격, 대상이 개별적(요소적)임, ② '커뮤니티 만들기'로서의 대응: 커뮤니티가 전제, 적극적(창출적)인 성격, 대상이 포괄적(전체적)임.

되풀이하지만, 이 둘은 양자택일의 관계라기보다 서로 보완적이며 중첩될 수 있다. 둘 다 모두 중요하지만 현대 사회에서는 확실히 ①로 기울기 쉬운데, 나는 ②와 같은 대응방식을 항상 의식하고 실천해가는 것이 중요하다고 생각한다. 덧붙이자면, ②가 잘 기능할 경우에는 그 '비용'에서도 아마 ②가 ①보다 오히려 더 '효율적일 수 있다고 생각한다.

3) 리스크와 사회적 자본

내가 이것을 실감하게 된 것은 미국이라는 사회에서 수년을 보낸 경험이 바탕이 되었다. 예를 들면 〈그림 3-1〉은 미국의 '교도소 수감자 수'를 국제 수치와 비교하여 나타낸 것으로 미국의 수치가 눈에 띄게 높다는 것을 알 수 있는데, 한편으로는 이것이 미국이라는 사회의 존재방식을 상징적으로 보여주고 있다고 생각한다.

이렇게 교도소 수감자 수가 극단적으로 많은 배경에는 (지니계수 등으로 표시되는) 빈부 격차나 경제 격차가 선진국 중에서 눈에 두드러지게 크다는 사실이 있고, 또한 이와 연관된 것으로, 거리 특히 도시 중심부나 공공의 공간이 공동화空洞化의 차원을 넘어 끝없이 황폐해지고 있는, 이 나라 사회 혹은 커뮤니티의 존재방식이 존재한다. 이러한 사회 또는 커뮤니티의 모습을 방치한 채 '범죄라는 리스크'에 대한 대응을 강화해가는 것은 곧 '울타리

〈그림 3-1〉 10만 명당 교도소 수감자 수(2000년)

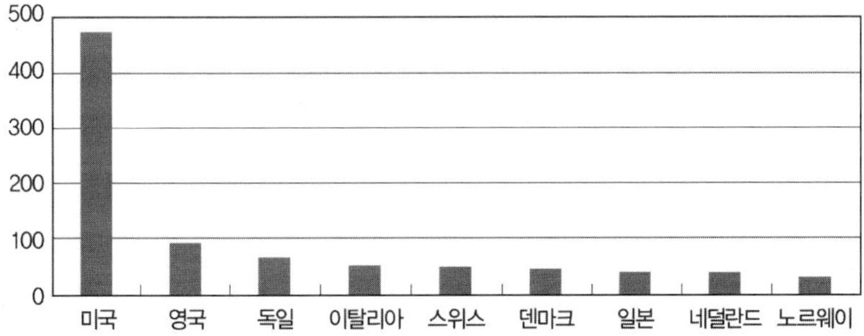

자료: OECD(2003)에서 재인용.

로 둘러싸인 커뮤니티(gated community)'라고 하는, 외부로부터 차단되고 고립된 공간을 최대한 많이 만듦으로써 '보안으로 칭칭 묶여 있는 자유'라는 역설적인 상황을 강화하게 될 것이다(広井, 2004 참조). 물론 일본 또한 그와 같은 미국의 상황을 남의 일이라 여길 만한 상황이 아닌 것은 분명하다. 앞에서 지방도시 사건과 관련해서 이야기했듯이 일본에서도 '주간에 어른들의 모습이 보이는 거리' 같은, 어떤 의미에서 당연한 상황이었던 것이 이제는 대부분의 지역에서 더 이상 존재하지 않는 것이 현실이다.

이렇게 '리스크'를 '커뮤니티'란 주제와 결부해 생각할 때 자연스럽게 떠오르는 것은 아마도 '사회적 자본social capital'을 둘러싼 의론일 것이다. 여기서 사회적 자본 자체에 대해 서술할 여유는 없지만, 이상과 같은 문맥에 비추어 '리스크'와 '사회적 자본'이란 두 개념이 서로 깊은 관계에 있다는 것을 우선 말해둔다.

'사회적 자본'이란 말은 여러 계보가 존재하는 개념이지만, 최근 미국의 정치학자 로버트 퍼트넘Robert Putnam이 정력적으로 실증연구를 하여 이 개념에 현대적인 의미를 부여한 덕택에 일약 주목을 받게 되었다. 퍼트넘에

〈그림 3-2〉 볼런티어 활동 참가율과 범죄 발생률

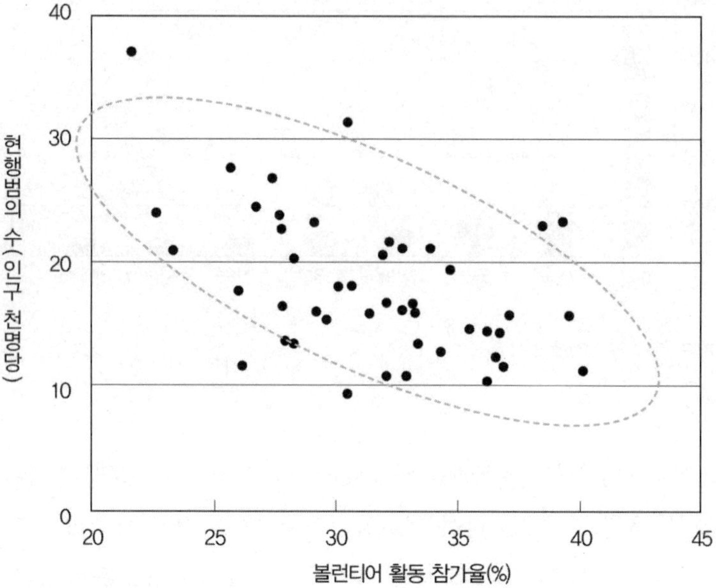

자료: 內閣府国民生活局 編(2003).

의하면 '사회적 자본'이란 '사회적인 연결성(네트워크)과 거기에서 생겨나는 규범이나 신뢰'를 말하는 것으로, 그 자체는 눈에 보이지 않지만 사회의 존재방식에서 대단히 중요한 의미가 있다(퍼트넘, 2001).

현상적인 차원이기는 하지만, 예를 들면 〈그림 3-2〉는 일본 도도부都道府현의 범죄 발생률과 볼런티어 활동 참가율 간의 관계를 나타낸 것이다. 이 관계로부터 곧바로 어떤 인과관계나 구조가 도출되는 것은 아니지만, '사회적 자본'이란 개념에 표현되어 있는 것 같은 사회나 커뮤니티의 존재방식과 범죄, 빈곤, 실업, 건강 같은('리스크' 개념과 관련된) 다양한 사상事象 간에 어떤 종류의 관련 가능성을 생각하는 것이 반드시 불합리한 일은 아닐 것이다(사회적 자본에 관한 일본 내 실증연구에 대해서는 內閣府国民生活局 編,

2003 참조). 전술한 의론의 맥락에서 말하면, 개별 리스크를 대상으로 한 방어적인 대응이 아니라 '사회적 자본'의 강화라는 관점에서 적극적으로 대응하는 것이, 오히려 결과적으로 효과적인 '리스크 저감책'이 될 수 있다는 발상이 중요할 것이다.

4) 인간사회의 '중층구조'와 커뮤니티

그런데 퍼트넘은 '사회적 자본'을 크게 '결합형bonding'과 '매개형bridging'의 두 가지로 분류하고 있다. 전자는 어떤 조직이나 집단 내부에서의 사람과 사람 간의 동질적 결합으로서, 경우에 따라서는 폐쇄적이거나 배타적일 수 있다. 후자는 브리지bridge라는 말로도 알 수 있듯이, 서로 다른 조직이나 집단에 속하는 이질적인 개인들을 이어주는 네트워크를 가리킨다. 이 두 가지가 모두 중요하다는 것은 확실하지만 일본에서는 분명 전자가 더 강한 편이고, 후자와 같이 각 개인을 토대로 한 '연결'을 어떤 방식으로 구축해나갈 것인가가 최대의 과제라고 할 수 있다.

이와 관련하여 (의론의 경계를 대폭 확장하는 것이기는 하지만) 타 분야의 관점에서 중요하다고 생각되는 것들에 대해 언급할 필요가 있을 것 같다.

원숭이 연구로 유명한 생태학자 가와이 마사오河合雅雄는 진화 과정에서 '가족'이라는 것이 '인간'의 성립과 동시에 일어났다는 흥미로운 의론을 전개했다. 즉, '가족'(이라는 사회적 단위)의 탄생은 인간에게서 처음 발생한 현상으로, 여기서의 '가족'이란 실질적으로 아버지가 자식을 기르는 것에 관여하는 것을 가리킨다(어머니가 자식을 돌보는 것은 포유류에게 일반적인 일이며 인간에게만 고유한 것은 아니다).

가와이는 "원숭이 사회에는 아버지가 존재하지 않는다. 아버지란 가족이라는 사회적 단위가 만들어졌을 때, 다시 말해 인간이 탄생했을 때 생성된 사회적 존재다. 다시 말해 아버지는 가족의 성립과 함께 창출된, 극단적으로 말하면 발명된 존재다. 한편 어머니는 생물학적 존재임과 동시에 사회적 존재라는 이면성을 지니고 있다" 고 논했다(河合, 1990).

가와이는 또한 인간 사회의 결정적인 특징은 그것이 '중층사회'라는 데 있다고 했다. '중층사회'란 예를 들어, 우선 '가족'이라는 조직이 있고 그 위에 '마을'을 만드는 식으로, 사회가 중층의 구조를 이루고 있음을 의미한다. 즉, 인간 사회는 개인→사회의 방식으로 개인(내지 개체)이 바로 사회와 연결되는 것이 아니라 그 중간에 더 작은 규모의 집단 혹은 관계성이 존재하는 형태를 띠고 있다. 그리고 이 중간적 집단 혹은 관계성이라는 것이 지금까지 논해온 '커뮤니티'의 개념과 중첩되는 것이 아닐까?

이상의 두 가지 점 ① 아버지가 자식의 양육에 관여한다, ② 중층사회 또는 중간집단(으로서의 커뮤니티)이 존재한다고 하는 인간의 특질은 실은 동일한 동전의 양면인 것으로 보인다. 정리하자면, 적어도 원초적인 형태에서 친밀한 중간집단(가족 내지 커뮤니티) 내부의 케어를 담당하는 것이 어머니의 역할이고, 그러한 집단으로부터 아이를 '외부 사회'로 이어주는 것이 아버지의 역할이라고 할 수 있지 않을까?

이렇게 본다면 여기에서의 의론은 뜻밖에도 전술한 퍼트넘의 '사회적 자본' 이론에서의 '결합형', '매개형'의 두 유형과 서로 호응한다는 것을 알 수 있다. 즉, 인간이라는 생물에게 중요한 것은 중간집단으로서의 '커뮤니티' 내부에서의 관계성(=결합형), 그리고 '커뮤니티'를 그 외부의 사회와 이어주는 관계성(=매개형)의 양자인 것이다.

그리고 이것은 사실 '커뮤니티'라고 하는 존재 자체가 그 성립의 기원부터 '외부'에 대해 '열린' 성격이었음을 시사하는 것이라고 생각된다.

다시 말해 커뮤니티를 만든다는 것 자체에 (역설적이게도) '외부와 연결된다'는 요소가 이미 포함되어 있는 것이다. 이는 이 절에서 미리 ① '리스크 최소화'로서의 대응, ② '커뮤니티 만들기'로서의 대응을 구별한 다음 양자는 서로 다른 측면이 있으면서도 상호 보완적이며 중첩되는 부분이 존재한다고 서술한 것과 호응한다고 생각할 수 있다. 즉, 외부와 이어주는 혹은 이질적인 개인들을 서로 연결시켜주는 네트워크를 만드는 행위에는 거기에 어떤 종류의 리스크나 불확실성이 따라붙지만, 그러한 벡터의 존재 자체가 일견 정적으로 닫혀 있는 질서를 가진 것처럼 보이는 커뮤니티의 존재를 상호 보완하는 방식으로 받쳐주고 있다는 의미이다. 단순하게 표현한다면 '적정 정도의 리스크의 존재는 인간이나 커뮤니티에 오히려 필요하다'고 할 수 있다.

3. 리스크와 복지국가

1) 복지국가의 의미와 향후의 복지국가

마지막으로, 이상의 의론을 발전시키기 위해, 리스크와 분배를 둘러싼 역사적 동태에 대해 간결하게 기술하겠다. 여기서 의론의 실마리가 되는 것이 복지국가를 둘러싼 전개다.

원래 복지국가라는 사고는 자본주의와 사회주의 사이의 중간의 길middle way로서, 주로 20세기에 구상되었고 특히 제2차대전 이후 유럽을 중심으로 크게 일어난 사고방식이다. 현실적으로 그것은 냉전이라는 자본주의(미국)와 사회주의(소련) 간의 체제 대립에서 그 어느 쪽도 아닌 사회 모형으로 발전하여 현재에 이르렀다.

복지국가는 한마디로 '시장경제 플러스 사후적인 소득재분배'의 사회체제라고 말할 수 있다. 즉, 먼저 '각 개인의 자유로운 경쟁 시스템'으로서의 시장경제의 틀을 전제로 하고, 거기에서 발생하는 경제적 격차나 부의 분배상의 불평등 같은 문제들을 사회보장 등을 통해, 말하자면 사후적으로 시정한다는 사고방식이다(복지국가는 일찍이 '수정자본주의'라고 불렸다). 그런데 현재 다음과 같은 두세 가지 기본적인 문제가 현재화顯在化 되어 있다. 하나는 복지국가가 발전하여 사회보장의 규모가 커지면 커질수록 이를 위한 재원이 개인이나 기업의 소득으로부터 차감되기 때문에 경제활동의 인센티브가 손상되고 결과적으로 복지국가의 기반 자체가 흔들리게 되는 문제다. 다른 하나는 완전히 반대되는 입장의 비판으로, 일본에서도 현재 화제가 되고 있듯이 사람들 사이의 자산 등의 격차가 점차 확대되어 모든 개인이 '기회의 평등'을 누리는 것이 흔들리고 그 결과 복지국가가 본래 상정하고 있는 '각 개인의 자유로운 경쟁'이라는 전제 자체가 크게 무너지고 있다는 점이다.

이런 상황에서 발상을 크게 전환하여 시장경제에 대한 사후적인 소득재분배가 아니라, 말하자면 좀 더 근본적인 차원에서의 '사전적인 분배'라고 해야 할 대응이 필요하지 않은가 하는 생각이 부상하게 되었다.

이 같은 발상의 한 측면에는, "각 개인이 '공통의 출발선'에 서는 가능성(기회의 평등의 보장)을 철저하게 실현시키고 그 후에(말하자면 레이스의 결과) 발생하는 격차의 시정은 최소한으로 하는 것이 좋다"라는 사고방식이 있다. 이것은 일견 대단히 자유(방임)주의적인, 어떤 의미에서는 극히 자본주의적인 사고방식인 것처럼 보인다. 과연 그럴까?

그렇지 않다. 왜냐하면 각 개인에게 진정한 의미에서의 기회의 평등을 보장하기 위해서는 상당한 제도적인 개입이 필요하기 때문이다. 예를 들어 현재의 일본처럼 동일한 사회 시스템이 수십 년에 걸쳐 유지되어온 사회에서는 각 세대의 자산상의 격차가 여러 세대에 걸쳐 누적되어 있기 때문에, 어느 한 개인이 태어났을 때 경제적으로 공통의 출발선에 서 있다고는 도

저히 말하기 어렵다. 각 개인에게 균등한 기회를 보장하기 위해서는, 예를 들어 상속세를 강화하고 그것을 통한 부를 재분배해야 한다. 즉, 각 개인의 기회 보장이라는 자유주의적 혹은 자본주의적인 이념을 실현하기 위해 어떤 의미에서 사회주의적인 관여關與가 필요하다는 일종의 패러독스가 존재하는 것이다.

2) 분배와 재분배

이처럼 평시에 각 개인의 기회의 평등을 실현하기 위해서는 '자산 측면에서의 재분배'나 교육을 포함하는 '인생 전반기前半期를 통한 사회보장' 등을 강화해야 한다. 그리하여 전체적으로 '사후적인' 소득재분배로부터 '사전적인' 분배로, 또는 '플로우(소득)'의 재분배로부터 '스톡(자산)'의 재분배에 중점을 둔 사회 시스템으로 같은 새로운 방향이 부상하게 되었다('인생 전반기에 있어서의 사회보장'에 대해서는 広井, 2006 참조).

뜻밖에도, 이와 관련이 있는 것이 현재 중국의 '사회주의시장경제'가 가진 의미다. 이미 기술했듯이 복지국가는 본래 '자본주의 안에 사회주의적 요소들을 받아들인 시스템'으로 발전해왔다. 한편 중국이 1990년대 전반기부터 표방해온 '사회주의시장경제'라는 모형은 복지국가와는 반대로 '사회주의로부터 자본주의로' 다가가려는 것으로 자원배분을 계획경제에서 시장 메커니즘으로 이행시킴과 더불어, 거기에서 파생하는 소득 격차를 사회보장에 의한 소득재분배를 통해 시정하려는 사고방식이다. 이와 같이 '복지국가'와 '사회주의시장경제'라는 두 이념은 역사적인 문맥을 달리 하고 있지만 둘 다 자본주의와 사회주의의 중간 형태라는 점에서 상통한다.

경제 시스템을 크게 '자원배분resource allocation'(=생산단계)과 '소득재분배income redistribution'(=소비단계)의 두 단계로 나누어본다면, 자원배분을 공적으

〈표 3-3〉 시스템 비교

	A. (순수한) 사회주의	B. 사회주의 시장경제시스템	C. 복지국가	D. (순수한) 자본주의
자원배분 (=생산단계)	공적 규제 (계획경제)	사적(시장경제) (다만, 토지 등의 소유에 있어서는 공적 관여)	사적 (시장경제)	사적 (시장경제)
소득재분배 (=소비단계)	상술한 것에 의해 달성: 실업과 소득격차는 존재하지 않는다는 도그마	모색 중= 사회주의시장경제에서 사회보장제도의 존재방식	강=적극적인 사회보험제도 (국가에 의한 다양성 존재)	약함

로 규제하는 것이 사회주의이고, 자원배분은 시장 메커니즘에 맡기되 사회보장에 의한 소득재분배를 통해 이를 시정하는 것이 '복지국가'의 사고방식이었다. 그런 점에서 '복지국가'와 '사회주의시장경제'는 서로 중첩된다(〈표 3-3〉). 양자가 갈리는 것은 예를 들어 토지의 소유나 이용에 관한 공사公私 분담 같은 경우인데, 앞서 서술한 것처럼 새로운 복지국가가 '사후 재분배로부터 사전 분배로'의 방향을 지향한다면 이는 어떤 면에서 '사회주의시장경제'에 다가간 것이라고 할 수 있다.

3) 리스크·재분배·커뮤니티

되돌아보면 복지국가라는 시스템의 생성과 전개는 특히 19세기 이래의 급격한 시장화·산업화와 그에 수반하여 이루어진 경제의 지속적인 성장과 확대라는 배경과 불가분의 관계에 있다. 이 시대에는 예를 들어 실업 리스크의 경우, 단적으로 말해서 경제를 성장시키는 것(내지 생산을 확대하는 것)이 이에 대한 최대 대응책이었고 '리스크'라는 개념은 단지 그 배경에 머물러 있었다.

사람들의 물질적 수요가 포화 상태에 다다르고, 인구 감소나 환경 문제가 한층 더 심화되면서 앞으로 우리가 살아갈 사회는 '정상형定常型 사회'라고 할 만한 모습을 띠게 될 것이다. 성장과 확대의 시대에는 생산활동에서 은퇴한 고령기에 리스크가 집중되었으나 이 새로운 상황 아래서는 인생 전반全般에 리스크가 걸쳐 있게 되며, 현대 사회에서의 이른바 '지나치게 상승한 생산성'을 배경으로 한 만성적인 생산과잉(=만성적인 노동력 과잉) 등으로 (노동시간을 감축하지 않는 한) 실업 리스크가 보편화된다. 생산의 확대라는 방향이 오히려 실업 등 생활 리스크를 증대시키는 것이다. 이에 더하여, 앞에서 지적했듯이 각 개인에게 동일한 출발선의 보장이란 의미에서도, 교육을 포함한 '인생 전반기前半期의 사회보장'이나 상속 시의 재분배 또는 (토지 등) 스톡의 재분배 같은 것들이 새로운 과제로 등장한다.

이것은 재분배가 리스크 경감과 연결된다는 의미에서, '리스크 분배'와 '소득재분배'의 양자가 새로운 방식으로 융합하는 상황이라고 말할 수 있을지도 모른다. 그리고 제1절에서 보았듯이, 시장화·산업화 시대에서의 '리스크의 분산'은 시장경제의 논리에 입각한 효율성과 대응하고 '소득재분배'는 공평성과 관련되어 있지만, 앞으로는 전자를 실현하기 위해서 또는 각 개인에게 기회의 평등을 보장하기 위해서라도 적극적인 재분배, 특히 사전적인 재분배가 더욱 강하게 요구될 것이다.

바꿔 말하면 공공적인 재분배를 적절하게 행하는 것이 결과적으로 (빈곤·실업·범죄·질병 등) 여러 가지 리스크의 발생 자체를 경감시키는 것으로 이어질 수 있다는 인식이 중요하다. 그와 동시에 제2절에서 논했듯이 '커뮤니티' 또는 '공共의 영역'도 리스크에 대한 대응책 또는 경감책으로 중요한 의미가 있다. 즉, ① 리스크의 분산(사적私的인 원리), ② 재분배(공적公的인 원리), ③ 커뮤니티(공적共的인 원리)라는 이질적인 삼자가 새로운 방식으로

서로 융합되고 상관을 만들어가는 것이다.

이처럼 새로이 요청되는 사회 시스템은 앞서 '자본주의적 이념의 실현을 위한 사회주의적 대응'이라는 패러독스에 대해 언급했듯이, 기존 시스템의 골격을 벗어난다. 우리는 지금 포스트·산업사회에서의 정상형定常型사회상, 또는 자본주의와 사회주의라는 이분법을 초월한 새로운 사회상을 구상해야 하는 시기에 있다. '리스크'에 대한 고찰은 바로 이러한 구상을 요청하고 있다.

참고문헌

河合雅男. 1990.『子どもと自然』. 岩波新書.

塩野谷祐一. 1997.「成熟社會における社會保障の理念」. ≪健康保險≫, 1997年 4月號.

橘木俊詔 編. 2004.『リスク社會を生きる』. 岩波書店.

內閣府 國民生活局 編. 2003.『ソーシャル·キャピタル: 豊かな人間關係と市民活動の好循環を求めて』. 國立印刷局.

広井良田. 1999.『日本の社會保障』. 岩波新書.

________. 2000.『ケア學: 越境するケアへ』. 醫學書院.

________. 2004.『脫「ア」入歐: アメリカは本當に「自由」の國か』. NTT出版.

________. 2006.『持續可能な福祉社會:「もうひとつの日本」の構想』. ちくま新書.

ミシェル·アルベール. 1992.『資本主義對資本主義』. 小池はるみ 譯. 竹內書店新社.

諸富徹. 2006.「環境·福祉·社會關係資本」. ≪思想≫, No. 983.

ロバート·D·パットナム. 2001.『哲學する民主主義』. 河田潤一 譯. NTT出版.

G·エスピン-アンデルセン. 2000.『ポスト工業經濟の社會的基礎: 市場·福祉國家·家族の政治經濟學』. 渡辺雅男·渡辺景子 譯. 櫻井書店.

Barr, Nicholas. 1992. "Ecomomic Theory and the Welfare State". *Journal of Economic Literature*, Vol. XXX.

Barr, Nicholas·David Whynes(eds.). 1993. *Current Issues in the Economics of Welfare*. Macmillan.

Beck, Urlich. 1999. *World Risk Society*. Polity Press.

제4장

리스크 해석이란 무엇인가?

쓰바키 히로에椿広計

리스크는 다양하고, 이를 접하는 사람들의 태도도 분야에 따라 크게 다르다. 그러나 리스크 관련 정보를 인식하고 축적하며 그 요인을 발견하고 평가하는 적절한 대응책을 취하며 사회에 환원하는 일련의 과정에는 공통성이 있다. 따라서 이 과정을 대상으로 하는 계량과학을 구축하는 것이 가능하다. 실제로 통계적 방법은 사실을 수집해 그것에 상정된 관계성을 발견해 리스크 평가를 행하기 위한 과학적 방법론으로서 이미 일정한 사회적 위치를 부여받고 있다. 그러나 사회 설계를 위한 횡단적 방법론을 다시 구축하려 할 경우 리스크를 둘러싼 사람들의 가치선택에 의존하게 되는, 발견發見, 최적화最適化, 추론에 의거한 주장의 추상화抽象化 같은 새로운 과제들에 도전해야 한다. 이 장에서는 통계과학이 지금까지 리스크과학 분야에서 행한 공헌이나 방법론 등을 추상화하여 소개함과 동시에, 내가 생각하기에 앞으로 정보학의 각 영역과 협업하여 해결해야 할 과제들에는 어떤 것이 있는지 개략적으로 제시할 것이다.

1. 리스크학에서의 귀납적 접근의 역할

영국의 존 스노John Snow는 1854년 콜레라가 유행하던 런던을 조사한 후, '우물물을 마시면 콜레라에 걸린다'는 것을 인식하고 필요한 대책을 강구했다. 이는 콜레라균이 발견되기 약 30년 전의 일이었다. 이와 같이 실제 원인은 알 수 없지만 사실을 바탕으로 한 귀납적 접근이 리스크 대처에 본질적인 역할을 하는 경우가 있다. 그리고 이렇게 관측된 사실을 기반으로 학술을 구성하는 방법론이 칼 피어슨Karl Pearson이 말하는 '과학의 문법文法'으로서의 통계적 방법이다(Pearson, 1892). 즉, 인식의 진화는 관심 대상에 대해서 ① 사실들 간의 상관관계 관찰하고, ② 이 관찰을 기초로 상상력을 발휘하여 이에 유용한 과학적 법칙 부여한 후, ③ 이 법칙이 타당성을 있는지 검증한 뒤, ④ 법칙과 일치하지 않는 사실들이 있다면 주도면밀한 분류를 실시하는 과정을 거친다. 이러한 일련의 절차는 나선형螺旋形으로 되풀이 되며 그 인식의 진화 과정을 '과학적 프로세스'라고 부른다.

'과학의 문법'은 이후 로널드 피셔Ronald Fisher의 「실험계획법」, 예지 네이먼Jerzy Neyman의 「표본조사론」, 네이먼과 에곤 피어슨Egon Pearson의 「통계적 가설검정론假說檢定論」, 에이브러햄 월드Abraham Wald의 「통계적 결정 이론」 등을 거친다. 그 결과 사실에 기초한 정보를 적절한 조사와 실험을 통해 수집하고 연구자의 가설을 귀납적으로 추론(반증)하여 의사결정을 떠받치는 방법론으로서의 위치를 구축했다. 이러한 검증적 데이터 해석기법들은 20세기 중엽에 이르면서 자연과학에만 국한되지 않고 인문사회과학에서도 실증 양식樣式으로 인정되었다. 더 나아가 이러한 방법론은 탈리도마이드thalidomide 약해사건을 계기로 의약품의 유효성과 안전성에 대해 사실을 기초로 추론한 후 신약후보 물질의 인가 여부 같은 리스크와 관련된 국제적인 사회제도에까지 침투해 있다(椿·藤田·佐藤 編, 1999).

한편, 이러한 사회제도에 도입되고 있는 통계적 방법은 객관적이라고 인식되는 경우가 많다. 이는 데이터와 일련의 절차가 주어지면 그 결과는 누구나 재현할 수 있다는 의미에서, 자의성이 배제된 신뢰감에서 나오는 것이다. 하지만 후술하겠으나 본래 어느 정보에 주목할 것인가 하는 평가 항목, 즉 엔드포인트end point의 선택, 또는 절차 안에 내포되어 있는 파라미터, 예를 들어 검정의 유의미 수준을 어느 정도로 할 것인가 등은 당사자가 일정 범위 내의 선택을 허용할 수 있는 자의성이 존재한다. 게다가 그런 선택들이 현저하게 불합리한 경우도 적지 않다.

이 장에서는 리스크 해석에 관한 표준적 절차와 함께 리스크 해석의 어려움에 대해서도 언급할 것이다.

리스크 해석을 위해서는 리스크 관리management 대상이 되는 사상事象과 그 원인 후보들에 대한 정보를 양적 또는 질적으로 계측하여 요인要因 해석이 가능한 데이터로 축적해야 한다. 그래서 이 정량적인 리스크 평가에서의 최대 장애물은 노력勞力과 비용이다. 비록 사례조절연구case control study처럼 데이터 수집을 어느 정도 제한했다고 해도 상당한 노력과 비용이 소요될 수밖에 없다. 따라서 현실적으로는 전문가의 연역적 사고, 혹은 기록으로 남지 않는 경험에 의거한 사고에 의지하여 평가나 결정을 할 수밖에 없는 분야가 많다. 실제로 앞으로 소개할 귀납적 방법으로 대처하기에는 지나치게 복잡하다고 느껴지는 경우가 많고, 결과적으로 전문가의 경험이나 직관 또는 배포(일본의 품질관리에서 말하는 KKD)를 바탕으로 하는 리스크 관리에 의지해야 하는 상황이 많은 것이다.

그런데 연역적 접근의 오류를 연역적 접근만으로 수정하는 데는 어려움이 있다. 스노의 콜레라 역학조사 결과는 다행히 바로 받아들여졌다. 그에 비해 일본해군 다카키 가네히로高木兼寛가 1884년 각기병 예방을 위해 실시한 통계적 실험들 및 이를 기초로 한 식사개선 제안은 해군 내에서 획기적인 성과를 거두고 있었음에도, 19세기 당시에는 '각기병 세균설'이 압도적이었기 때문에 일본 의학계나 일본육군에게 비과학적인 제안이라고 거부당했다. 그 때문에 청일전쟁에서 일본육군에 수많은 각기병사자脚氣病死者가 발생한 것은 유명하다(吉村, 1991).

자유인free thinker으로서의 통계가統計家들은 일반인의 신념은 물론 그 사회에 형성되어 있는 이념이나 현실에서 최고로 평가받는 이론조차도 완전할 수 없으며, 방대한 사실 전체에 적용이 가능하지는 않다는 것을 신조로 하고 있다(Pearson, 1892). 한편, 리스크를 다루는 통계가는 기존의 지식이나 자신이 작성한 현상現象 모형이 불완전하다는 것을 인식하고, 사실들을 수집하여 이를 기초로 모형을 개량하여 좀 더 합리적인 조치를 도출해내는 사람, 즉 현상에 대한 귀납적 접근의 관리자가 되어야 한다. 나카타니 우키치로中谷宇吉郎는 과학이 통계의 학문이라면 모든 법칙에는 예외가 있다. 그리고 과학이 진보한다는 것은 곧 그 예외의 범위를 가능한 한 축소시켜가는 것이다"라고 지적한 바 있다(中谷, 1958). 결국 리스크 해석자에게 가능한 것은 리스크에 대한 지식의 영역을 '과학의 문법'에 따라 한 걸음씩 넓혀가는 수밖에는 없다.

2. 리스크 요인에 대한 고전적인 해석 모형의 적용

리스크학이 '무언가의 탐구'를 지향하는 인식과학(日本學術會議, 2005)의 틀에 의해 이해될 수 있는 것이라면, 리스크 해석은 기존의 검증적 데이터 해석 및 수리 최적화 범주에 의해 대부분은 해결할 수 있다. 이 해결의 시나리오는, 리스크와 관련된 사상事象의 발생 확률 및 그 사상에 기인하는 손실이 지적된 리스크 요인이나 리스크 대응에 따라 어떻게 달라지는가에 관한 통계적 법칙을 도출해내고, 주요 요인들에 대해 최적의 조치를 취하는 것이다.

리스크 해석의 첫걸음은 리스크 관련 사상의 발생과 그 요인과의 정량적 관계성을 도출하는 것이다. 여기서는 통계모형을 적용하는 것이 불가피하다. 어느 지역에서 어느 정도 규모의 지진이 발생할지의 리스크를 평가하기 위한, 어떤 사람이 무슨 질병에 걸릴지의 확률을 평가하기 위한, 또는 어느 기업의 '매출경상이익률'이 마이너스가 되는 사상에 주목하여 그것이 상당히 커지는 것을 리스크로 평가하기 위한 통계적 방법에는 양量·반응관계의 추정방식이 사용된다. 대략적으로 말한다면 회귀분석回歸分析을 확장한 존 넬더John Nelder의 일반화 선형線形 모형 내지 통계적 신뢰성 이론, 또는 이것들을 좀 더 유연한 리스크 예측으로 확장하기 위한 방법론들을 분야횡단적分野橫斷的으로 적용할 수 있다(宮原·丹後 編, 1995 참조). 통계모형으로 채택할 수 있는 방법론은 ① 리스크 사상이 발생할 확률의 평가: 일반화 선형 모형에 의한 확률 예측 모형(로지스틱logistic 회귀 모형, 프로비트probit 회귀 모형 등), ② 리스크 발생 시기 평가: 생존시간분석(와이블Weibull 해석, 콕스Cox 회귀), ③ 기대손실 평가: 일반화 선형 모형에 의한 확률 예측 모형과 어떤 사상事象이 일어났다는 조건 아래서의 손실 예측 모형(감마 모형, 대수對數 정규 모형 등) 또는 트위디Tweedie 분포 모형, ④ 최대손실 평가: 굼벨Gumbel의 극치極值 이론을 응용으로 정리할 수 있다.

이러한 통계적 방법들은 이전에는 화학물질의 치사량 결정, 제품이나 암의 생존시간 추정 등에, 최근에는 기업 도산 리스크의 평가 등에 사용되고 있으며, 생물통계 분야를 비롯한 여러 분야의 교과서에도 수록되어 있다(宮原·丹後 編, 1995; Armitage, et al., 2002 참조). 오늘날에는 프리 소프트웨어를 이용해(예를 들면, 상기 모형들에 모두 사용할 수 있는 소프트웨어 R을 http://www.r-project.org/에서 다운로드할 수 있음) 누구나 통계적 리스크 평가 모형을 적용하는 것이 가능하게 되었다.

한편, 리스크 발생의 확률이나 리스크의 심각성에 영향을 미칠 가능성이 있는 요인들은 당사자가 관리할 수 있는 요인(물리적·화학적 요인/ 운용적 요인/ 매니지먼트적 요인)과 당사자가 관리할 수 없는 요인(환경적·사회적 요인)으로 나뉘며, 당사자가 정량적으로 리스크를 해석하고자 한다면 기본적으로 이를 관측할 수 있는 틀을 구축해야 한다.

당사자가 관리할 수 있는 요인이란 적절한 리스크 매니지먼트(액션)가 취해질 경우, 리스크 요인이 리스크 사상事象을 발생시키는 대상에 노출되는 수준을 어느 정도 저감시키는 것이 가능한 것들을 가리킨다. 하지만 실제로 그 대상의 리스크 요인에 대한 노출정보는 상당히 불확실한 경우가 많다.

덧붙여 이러한 복수의 리스크 요인 사이에 어느 정도 인과관계가 예상되는 경우도 있다. 예를 들어 사산死產의 요인이 조산早產이고 조산은 또 임산부의 흡연에 원인이 있다는 인과 연쇄가 그런 경우다. 이 경우 인과관계의 상류에 있는 요인의 리스크를 평가할 때, 인과관계의 하류에 있는 리스크 요인들을 과감하게 모형에서 제외하여 리스크에 대한 상류 요인의 총체적 효과를 검토할 필요가 있다.

고전적인 리스크 해석과 관계된 통계 전문가들은 대개 주어진 리스크의 요인에 대한 평가 모형을 설계하고, 일정한 의사결정을 행하는 데 적합한 데이터 채취 방법 같은 통계적으로 적절한 조사 및 실험계획을 세운 다음, 확보한 데이터를 모형에 적용시킨 후에 필요한 모델의 개선을 위한 일련의 과정에 책임을 지게 된다. 이 과정에서 전문가들이 가장 고심하는 것은 데이터 관측 방법이나 관측되는 데이터의 개수와 관련된 조사·실험계획이다.

기업의 적자율 증대 리스크

여기서는 통계모형을 사용하여 유의미한 리스크 요인들을 추출하고 정량적으로 평가하는 사례를 소개한다. 통계의 상세한 수리(數理) 설명은 생략하므로, 전반적인 흐름에 주목해주시기 바란다.

기업이 적자에 빠지는 것을 리스크와 관련된 사상(事象)으로 보고, 우선 매출경상이익률의 마이너스(적자율)가 손실이라고 규정되는 상황을 설정하자. 여기서는 흑자기업의 이익률에 대해서는 일절 관심을 두지 않는다고 전제한다. 다음으로 종업원 수, 영업이익, 유동자산, 고정자산, 유동부채, 고정부채를 리스크를 증대시키거나 감소시키는 요인 후보로 한다. 마지막으로, 1996년도의 일본의 상장기업 2,091개 사(이 가운데 적자기업은 237개사)의 재무정보들을 사용해 콕스(Cox) 회귀분석을 수행하여 〈표 4-1〉과 같은 결과를 얻었다. 다만 리스크 요인 후보들의 변수는 모두 자연대수(自然對數)로 변환했다.

〈표 4-1〉 적자율 요인에 대한 해석

적자요인 후보 변수	회귀계수	exp (회귀계수)	회귀계수 표준오차	z값	p값
고정자산	- 0.0657	0.936	0.106	- 0.622	0.530
유동자산	- 0.5338	0.586	0.138	- 3.881	0.000
종업원 수	0.2735	1.315	0.109	2.508	0.012
유동부채	1.2828	3.607	0.145	8.863	0.000
고정부채	0.0759	1.079	0.063	1.206	0.230
영업수입	- 1.5764	0.207	0.147	- 10.714	0.000

〈표 4-1〉은 회귀계수가 플러스값이고 그 값이 클수록 적자율이 높은 기업이 되기 쉽다는 것, 마이너스값이 크면 클수록 적자율이 낮은 기업이 되기 쉽다는 것을 보여주고 있다. 또한 p값은 그 통계적 유의미성을 나타낸다. 예를 들면 p값이 0.05 이하인 경우 5% 수준에서 유의미하다고 말한다. 〈표 4-1〉에 의하면 유동부채와 종업원 수는 5% 수준에서 유의미한 리스크 요인이고, 역으로 유동자산과 영업수입은 적자율을 끌어내리는 요인이다. 그에 비해 고정자산이나 고정부채는 적자율 증대나 감소 요인으로서는 유의미성이 별로 없다. 회귀계수의 지수함수, exp(회귀계수)값은 오즈(odds)로 리스크 요인의 효과를 계측한 것으로서, 해저드 비(比)라고도 한다.

〈표 4-1〉에서 종업원 수에 관한 exp(회귀계수)값이 1.315라는 것은 어느 기업 종업원 수의 대수(對數)가 1 증가할 때, 즉 종업원 수가 e≒2.72배가 될 때, 다른 리스크 요인 후보들의 값이

고정되어 있다고 가정할 경우(매출이 일정하고 자산, 부채가 일정할 경우), 현재의 기업보다 적자율이 증대할 오즈의 추정치가 1.315라는 것을 의미한다. 여기서 오즈란 적자율이 증대할 확률을 r, 감소할 확률을 1-r이라 할 때 r/(1-r)의 값을 의미한다. 따라서 이 경우 적자율이 증대할 확률은 odds/(1+odds)로, 56.8%로 평가된다. 만약 종업원 수가 10배가 된다면 오즈는 $10^{0.2735}$=1.88이 되어 적자 증대 확률이 65.2%로 추정된다. 그에 비해 유동부채가 e배가 되면 적자 증대 확률은 78.3%, 유동자산과 영업수입이 e배가 되면 적자 증대 확률이 각각 36.9%, 17.1%인데, 다시 말해 적자 감소 확률이 각각 63.1%, 82.9%로 예상된다. 결론적으로, 통계적으로 유의미한 리스크 증대 요인은 영향력순으로 보면 유동부채, 종업원 수 순서다.

3. 리스크 최적화의 틀 짜기

제2절에서 제시한 방법들을 사용하여 리스크와 그 요인 또는 리스크와 액션(들)과의 관계를 근사近似할 통계모형을 추정하는 것이 가능하다면, 최적의 리스크 대응 방법론으로서 월드의 통계적 결정 이론(Wald, 1950)을 이용할 수 있다. 월드는 폰 노이만의 게임이론을 수리통계학적인 틀 안에 도입하여, 통계적 추측이란 사상事象을 만들어내는 '자연'과 결정을 행하는 '통계가'의 게임이라고 정의했다. 여기에서 통계가의 역할은 사상과 결정의 함수로 표현할 수 있는 '손실함수'를 가능한 한 축소하는 것이라고 규정했다. 그는 또 손실이라는 개념을 추상적으로 정의하여 본래 부負의 리스크인 포지티브 리스크benefit도 통일적으로 다룰 수 있다고 했다.

통계적 결정 이론에서는 '손실함수'는 사상事象에 따른 확률분포에서 기대값을 취하는 함수로, '기대 손실'을 '리스크 함수'로 정의하고 있다. 여기서 '손실함수'는 인간에 의한 '결정(액션)'과 실제로 발생한 사상事象에 의해 정해진다. 또 '리스크 함수'는 결정과 사상을 발생시킨 확률적 메커니즘의 매개변수parameter에 따라 정해진다. 이와 같은 정식화定式化 덕분에 리스크 미니맥스 전략 설계를, 어떤 사상事象의 확률 변동에 관한 리스크 함수의 최대값을 최소화하는 수리적 문제로 귀착시키는 것이 가능하게 되었다.

월드는 더 나아가 「완전류정리完全類定理」를 증명했다. 이것은 결정함수론의 틀 안에서 허용되는 의사결정을 확률분포의 어떠한 선택에서 동일하게 리스크 함수를 개선할 수는 없다고 결정한 이상, 허용되는 것은 일반화 베이즈 결정에 국한된다는 것을 밝힌 것이다. 여기서 '베이즈 결정'이란 먼저 리스크와 관련된 일련의 데이터를 측정하고, 다음으로 그 정보를 기반으로 하는 리스크 함수의 기대값(베이즈 리스크)을 평가한 후, 그 기대 리스크가 최소화될 수 있는 결정을 선택하는 절차를 의미한다.

그러나 베이즈 결정에 의거한 리스크 최적화를 통해 실제의 복잡한 문제를 해결할 경우, 베이즈 리스크 평가를 위해 다차원의 수치 적분이 요구되기 때문에 사실상 계산이 불가능한 방법론으로 인식되어 리스크과학 분야에서 오랫동안 방치된 측면이 없지 않았다. 그러다가 1990년대에 와서 마르코프 체인Markov chain과 몬테 카를로monte carlo 시뮬레이션을 통해 베이즈 결정을 계산하는 수치적 베이즈 결정이 실용화되었다. 통계모형 운용 전문가(고전적 통계가)와 수치 최적화 전문가가 협력하면 리스크학 분야에서도 그러한 방법을 일상적으로 적용하는 것이 가능하게 된 것이다.

그런데 상술한 것처럼 리스크 최적화 방식을 사회에 적용할 경우에, 이를 정식으로 리스크 함수의 최소화 문제로 보고, 사회 전반에서 리스크 최소화를 달성하기만 하면 되느냐 하는 것은, 그렇게 단순한 문제가 아니다. 현실적으로 사회의 구성원으로서 각 조직이나 개인에 대해 어느 한도 이상의 손실을 할당하는 것은 불가능하기 때문이다. 따라서 최적화 문제에 일정한 제약조건을 부과할 필요가 있다. 이런 종류의 집단 최적화나, 더 나아가 개개인의 존중과 관련된 제약조건들은 해당 사회의 윤리 규범에서 도출되는 경우가 많다.

한편 리스크 최적화를 위한 액션(행동)의 선택과 관련하여 가장 보수적인 액션은 최대손실을 최소화하는 미니맥스 전략이다. 이것은 사상事象이나 손실에 관한 불확실성이 대단히 클 경우에 채택되는 전략이다. 이런 종류의 보수적 전략이 필요한 경우는 리스크 해석자가 아직 리스크와 관련된 사실들을 거의 관측하지 못하고 있을 때, 또는 최대 리스크가 너무 클 때다. 일반적으로 경험정보의 축적이 적절하게 그리고 계획적으로 행해졌다면 당연히 좀 더 실제적인 리스크 회피 액션 선택이 가능할 것이다.

4. 설계과학으로서 정량적 리스크과학

리스크에 대한 귀납적 방법의 역할은, 제2절에서 소개한 리스크 평가모형의 추정과 제3절에서 소개한 제약부附 최적화로 끝나는 것일까? 리스크 공학을 전공하는 쓰쿠바筑波 대학원의 미야모토 사다아키宮本定明 교수는, 이미 제3절에서 수리적으로 정리했던 리스크 함수와 별도로 현실에서 문제가 되는 리스크에는 ① 회피해야 할 대상으로서의 '개별 리스크', ② 포지티브 리스크benefit와 함께 최적화 대상이 되는 '총체적 리스크', ③ 발견의 대상이 되는 '잠재적 리스크'의 세 종류가 있다고 말하면서, 이들을 부감적俯瞰的으로 파악하는 것이 리스크를 해석하는 데 필요하다고 지적했다.

스노의 성공을 보더라도 리스크 요인 후보가 알려져 있지 않은 상황에서 귀납적 발견이 리스크학에 기여하는 바는 분명하다. 리스크 사상事象 가운데는 지구온난화처럼 초기에는 리스크적 사상들을 야기할 것으로 인식조차 되지 않았던 것도 있었던 만큼 리스크성性을 인지하는 데 귀납적 방법이 유용할 수 있다.

그러나 리스크 현상이 무엇인가를 정하는 일에 발을 들여놓는다는 것은 리스크와 관련된 가치를 선택하는 일이기도 하다. 따라서 리스크 해석의 장면에서는 '있는 것의 탐구'를 지향하는 인식과학적 방법론으로부터 사회를 위한 과학, 즉 '있어야 할 것의 탐구'를 지향하는 설계과학적 방법론(日本學術會議, 2005)으로 패러다임을 바꿔야 할 필요가 있다. 리스크를 해석하는 데 설계과학적 관점이 필요한 것은 특히 인간이나 사회를 대상으로 한 경우에 현저하다.

설계과학設計科學의 추상적인 주기와 그 활동 대상은 〈그림 4-1〉에 정리되어 있다.

제1단계인 '가치선택value selection'은 목적으로 하는 사회target society에 어떤 가치가 필요한가를 밝히는 단계다. 리스크 해석론적으로 말한다면 잠재화되어 있을 수 있는 '인지해야 할 리스크'를 발견하는 단계로서, 대체로 리스크 특정의 단계에 대응한다. 이 단계에서는 사회에 새로운 리스크 개념을 주입했을 때 그 사회가 어떻게 반응할 것인가와 같은, 예측이나 시뮬레이션 기법이 많이 사용된다.

제2단계인 '변환translation'은 선택된 가치를 최적화하기 위한 기술모형engineering model을 정성적定性的으로 밝히는 단계로서, 리스크 산정과 평가의 전 단계에 해당한다. 또한 리스크 저감 시스템을 선택하는 단계이기도 하다. 이 단계에서는 연역적 내지 귀납적으로 축적된 다량의 지식이 활용된다. 더 나아가 신뢰성 분야에서 관리기술로 개발되어온 '고장형태 영향분석Failure Mode Effect Analysis: FMEA' 등이 활용되기도 한다.

제3단계인 '최적화optimization'는 기술모형상으로 가치를 최대화하는 단계로서, 리스크 산정과 평가 및 리스크 대응 단계에 해당된다. 이 단계에서는 제2절에서 이야기한 고전적인 틀도 유효하가. 그리고 제품 성능의 확실성을 위해 다구치 겐이치田口玄一에 의해 제안되고 국제적으로 보급된 다구치 기법Taguchi Method과 같이 손실함수를 직접 실험적으로 평가하고 최적화하는 기법도 유효하다.

〈그림 4-1〉 설계과학의 추상적 주기와 활동 대상

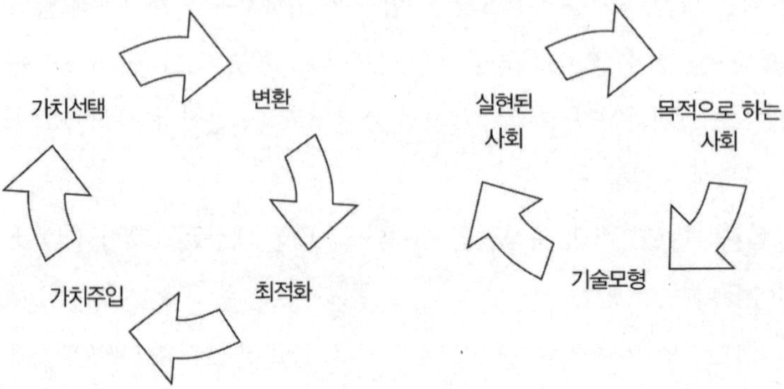

제4단계의 '가치주입value injection'은 최적화된 가치를 사회에 효과적으로 환원하여 '목적으로 하는 사회'에 가까운 '실현된 사회'를 재구축하는 것으로서, 대체로 리스크 커뮤니케이션 단계에 해당된다. 이 단계는 실제 사회의 리스크 인지를 기술적으로 실현된 리스크 수준에 맞추어 정합시키는 단계라고도 할 수 있다.

그렇게 사회에 주입된 가치가 실제로 타당한가의 검증을 거치며 이 주기는 순환하여 좀 더 높은 단계로 나아간다. 이 리스크 정보의 순환 주기가 신속하고 효과적으로 돌아가는 데 귀납적 방법론이 유용한지의 여부가 리스크 해석학의 존재가치를 결정할 것이다.

5. 리스크 해석의 가치의존성

설계과학의 입장에서 리스크 평가의 진면목을 생각해볼 때, 사회가 리스크를 어느 정도 인지하고 또 허용하는지를 아는 것은 대단히 어려운 일이다. 제2절에서 분석한 적자 리스크 문제도 사회가 경상이익이 마이너스가 되는 것을 기업 리스크로 간주하는 선택을 했기 때문에 그러한 리스크 해석을 하는 것이다.

실제로 가장 어려운 문제는 리스크 해석의 주역인 리스크 사상事象을 어떻게 파악할 것인가이다. 이것은 어떤 리스크의 평가축을 설정하는지와도 연관된다. 예를 들면 코니카미놀타Konicaminolta홀딩스의 전 회장 요네야마 다카노리米山高範는 코니카에서 스트로보strobo 내장 카메라 개발에 나서게 된 경위에 대해 대략 다음과 같이 말했다. 당시 사진 촬영에서 가장 자주 일어나는 실패는 노출 부족이었다. 그러나 대부분의 사용자들은 그것을 실패라고 의식하지 않고 어쩔 수 없는 것이라고 생각하고 있었다. 다시 말해 사용자들이 노출 부족으로 인한 실패를 손실을 수반하는 사상이라고 생각하지 않는다는 것을 코니카가 인식한 것이, 그들의 리스크 회피 상품 개발로 연결되었던 것이다.

신약 후보 물질의 인허가에서는, 과학적 실험의 통계를 토대로 의약품의 유효성benefit과 안전성risk을 통계적으로 평가한 자료에 의거해 총체적으로 평가하는 방식이 행해진다. 예를 들어 신약의 안전성 평가의 경우에는 사회가 리스크를 어떻게 인지하느냐가 약품의 유효성에 크게 의존한다. 여기서는 의약품의 종합적 가치 또는 총체적 리스크에 의존하는 방식으로 개별리스크의 안전성이 인지된다. 다시 말해 의약품이 유효했던 정도에 부응하여 리스크가 허용되기도 하는 것이다. 예를 들면 항암제의 유효예有效例로 허용되는 부작용 사상이 완전히 동일한 사상일지라도 감기약의 유효예로는 허용되지 않는 것이다. 양자는 모두 리스크성性 현상이지만 인지되는 리스크로서는 상이한 것이다.

또한 환자 개인의 입장에서 보면 치료가 유효하지도 않은데 부작용이 생기는 것을 허용할 수 없을 것이다. 더 나아가 일반적으로 리스크를 비교

〈표 4-2〉 치료 리스크에 대한 가상의 인지

치료 결과	치료 안전	치료 안전하지 않음
치료 유효	리스크 허용: p_1	리스크 허용: p_2
치료 유효하지 않음	리스크 허용: p_3	리스크 인지: p_4

주: p_i는 해당 셀에 속하는 환자의 비율.

적 두려워하지 않는 사람인지 리스크를 싫어하는 사람인지 같은 리스크 선호 여부에 따라서도 리스크 허용에 관한 개인차가 발생한다.

이와 같이 인지된 리스크를 평가하기 어렵다는 것은 〈표 4-2〉와 같은 가상 의 환자 집단에서의 치료 평가를 고찰해보면 이해가 가능하다.

현재 기존의 표준 치료에서는 $p_1 = 0.3$, $p_2 = 0.3$, $p_3 = 0.3$, $p_4 = 0.1$, 신약 후보는 $p_1 = 0.7$, $p_2 = p_3 = 0.0$, $p_4 = 0.3$이었다고 하자. 신약의 승인이 표준 치료와 비교했을 때 유효율 개선과 안전율 개선이라는 두 가지 집단적 비율의 개선 여부를 기준으로 시행된다면, 표준약은 유효율 $p_1 + p_2$, 안전율 $p_1 + p_3$이 각각 60%이고, 신약은 각각 70%이므로, 신약은 승인 기준을 충족한다. 그러나 〈표 4-2〉와 같은 비율 구조에서는 환자가 허용하지 않는 리스크 비율 p_4는 신약(30%)이 표준약(10%)의 3배에 이르게 된다.

이들 가치와 관련된 곤란을 회피하기 위하여 지금까지 두 가지 방책이 강구되었다. 국제적으로 주류가 된 한 가지의 접근은, 가치관에 크게 의존하지 않고 누구든지 공통적으로 인지할 수 있는 안전성·유효성 평가지표, 예를 들면 '정상적인 생활이 가능했던 기간'에 관한 정보 등을 엔드포인트 end point로 하여 평가하는 것이다. 그러나 중증 질환과 경미한 질환에서 '정상적인 생활이 가능했던 기간'의 가치가 동등하다고 인식할 수 있는가를 물으면, 적어도 나로서는 그렇지 않다고 답할 수밖에 없다.

또 하나의 방책은 가치에 의존하는 인지된 안전성·유효성 지표의 비교를 허용하고 엔드포인트에 의해 통계적 해석을 보충하는 것이다. 사실 1990년대 후반까지는 일본의 신약 임상 평가에서 '주치의에 의한 (치료의) 유용성 평가'라고 부르는 주관적 종합 평가가 행해지고 있었다. 그러나 이 '있어야 할 치료 평가'는 시대나 사회에 의존하며 역사적으로도 변한다는 것에 유의해야 한다.

통계적 결정 이론의 틀 내에서 가치평가와 가장 관련이 깊은 것이 '후회 regret'의 개념이다. '후회'란 실현된 사상으로부터 돌이켜 볼 때, 해당 액션이 최선의 액션에 비해 어느 정도로 손실이 컸는지를 평가하는 것이다. 단순히 "저렇게 했다면 좋았을 텐데"라고 후회하는 것이 아니라 "저렇게 했다면 얼마만큼 더 좋았을까?"라는 물음에 대답하는 것이다. 당연히 시대가 지날수록 최선의 액션은 진보하기 때문에, 어떤 치료방법에 대해 시간이 흐르면서 후회가 커지게 되고, 후회에 기초한 리스크 평가는 나빠지게 된다.

이 후회량後悔量 평가가 인지된 리스크와 유관하다는 것은 금융 분야의 리스크 평가에도 해당된다. 금융 분야에서의 하이 리스크는 리턴의 대소라기보다 리턴의 분산volatility이 큰 것을 가리키는 경우가 많다. 어떤 액션을 실시했을 때 그 액션의 결과 기대되는 최선 또는 표준 시나리오에 비해 최대 어느 정도까지 수익이 나빠지게 되어 후회하는가를 '리스크'로 인식하려는 사고방식이 하이 리턴의 배후에 있다고 생각된다. 의약품 영역에서는 의약품의 선택에 의해 후회를 최소화하려 하지만 금융 영역에서는 금융자산의 운용에 관한 포트폴리오의 설계에 의해 후회를 최소화하는 것으로 생각된다.

6. 리스크 해석의 결과를 어떻게 주장할 것인가?

스노가 우물물을 콜레라 발생의 원인으로 특별히 지목한 조사와 다카키가 백미식白米食을 각기병의 원인으로 지목한 실험은 모두 오늘날이었다면 「분할표分割表 검정」의 방식으로 통계적 해석이 틀림없는 이루어졌을 사례들이다. 그러나 두 연구자의 입장은 크게 달랐다. 스노는 애초에 사상의 원인이 불분명하여 여러 가지 원인을 하나하나 조사하고 검토한 끝에 리스크 인자를 찾아냈다. 그에 비해 다카키는 당시 손에 넣은 지식을 토대로 장기간 항해하면서 백미식을 한 것이 각기병의 원인이라는 '가설'을 형성했고, 그 증거 확보를 위해 반맥식半麥食 항해를 제안하고 실시하여 필요한 정보를 채취했다. 그리고 존 튜키John Tukey는 전자를 형사의 입장에서 데이터를 해석한 「탐색적 데이터 해석Exploratory Data Analysis: EDA」, 후자를 재판관의 입장에서 데이터를 해석한 「검증적 데이터 해석Confirmatory Data Analysis: CDA」이라고 칭했다(Tukey, 1977).

EDA는 데이터 마이닝data mining 또는 발견과학과도 입장을 함께하고 있다. EDA는 리스크를 다루는 경우에 방대한 리스크 요인 후보들 가운데 실제 리스크 요인을 특별히 지정하기 위해 형사의 입장에서 범인을 압축하는 방법을 사용한다. 이 방법은 미지의 요인이나 리스크와 관련된 이벤트를 적출하는 데도 사용된다. 그러나 현시점에서 EDA의 가설탐색이나 지식발견의 수순手順은 분석자의 경험이나 역량에 상당 정도 의존하는 속인적屬人的인 방법이라 할 수 있다. 물론 최신 발견과학에서는 우수한 데이터 분석가가 수행하는 탐색 방법을 알고리즘으로 해서 구체적으로 재현하려고 노력하고 있다. 그러나 EDA의 과정이나 결과는 일반적으로 해석자의 노하우나 주관적 판단을 많이 포함하고 있다고 여겨진다. 따라서 EDA나 데이터 마이닝에 의해 발견된 지식들은 전문가의 검토를 거쳐, 더 바람직하게는 사실 검증을 거쳐 사회에 전해져야 한다.

그래서 리스크 요인 후보가 얼마나 유의미한가를 결정할 때는 재판관의 입장에서 해석하는 CDA가 사용된다. 이 CDA를 대표하는 추론방식이 「통계적 가설검정假說檢定」이다. 이른바 검정의 유의미 수준이란 실제로는 리스크와 관계없는 요인을 리스크 요인이라고 오판단할 확률의 상한선을 말하는 것으로, 이것을 「통계적 가설검정」의 '제1종 오류'라 부른다. 이것은 '불이 없는 곳에서 연기가 났다'고 서술하는 과오로, '덜렁이의 오류'라고도 부른다. 이 가설검정의 유의미 수준은 전통적으로 5%(또는 1%)를 채택하고 있는 분야가 많다. 물론 이것은 관습에 의거한 사회적 합의 이외에 아무것도 아니며, 수리적으로는 6%이든 4.9%이든 상관없는 성질의 것이다. 나아가, 유의미 수준 같은 의사결정과 관련된 역치閾値는 본래 그 추론에 사용되는 정보의 양(데이터 수)과 질(분산 정도)에 강하게 의존해야 하며 타당한 조사 및 실험계획 없이 이런 종류의 추측 이론을 사용하는 것이 허용되어서는 안 된다.

일반적으로 통계과학이나 발견과학의 연구자 가운데는 발견적·탐색적이거나 검증적이거나 이 둘 중 어느 한쪽 방법론으로 연구를 하는 사람이 많고 양자 간에 서로 교섭이 없는 경우가 대다수다. 한편 리스크 해석의 전문가들은 EDA와 CDA의 차이를 잘 인식하여 리스크 특정 단계에서는 EDA를 사용하다가 자신의 가설 형성이 진전되면 CDA로 나아가는 경우가 흔하다.

이 두 통계적 입장을 다른 각도에서 정리해보면, 데이터로부터 얻은 지식으로 무엇을 주장할 수 있는지에서 차이가 있다. 데이터 해석에는 대략 ① 발견: 'F가 R의 원인일 가능성이 시사示唆된다', ② 선택: '어느 쪽이냐 하면 F가 R의 원인이라 생각하는 것이 타당하다', ③ 보증: 'F가 R의 원인이라는 것을 어느 정도 확실하게 보증할 수 있다' 의 세 가지 서술 스타일이 있는데 이들은 통계적 검토로부터 얻은 증거력의 각 수준에 대응한다.

이들 가운데 '선택'은 어떤 의미에서 서술에 기인하는 리스크를 통계적 결정 이론에 의거하여 최소화하는 것이고, 손실에 관하여 엄밀한 정식화가 가능하다면 이 방식은 합리적인 서술을 도출할 것이다.

그러나 일반적으로 지금까지 없었던 물질이나 정보를 사회에 도입하는 상황에서 그것이 우리에게 어떤 영향을 미칠 가능성은 있지만 그 내용을 잘 알 수 없을 경우에는, 최종적인 서술의 증거력으로서 통계적 추측 이론에 의거한 '보증'이 요구되는 일이 많다. 그에 비해 사회에서 일상적으로 사용되고 있는 물질이나 정보에 어떤 리스크가 있어 재검토를 시작해야 할 경우에 필요한 증거력은 '발견'으로 충분할 것이다. 물론 그 물질이나 정보를 사회로부터 배제하기 위해서는 좀 더 강력한 증거력이 필요할 것이다.

한편 이 '발견'과 '보증'에서 서로 다른 통계적 방법이 사용되는가 하면 (스노와 다카키의 태도가 서로 비슷하지만 다르다고 기술한 것처럼) 동일한 검정假說檢定이 데이터에 적용되지만, 양자가 실제로 검토하는 서술의 수數는 다르다. 형사의 입장에서는 여러 서술을 검토한 다음 가장 그럴듯한 서술을 선택하는 데 비해 재판관의 입장에서 검토해야 할 서술은 엔드포인트에 관한 서술이지 다중성multiplicity이 아니다.

그런데 가설검정은 1회의 서술에서 있을 수 있는 '덜렁이의 오류'의 확률을 제어한다. 그러나 다수의 서술 속에 일어날 수 있는 오류를 제어해주는 것은 아니다. 만약 연구자가 어떤 리스크 요인이 여러 가지 사상에 미칠 영향에 관한 200개의 가설을 유의미 수준 5%에서 동시에 검정했다고 할 때, 그 리스크 요인이 모두가 관심이 있는 사상에 대해서는 아무런 영향이 없다 하더라도 유의미하게 리스크를 증대시키는 서술이 5개, 감소시키는 서술이 5개 존재한다면 평균적으로는 '덜렁이의 오류'로 간주된다. 이때 가설검정이 반복해서 행해졌다는 것을 무시하고 서술을 제시하는 것이 발견적 입장이고, 가설검정이 반복해서 행해진 것을 감안하여 최종적인 서술의 오류 확률을 유의미 수준 이하에 머물도록 하려는 것이 검증적 입장 내지 보증의 입장이다.

후자의 입장에서 다수의 가설을 검증하기 위해서는 일반적으로 다중비교multiple comparison 방법론을 사용한다. 가장 단순한 다중비교법은 각 서술에 관한 검정의 유의미 수준을 명목상의 유의미 수준(5%, 1% 등)으로 설정하는 것이 아니라 명목의 유의미 수준을 검토 가설의 수로 나눈 것으로 해서 한 서술당 '제1종 오류'를 축소시킨다. 이것을 본페로니Bonferoni의 방법이라고 한다(椿·藤田·佐藤 編, 1999 참조). 다중비교를 적용하는 것을 전제한다면 지나치게 많은 가설을 동시에 검토하는 것은 리스크 검정에 오히려 불리한 일이다. 그래서 요인이나 엔드포인트를 압축하고 나서 검증적 추론을 행하는 경우가 많다.

7. 리스크 해석자의 입장과 이해관계

리스크를 제3자가 판단하는 경우, 다중비교의 적용 여부를 판단하기 어렵게 만드는 것은 과연 해석자가 검토한 서술 모두를 전부 개시開示해놓았을까 하는 의심이다. 검정을 반복하여 적용했다는 것을 개시하지 않고 제1종 과오를 사실상 증대시키는 것으로 메리트를 얻는 것은, 그 리스크와 관련된 서술을 보증된 결과로서 발표함으로써 메리트가 생기는 이해관계에 있는 해석자다. 그러므로 이러한 성격의 해석자가 가설검증에 관하여 서술할 때는 데이터를 채택하기 전에 실험이나 데이터 해석에 관한 계획서를 제3자에게 제출하고 이 같은 계획서대로 실험이나 해석이 행해졌다는 것을 제3자가 확인하는 식의 절차가 필요하다. 이는 의약품의 유효성positive risk에 관한 가설검증이 사회제도적으로 행해지고 있다는 의미다. 실제로 의약품의 유효성 가설에 대한 검증은 개발 메이커 의해 자체적으로 행해지기 때문이다. 이 경우 의약품의 비안전성에 관한 가설검증에서 다중비교를 행하지 않은 서술을 어떻게 취급할지의 문제는 다중비교를 행하지 않는 것은 단지 개발 메이커의 불이익이 되므로, 다중성의 조정을 철저히 할 것을 사회제도로 속박할 일은 아니라는 것이 된다.

한 걸음 더 나아간다면, 의약품의 안전성에 대해 소비자 측이 보증해주기를 바라는 것은 모든 관심 사상에서 의약품의 비안전성에 관한 주장이 일어나지 않는 것이다. 다시 말해 어떤 의약품이든 '의약품은 안전하다'는 통상의 가설을 기각하여 그것의 사용을 중단시키는 일이 일어나지 않고, '이 의약품이 상당히 위험하다'는 가설을 모두 기각하여 '이 의약품은 어느 정도 안전하다'는 안심을 보증해주기를 바라는 것이다. 통계적 가설검정에서는 기각하고 싶은 작업가설을 귀무가설歸無假說이라고 하고, 결과적으로 주장하고 싶은 가설을 대립가설對立假說이라고 부른다. 즉, 유효성과 안전성에서는 귀무가설과 대립가설의 역전현상이 일어난다. 이때 형식적으로 지금까지의 귀무가설을 기초로 다중성을 조정하려는 것은, 이러한 의미에서 소비자 위험을 보증하는 것은 아니다.

이처럼 이해관계의 상반이 존재하는 리스크 평가를 가설검정이라는 전통적인 방법으로 시행할 때는 무엇이 기각하고 싶은 귀무가설인가, 하나의 가설을 기각하고 싶은가(Or 논리) 아니면 모든 가설을 기각하고 싶은가(And 논리) 등을 예컨대 생산자-소비자처럼 입장별로 검토할 필요가 있다(椿·藤田·佐藤 編, 1999). 리스크 해석자가 어느 한쪽의 입장에 서서 그 해석의 공평성을 비판해야 하는 경우가 있다. 이 경우 CDA는 재판관의 입장이 아니라 검사·변호사의 입장에서 행해질 가능성을 제3자가 인식할 필요가 있다.

8. 리스크 해석에서의 그 밖의 과제들

리스크 해석에는 지금까지 거론한 것 외에도 많은 어려움이 존재한다.

첫 번째, 리스크와 관련된 사상이 단일하지 않고 사실상 복수로 생각되는 경우가 있다. 인간의 사망 리스크를 생각해보면 심장질환, 암, 자살 등 여러 가지 사상이 있고 또한 사망이라는 결과를 놓고 보면 여러 사상, 즉 서로 다른 리스크 요인이 작용했을 가능성이 있다. 그래서 암의 리스크 요인을 해석할 때는 심장질환으로 사망했고 암으로 사망하지 않은 사람들의 데이터까지 포함시켜 해석할 필요가 있는 것이다. 예를 들어 염분을 상당히 많이 섭취한 사람은 고혈압으로 조기 사망할 가능성이 높다고 한다면, 이러한 단순한 해석에 따라 외견상 암에 의한 사망이 축소되어버릴 수 있다. 이러한 것을 경합 리스크competing risks 문제라고 부른다.

두 번째, 리스크 발현의 개체차個體差와 관련하여 통계모형상 어떻게 표현하는 것이 효율적인가의 문제가 있다. 보통은 모든 개체마다 다른 파라미터를 사용한 통계모형을 이용하는 것은, 집단전체의 기술로서는 파라미터의 수가 너무 많아져버려 모델에 의한 리스크 예측의 정확도가 떨어지게 된다. '과학의 문법'에 의하면 적절한 분류를 행하고 그룹 내에서는 공통의 파라미터를 사용하여 리스크를 평가하는 것이 일반적이었다. 오늘날에도 이러한 접근은 충분히 설득력이 있기는 하지만, 분류와 함께 개체차를 표현하는 파라미터가 확률적으로 분포한다고 간주하는 '계층적 베이즈 모형hierarchical Bayes model'을 적용하는 것도 유력한 방법이 될 것이다. 후자의 경우 확률분포를 규정하는 파라미터가 모형을 표현하는 파라미터가 되는데, 파라미터 수의 관점에서 본다면 모형의 복잡성이 크게 감소하여 리스크 예측 성능이 개선되는 것을 기대할 수 있다.

세 번째, 대단히 희귀한 사상을 정상 집단의 확률분포상 낮은 확률로 일어나는 것으로 파악할 것인가, 아니면 정상 집단 이외의 '별개의 집단' 또는 특정 리스크 요인에 약한 집단에 속하는 것으로 표현할 것인가의 문제가 있다. 전자라면 집단의 분산을 저감시키는 것으로 그 발생을 억제할 수 있지만, 후자의 경우는 정상 집단의 분산 정도를 아무리 축소하더라도 별개 집단의 발생을 억제할 확실한 방법은 없다. 후자에서는 약한 집단에 선택적으로 작용하는 리스크 요인을 특정할 필요가 있다. 이를 위해서는 평균치가 아닌 최대치나 최소치의 확률적 성질을 의론할 필요가 있는데 이에 부응하는 것이 굼벨의 극치이론極値理論이다. 이 극치이론을 사용하면 약한 순서(가장 약하다, 두 번째로 약하다)에 관한 요인을 분석하고 평가할 수 있다. 이것이 「순서 로짓rank logit 분석」으로 대표되는 질적 선택이론이다.

한편 리스크 해석에서는, '제약부附 리스크 최소화 결정'에서 사용되는 손실함수의 실현치에도 통계모형에서 나타나는 불확실성이나 다양성이 존재한다.

화학물질의 리스크로 말하면, 식품·의약품·환경화학물질 등에서는 물질이 의사 같은 전문가의 관리하에 폭로되었는가의 여부, 인체에 어느 수준으로 폭로되었는가, 폭로의 직접적 실행자와 폭로의 영향을 받은 피해자가 동일한가의 여부에 따라 상황이 크게 달라진다. 그 결과 손실함수의 표현이 전혀 달라지는 것이다.

나아가 리스크 선호에 관한 개인차의 문제도 있다. 이미 서술했듯이 집단 전체의 손실이 개개인 손실의 총화라고 간단하게 정리할 수 없기에, 각 개인별로 허용 가능한 손실을 상회하는 일이 없도록 제약부 최적화 또는 페널티부 최적화를 강구해야 한다. 현실의 리스크 해석에서는 이 손실함수의 표현모형 쪽이 사상 발생의 평가모형에 비해 앞으로 검토해야 할 과제가 더 많다.

이 장에서는 자세히 언급할 수는 없었으나 리스크를 평가하는 데이터를 어떻게 효율적으로 수집하고 데이터베이스화할 것인가와 관련해서 조사연구에서는 역학연구疫學硏究의 방법론이, 실험연구에서는 실험계획법이 기본적으로 이용된다(宮原·丹後 編, 1991; Armitage, et al., 2002 참조). 하지만 최적 데이터의 수집 자체가 본래 평가모형과 손실 표현의 양자에 의존하기 때문에 여기에도 많은 과제가 남아 있다.

리스크 해석의 귀납적 접근에는 이외에도 여러 검토과제가 있다. 그러나 리스크학이 걸어가야 할 길이 분명해지고 또 필요한 정보 수집과 데이터베이스 구축이 진전됨에 따라 정량적 리스크 해석 전문가들에 의한 과제 해결은 가속화될 것이다.

참고문헌

椿 広計. 2007.「統計科學の横斷性と設計科學へ寄與」. ≪橫幹≫, 第1卷 1號, pp. 22~28.

椿 広計·藤田利治·佐藤俊哉 編. 1999.『これからの臨床試驗: 醫藥品の科學的評價, 原則と方法』. 朝倉書店.

中谷宇吉郎. 1958.『科學の方法』. 岩波新書.

日本學術會議 學術の存り方常置委員會. 2005.『報告 新しい學術の存り方: 眞のscience for societyを求めて』. 日本學術會議.

宮原英夫·丹後俊郎 編. 1995.『醫學統計學ハンドブック』. 朝倉書店.

吉村昭. 1991.『白い航跡 上·下』. 講談社.

Armitage, P. G. Berry and J. N. S. Matthews. 2002. *Statistical Methods in Medical Research*, 4th ed. Blackwell Science.

Pearson, K. 1892. *The Grammar of Science*. Charles Black.

Turkey, J. W. 1977. *Exploratory Data Analysis*. Addison Wesley.

Wald, A. 1950. Sta*tistical Decision Functions*. Wiley.

제5장

환경리스크를 어떻게 생각할 것인가?

나카니시 준코中西準子

2006년 9월 '말라리아를 없애기 위해 유기염소계系 살충제 DDT의 실내 잔류성 분무Indoor Residential Spraying: IRS를 장려한다'는 세계보건기구WTO의 발표는 전 세계에 충격을 주었다. DDT는 환경생물에도 사람에게도 유해한 화학물질로서 많은 나라가 사용을 금지해왔고 여러 국제기구도 금지를 장려해온 물질이기 때문이다. 물론 말라리아 대책용으로만 사용이 장려된 것이고 농약 용도로는 계속 금지되었지만 어떻게 해서 이처럼 방침의 전환이 이루어졌을까? 그것은 이미 억제되었다고 생각했던 말라리아가 부활해 맹위를 떨치고 있는 상황이 DDT 금지와 적지 않은 관계가 있다고 여겨졌기 때문이다. 환경 보전을 위해 DDT가 금지된 덕택에 이 비참한 상태가 30년 가까이 이어졌다. 왜 좀 더 일찍 손을 쓰지 않았을까? 이 의문을 푸는 열쇠는 환경리스크에 대한 사고방식에 있다. 이 장에서 그 구조를 해석한다.

1. DDT 문제의 중대성

1) 말라리아 감염자 수의 연도별 변화

환경리스크란 무엇인가에 대한 글부터 써야 할지 모르겠지만, 여기서는 그것보다 우리가 직면하고 있는 문제를 환경리스크라는 사고방식으로 풀어나가는 것부터 시작하겠다. 그리고 후반부에서 정의나 방법에 대해 기술할 것이다. 따라서 전반부의 사례들에서 사용되는 '환경리스크'라는 말은 전문용어로서가 아니라 일상회화적인 의미의 환경리스크, 즉 환경영향의 정량적 표현임을 먼저 말해둔다.

나는 현재 주로 화학물질의 리스크 평가, 리스크 관리를 하는 일에 종사하고 있다. 본래 관심사는 환경문제 일반이고 반드시 화학물질로 제한한 것은 아니지만 최근 수년 동안은 오로지 화학물질의 리스크 문제에 집중해 왔다.

이와 관련해서 2006년 9월 WHO가 중대발표를 했다. 바로 DDT 정책의 방침 변경 선언이다. 개인적으로 DDT에 대해 조사연구를 한 적은 없지만, DDT는 환경영향, 특히 생태영향 때문에 금지된 화학물질로서의 상징성이 있었다. 이를 재검토한 것도 놀라웠지만 여기에 더해 국제기구가 공식적인 성명까지 낸 것이다. 그러나 내가 더 충격을 받은 것은 그 직후 말라리아에 대해 조사하다가 발견한 동남아시아 지역 말라리아 감염자 수의 연도별 변화표 때문이었다(〈그림 5-1〉 참조). 연간 100만 명에 가까운 사람이 말라리아로 사망한다는 사실을 알게 된 후, WHO 보고서(2007)를 통해 말라리아 급성 감염자가 전 세계에 5억 명이 넘는다는 사실을 알게 되었고, 여기에 제시된 동남아시아 지역 말라리아 감염자 수의 연도별 변화표(〈그림 5-1〉)를 본 후에는 더 큰 충격을 받았다(WHO, 2007).

〈그림 5-1〉 동남아시아 지역에서의 말라리아 대책과 감염자 수(1948년 이래)

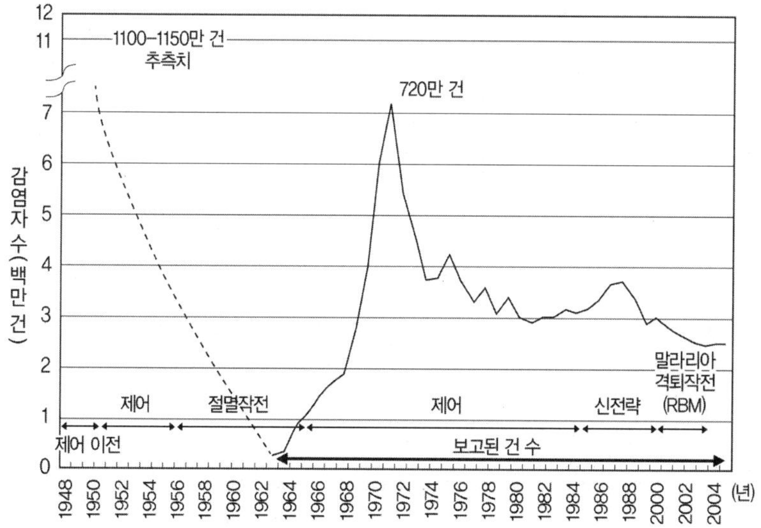

자료: WHO(2007).

그동안 말라리아가 상당히 억제된 것으로 보였지만 다시 부활한 것이다. 그리고 그것은 DDT의 사용 및 금지와 관련이 있는 듯하다. 연도별 변화의 모든 것이 오직 DDT의 사용 및 금지와 관련된다고 말할 수는 없더라도 큰 흐름에서는 관련이 있는 것 같기 이러한 WHO의 방침 변경이 나왔을 것이다. 환경리스크를 논하게 된다면 이 문제부터 시작해야겠다고 생각했다.

2) WHO 발표문의 내용

2006년 9월 WHO의 선언은 '말라리아를 없애기 위해 유기염소계 살충제 DDT의 IRS를 장려한다'는 것이었다. DDT는 악성이 가장 높은 물질로 간주되어 추방된 이래, 최근 30년 동안 화학물질에 대한 환경 규제의 상징적인 역할을 해왔다. DDT는 1964년 출판된 레이철 카슨Rachel carson의 『침묵의 봄』에서 조류 같은 야외 생물뿐만 아니라 인간의 건강까지 해치는 환경 파괴의 장본인으로 묘사된 적이 있으며, 1960년대 말부터 1970년대 초에 걸쳐 점차 제조와 사용이 금지되었다. 일본에서는 1968년에 논농사에 사용이 금지되었다가 1971년에 전면 금지되었다. 미국에서도 1973년에 전면 금지되었으며, 유럽에서는 1978년에 일부 예외를 제외하고는 사용이 금지되었다(1983년에 전면 금지). 이때까지는 말라리아 박멸을 위해 WHO나 UN 등 국제기구들이 DDT의 사용을 권하다가 억제에 성공한 이후로는 사용을 금지하는 추세로 기울어졌다.

1975년에 WHO와 UN환경계획UNEP가 DDT 대체 방법 개발을 촉구한 것이 계기가 되어 1980년 전문가 회의에서는 지금까지의 국제적 방침을 완전히 변경했다. 즉, 공중위생보다 환경문제가 더 중요하다고 생각한 사람들이 국제기구들의 방침을 결정하게 된 것이다. 그리고 1985년에 개최된 국제보건회의에서 프라이머리 헬스케어Primary Health Care: PHC를 채택했다. PHC란 원리적으로는 인재를 육성하고 그들의 경제적 자립을 도모하며, 모든 사람이 기본적인 의료서비스를 받을 수 있도록 하는 것이었지만, 이는 너무 고상한 목표였고 현실적으로는 여러 잡다한 대책의 집합체가 되고 있었다. 말라리아 대책과 관련해서 건강교육, 청결 유지, 살충제(피레트로이드pyrethroids계 등)를 넣은 모기장 배포 등을 실시했다.

모든 나라가 DDT의 사용을 금지한 것은 아니지만 세계은행 등 각종 국제기구들은 DDT의 금지를 우선했고 자금 원조도 대체 살충제를 넣은 모기장 배포를 조건으로 하는 경우가 많았다. 따라서 개도국에서도 금지와 동일한 효과가 나타났다.

말라리아 감염에 의한 사망자 수의 80~90%는 아프리카의 사하라 사막

이남 지역에서 발생하고, 그 밖에 사망자가 많은 지역은 브라질, 인도, 스리랑카다. 선진국에서는 발증자發症者 수가 적지만 최근에 증가 경향이 나타나고 있다. DDT의 사용과 금지에 따른 말라리아 환자 수의 변천에 대해서는 흔히 스리랑카의 예가 소개된다. 스리랑카에서는 1948년에 감염자 수가 약 250만 명이었는데 DDT의 사용에 따라 100명 이하로 내려갔다가 사용이 금지되면서 이전 수준으로 돌아갔다고 보고되었다. 그러나 스리랑카의 감염자 수 변화가 모두 DDT 때문이라고 단정하기는 어렵다.

WHO의 정의에 따르면, 1950년대까지는 '제어 이전'의 시대, 그 이후는 '제어'의 시대, 1950년대 중반부터 1960년대 후반까지가 '절멸작전'의 시대, 1960년대 후반부터는 다시 '제어'의 시대, 1992년부터는 '신新 전략'의 시대(PHC에 해당), 그리고 1990년대 후반 이후 '말라리아 격퇴작전RBM'이 전개되었다. 〈그림 5-1〉로부터 알 수 있듯이, 아무런 대책이 없었던 1948년 무렵에는 1,100~1,150만 명의 발증자가 있었던 것으로 추정된다. 그 후 DDT 살포를 포함한 다양한 '절멸작전'이 실시되면서 말라리아 감염자는 제로에 가까운 수준까지 내려갔다. 그러나 DDT에 대한 내성종耐性種이 출현하여 효과가 떨어졌고, 1960년대 중반에 내성종 문제가 해결되었지만 그때는 DDT 사용이 금지되었으며, DDT 사용 금지와 부합하듯이 말라리아 감염자 수는 다시 증가하기 시작했다. 그리하여 대략 300만 명 정도의 수준이 유지되다가 1992년경부터 감염자 수는 또 다시 증가하기 시작해 상당한 자금원조 아래 PHC 나 말라리아 격퇴작전RBM Roll Back Malaria: RBM 의 대책들이 실시되었으나 – 그 결과 〈그림 5-1〉에서 보듯이 감염자 수가 다소 줄어들긴 했으나 – 큰 효과는 없었다.

아프리카 사하라 이남의 상황은 더욱 심각하여, 말라리아를 격퇴하기 위해서는 DDT를 사용하는 수밖에 없다는 결론에 도달했다고 WHO는 설명했다(1960년대의 절멸작전 때도 아프리카에서는 동남아시아 지역만큼 성공을 거두지 못했다는 것이 역사적 사실이었으므로 상당히 어려운 문제이기는 하지만).

이와 같이 DDT 사용이 금지되고 대략 30년이 경과한 때 WHO가 말라리아 퇴치를 목적으로 DDT의 IRS를 장려한다고 공표한 것이다. IRS란 실내 벽면에 살충제를 분무하는 것으로 즉효성이 있다. 왜냐하면 학질모기는 흡혈행동을 할 때 실내 벽에 붙어 휴식을 취하는 성질이 있기 때문이다.

WHO는 1980년대 초부터 IRS의 보급을 위해 많은 노력을 기울여왔는데, IRS가 사람의 건강이나 환경에 대한 영향이 크다는 목소리가 높아짐에 따라 사용을 중지시키고 다른 방법들을 검토하기 시작했다. 그러나 그 후의 많은 연구 및 조사 결과 IRS가 사람이나 환경에는 해가 없다는 결론에 도달했다[IRS에 대해서는 외무성(2005)의 핸드북에 자세히 설명되어 있고 사진도 첨부되어 있다. WHO는 IRS의 사용으로 모기에 의한 말라리아 감염의 90%를 없앨 수 있다고 주장하고 있다].

3) DDT의 환경영향

그러면 DDT의 환경영향을 어떻게 생각해야 할까? 레이철 카슨이 『침묵의 봄』에서 주장한 것들, 즉 DDT는 인간과 기타 생물들의 체내에 축적되고 잔류한다, 이것은 인간에게 신경장애나 암을 일으킨다, 그리고 초목을 말라죽게 하고 곤충을 죽이고 조류를 절멸시킨다는 주장들은 틀린 말일까? 내분비를 교란시키는 성질이 있다는 최근의 주장은 어떠할까?

DDT는 레이철 카슨의 책 때문에 금지된 것이 아니다. DDT에 의해 특정 조류의 알 껍데기가 얇아졌고 개체 수가 감소했다는 과학 논문이 1967년에 영국의 ≪네이처Nature≫지에, 그리고 1968년에 미국의 ≪사이언스Science≫지에 게재되어, DDT가 조류에 악영향을 끼친다는 것은 거의 확실한 사실이었다. DDT에는 축적성과 잔류성이 있다는 것, 그리고 그러한 성질을 가진 물질을 대량으로 사용하고 환경 속에 방출되는 사태는 막아야 한다는 것은 물론 맞는 말이다. 현재는 DDT의 폭로량暴露量이 통상 상정되는 범위 안에 있다면 인간에게 암을 일으키거나 신경에 악영향을 주는 일이 거의 없다고 밝혀져 있지만 1960년대의 상황에서는 레이철 카슨의 경고가 필요했고 또 적절했다고 해야 할 것이다.

이후, 문제가 되었던 맹금류 알 속의 DDT 농도도 문제를 일으키지 않을 정도까지 낮아졌다. 그런 의미에서 DDT 금지는 효과를 거두었다고 할 수 있다.

WHO는 DDT를 농약용이 아니라 실내 살포용으로만 사용한다면 생태계에 대한 영향은 무시할 수 있는 수준이라고 말한다. 하지만 한편으로는 DDT가 생식기능이나 내분비계 기능에 영향을 줄지도 모른다는 증거가 늘어나고 있다.

DDT를 금지함으로써 생태계에 대한 리스크를 없앨 수 있었던 것은 분명하다. 그러나 만약 DDT를 사용함으로써 말라리아를 예방할 수 있다고 한다면, DDT의 전면 금지는 비참한 결과를 낳았다고밖에 말할 수 없다. 〈그림 5-1〉에 나타난 말라리아 감염자 수는 동남아시아 지역에 한정되었지만 아프리카에서는 그 열 배나 되는 사람이 감염되어 있는 것이다.

다만 1970년대의 말라리아 감염자 수 증가는 DDT를 금지한 결과가 아니라는 주장도 있고 또 조류 알의 껍데기가 얇아지는 현상도 DDT 사용 이전부터 나타났다는 등 DDT의 생태영향을 부정하는 내용의 보고서도 있다. 이러한 주장들은 앞으로 DDT의 신중한 사용에 의해 그 진위가 차차 밝혀질 것이다. 설사 DDT에 문제가 있다는 것을 안 시점으로 돌아간다 하더라도 당시에 그것은 많은 도움이 되었고 그 덕분에 수많은 인명이 구제되었다는 것은 분명한 사실이다. 다음 절에서는 DDT의 적절한 사용으로 말라리아 감염증을 대단히 낮은 수준으로까지 낮출 수 있다는 WHO의 주장(가설)을 바른 것으로 보고 논의를 진행한다. WHO의 결정에 반대하는 환경보전 시민단체가 많지만 시에라클럽Sierra Club이나 환경방위Environmental Defence 등은 WHO의 방침을 지지하고 있다.

2. DDT와 그로 인한 리스크

1) 리스크 트레이드오프

환경문제의 잘못된 관리의 사례로 지금까지도 흔히 인용되는 것이 미나마타水俣 병이다. 이 경우에는 DDT와 정반대의 일이 일어났다. DDT와 같은 예를 우리는 리스크 트레이드오프trade-off라고 표현한다. 이는 현재 문제가 되고 있는 리스크를 삭감하기 위한 노력이 역으로 다른 리스크를 증대시켜버리는 경우, 즉 어떤 리스크 삭감을 위한 노력이 대항 리스크의 증대를 가져오는 것을 의미한다.

환경문제에서는 최근에 이런 사례가 대단히 많아졌다. 그 이유는 ① 모든 것이 환경문제를 내포하고 있으며 서로 관계가 있고, ② 지역적인 또는 눈에 두드러진 환경문제들에 대한 대응이 종료되고 지구 전체나 지구의 장래에 대한 문제가 증가하고 있기 때문이다. 개별적인 리스크의 크기는 작으나 리스크가 도처에 존재하기 때문에 그것들을 삭감하는 데 비용이 많이 들고 또 그로써 영향을 받는 다른 활동들이 많아졌다. ③ 환경문제가 물질에 기인하는 문제로부터 에너지에 기인하는 문제로 변화했다는 점을 들 수 있다. 비단 환경뿐만 아니라 모든 문제가 에너지를 사용하여 해결되고 있는데 에너지를 사용하는 것이 곧 환경문제라고 하면 트레이드오프가 쉽게 일어나는 것은 필연적이라고 할 수밖에 없는 것이다.

〈표 5-1〉 DDT의 사용과 관련된 리스크

용도	DDT 사용에 따른 리스크	DDT 금지에 따른 리스크
농약	생태 리스크, 인간의 건강 리스크(당초에는 신경계·발암, 최근에는 내분비 활성), DDT 비용	농약을 사용하지 않아서 생기는 생산고 감소
실내 살포 (살충제)	생태 리스크, 인간의 건강 리스크(상동), DDT 비용	말라리아 리스크

리스크 트레이드오프 문제를 논하기 위해서는 먼저 어떤 리스크와 관계가 있는지를 생각해야 한다(〈표 5-1 참조〉).

즉, DDT를 사용함으로써 생태 리스크와 인간의 발암 리스크가 증가한다. 그것을 농약으로 이용하면서 수확고가 증대되었고 실내에 살포함으로써 말라리아 리스크를 제로화할 수 있었다('제로'로 가정함). DDT 사용을 금지함으로써 말라리아 리스크가 부상했고 또한 수확고가 감소했다. 당시 인간의 건강 리스크 측면에서 신경계 영향이나 발암 영향이 이야기되었는데 여기서는 발암 리스크로 단순화하기로 한다. 인간의 발암 리스크란 DDT를 축적한 식품을 먹는 사람에게 생기게 될 리스크를 의미하는데, 장소를 일본에 국한한다면 발암 리스크는 일본인 전체에 해당된다. 말라리아 리스크는 열대 지방에 사는 사람들이 말라리아에 감염될 리스크를 말한다.

여기서 DDT 사용시 리스크에 'DDT 비용'을 추가한다. '비용' 때문에 직접적으로 자연이 파괴된다거나 인간의 건강이 영향을 받는 것은 아니므로 이상하게 생각될지도 모르겠으나 '비용'을 넣는 것은 중요하다. 선진국이라면 DDT 비용이 전체 수입에 비해 크지 않기 때문에 제로로 간주해도 상관없지만 개도국에서는 제로로 간주할 수 없다. 더구나 그 비용을 만들기 위해 환경 파괴나 인간 건강의 희생이 소요된다면 그 비용을 반드시 리스크로 명시해야 하는 것이다.

따라서 DDT의 사용 유무의 문제는 다음의 구조를 형성한다.

[(생태 리스크) + (인간의 발암 리스크) + (DDT 비용)]

vs.

[(인간의 말라리아 리스크) + (농업에서의 미사용에 따른 생산고 감소)]

1960년대에는 '인간의 발암 리스크'가 상당히 큰 것으로 이야기되었으나 그 후의 여러 연구 결과에 의하면 그것은 작은 리스크라 보아도 무방했다. 적어도 말라리아 리스크에 비하면 무시해도 좋은 정도였으므로, 그 이후로는 이를 제로로 간주했다.

즉, 다음과 같은 구조다.

[(생태 리스크) + (DDT 비용)]

vs.

[(인간의 말라리아 리스크) + (농업에서의 미사용에 따른 생산고 감소)]

일본에서는 말라리아 리스크가 거의 제로에 가까운 데다가 어느 정도의 비용이 들기는 해도 DDT가 아닌 다른 농약으로 대체한다면 농산물의 수확고를 충분히 확보할 수 있는 상태였다. 그 때문에 생태 리스크, 특히 조류에 대한 영향이나 그 축적성이 미래 생태계에 미칠 영향 등을 중시하여 전면 금지시킨 것은 합당한 일이었다고 할 수 있다. 이것은 아마 다른 선진국들에게도 해당될 것이다.

그러나 말라리아 다발지역에서는 인간의 말라리아 리스크가 압도적으로 크기 때문에 DDT 금지는 명백히 문제가 있는 조치다.

2) 리스크의 역동성

DDT는 주로 농약으로 사용되고 그 일부분만 실내 살포(살충제)에 사용되었다. 이것을 두 가지로 나누어 생각해보자.

① 농약으로 이용하는 경우,
[(생태 리스크) + (DDT 비용)] vs. [(농산물 수확고의 감소)]
② 실내 살포(살충제)로 이용하는 경우,
[(생태 리스크) + (DDT 비용)] vs. [(말라리아 리스크)]

이 식을 보면 농약으로 사용하는 것을 중단하고 실내 살포(모기 제거)에만 사용할 경우 생태 리스크가 훨씬 작아질 것이 예상되는데도 국제기구들에서는 그러한 조치(실내 사용에 한하여 허용하는 조치)를 인정하지 않았고 오랫동안 전면 금지 방침을 견지했다.

이것은 무슨 이유 때문이었을까?

우선, 생태 리스크가 대단히 크다고 생각했고, 다음으로, 말라리아 리스크가 그다지 크다고 생각하지 않았으며, 마지막으로, 부분적인 사용이라는 사고가 존재하지 않았기 때문이다. 바꿔 말해 당시는 리스크라는 사고가 존재하지 않았다고 말할 수 있다.

첫 번째 사항에 대해 말한다면, 생태 리스크의 산출은 지금도 어려운 과제인데 당시에는 지금보다도 더 무지한 상태에서 그저 "큰일 났다"는 이야기만 오고갔고, 이것은 마치 무한대의 리스크처럼 기능해버렸다. 이는 내분비 교란 물질의 경우에도 나타났던 현상이다.

두 번째 사항인 말라리아 리스크에 대한 해석은 의외로 어려울지도 모르겠다. 전 세계적으로 매년 5억 명 이상이 말라리아에 감염되고 100만 명

〈표 5-2〉 대체물이 있을 경우의 DDT 사용과 금지에 따르는 리스크

	DDT 사용시 리스크	DDT 금지시 리스크
말라리아 문제를 해결하기 위한 다른 방법이 없는 경우	DDT의 생태 리스크, DDT 비용	말라리아 리스크
대체품 A가 DDT와 동일한 효과를 낼 수 있는 경우 (A의 생태 리스크는 제로)	DDT의 생태 리스크, DDT 비용	A의 비용

이상이 사망한다는 사실이 존재하는 만큼 말라리아에 의한 리스크는 그 크기를 정확한 숫자로 나타낼 수 있다. 이 높은 수치를 이해하는 것은 어렵지 않으며 이를 작은 리스크라고 생각하는 독자는 없을 것이다. 그러나 만약 말라리아 문제가 DDT 이외의 다른 수단에 의해 해결될 수 있는 문제라고 한다면, DDT의 사용과 관련한 말라리아 리스크는 작은 것이 된다. 다시 말해 다른 수단들을 강구할 수 있다면 말라리아 리스크를 비교적 작은 것으로 볼 수 있고, 그렇기에 실제로 작게 보았던 것이다.

이 부분을 좀 더 자세히 설명해보겠다. DDT를 대체가능한 살충제 A가 있다고 하자. 이 살충제 A는 생태 리스크가 없고 DDT와 마찬가지로 말라리아 감염자 수를 제로로 만들 수 있는 경우와 다른 방법으로는 감염자 수를 전혀 삭감할 수 없는 경우로 나누어, DDT를 금지했을 때의 리스크가 어떻게 변화하는지를 나타낸 것이 〈표 5-2〉다.

말라리아 문제를 해결하기 위한 다른 방법이 없는 경우의 구조는 앞에서 설명한 것과 같다. 그러나 만약 대체품 A가 존재하여 DDT를 사용하지 않기로 한다면 말라리아 리스크는 없어지고 그 리스크는 A와 DDT 비용의 차이만으로 나타낼 수 있다. 여기서는 대체품 A를 살충제로 가정했지만 그것이 꼭 살충제일 필요는 없고, WHO 등 국제기구들이 제작한 인재교육 프로그램, 국가적인 위생관념 보급, 또는 PHC나 모기장 같은 것일 수도 있

는 것이다. 즉, 생태 리스크가 없으면서 말라리아를 퇴치할 수 있는 것들이 발견되었을 때 리스크 문제의 도식은 그렇게 정리된다.

생태계 보전을 위해서는 실내 사용일지라도 DDT 사용을 금지해야 한다고 주장하는 사람의 입장에서 생각해보자. 대체품 A가 있다면 DDT를 금지하더라도 동일한 살충 효과를 거둘 수 있고 비용의 차이도 크지 않은 것으로 생각된다(또는 그렇게 기대된다). 예를 들어 살충제가 묻은 모기장을 대체품으로 사용하는 것이다.

그러나 DDT와 동일한 기능을 발휘하는 대체품 A가 발견되지 않거나 혹은 설사 발견되었다 하더라도 그것과 DDT와 비용의 차이가 국가가 감당할 수 없는 정도라면 말라리아 리스크는 커진다.

실제로 어느 시점에 다른 방법으로는 말라리아 리스크를 축소시킬 수 없다는 것을 알게 되었다면 그때는 새로운 대책을 강구해야 할 것이지 언제까지나 계속해서 DDT 대체품을 찾아야 할 일은 아니다. 즉, DDT를 금지할 경우의 리스크를 어떻게 평가할 것인가의 문제다. 그러나 DDT를 금지해야 한다는 인식이 강하다면 이 리스크가 눈에 보이지 않기 쉽다.

농약 용도의 경우에 DDT를 금지하더라도 그것이 큰 문제가 되지 않는 이유는 대체품 A에 상당하는 농약(대체품 B로 한다)이 존재하기 때문이다.

세 번째 사항인 부분적 사용의 문제는 농약 용도와 인간에 대한 용도를 구별해서 생각할 수 없었다는 데 있다. 환경보전운동을 지지하는 사람들 사이에서는 환경보전은 리스크 제로를 지향해야 한다는 생각이 강하다. 이 같은 사고방식으로는, 소량의 DDT는 허용한다든지 DDT를 금지할 경우 어떤 리스크가 야기되는지 등은 생각할 수 없고, 그저 DDT는 환경에 유해하기 때문에 1g이라도 사용해서는 안 된다는 완전 금지를 요구하게 된다. 이는 예방원칙豫防原則 이라는 사상의 한 형태다.

이 경우 DDT 실내 살포에 따른 생태 리스크가 농약 사용의 리스크에 비해 현저히 작고, 또 그것을 금지할 경우 말라리아 리스크가 대단히 커지기 때문에 농약 용도와는 다르게 보아야 한다고 생각하기가 대단히 어렵다. 'DDT=나쁜 것'이므로 그것을 추방하는 것이 운동의 목표인 만큼 용도별로 다르게 리스크를 평가하는 것은 그들에게 불가능하다.

2006년에 WHO가 제안한 'DDT의 IRS'라는 방법은 새로운 것이 아니고 이미 이전에 개발된 것이었다. 그런데도 거기로 돌아가는 데 30년 가까운 세월이 소요되었고, 그동안 수많은 사람이 말라리아로 목숨을 잃고 후유증으로 고생했다는 것을 생각하면 가슴이 아프다. 리스크를 잘못 평가하는 것은 어느 시대에나 있다. 리스크 평가는 많은 경우 예측하는 것이고 또 시시각각 의사결정이 필요하기 때문에 정확하게 평가하려고 애를 써도 잘못이 일어나기 마련이다. 그 잘못을 얼마나 빨리 바로잡을 수 있는지가 리스크 관리의 핵심 중 하나다. DDT 문제로 말하면, 한 차례 격감한 말라리아 감염자 수가 늘어나기 시작한 시점에서 왜 좀 더 진지한 의론을 할 수 없었는지 후회가 되지만, 그것은 당시 환경 리스크라는 개념이 없었기 때문이다. 이어지는 절에서 이 문제를 다루기로 한다.

3. 환경 리스크의 의미와 평가 방법

1) 리스크 개념의 도입

DDT 사용에 따른 리스크와 금지에 따른 리스크를 비교하여 DDT 금지 정책의 타당성을 판단하는 과제에 우리의 리스크 평가는 어느 정도로 답할 수 있을까?

먼저 타당하다는 판단을 하기 위해서는 다음으로 정의되는 △의 값이

마이너스라는 것을 제시해야 한다.

△ = [(DDT 금지에 따른 리스크) − (DDT 사용에 따른 리스크)]

농약 용도의 경우에는 대체 농약을 B, 인간의 건강 리스크를 발암 리스크로 대표시킨다고 할 때, △는 다시 다음과 같이 표기할 수 있다.

△ = [(B의 비용) − (DDT 비용)] + [(B의 발암 리스크) − (DDT의 발암 리스크)] + [(B의 생태영향) − (DDT의 생태영향)]

이 경우에는 제1항≒0(현실적으로는 〉0), 제2항 ≒ 0, 제3항 〈0 이므로 △ 〈 0이 되어, 금지는 타당한 것이 된다.

그런데 실내 용도의 경우에는 말라리아 리스크가 출현하기 때문에 다음과 같은 식이 도출된다.

△ = [(말라리아 리스크) − (DDT 비용) − (DDT의 생태영향)]

그러나 여기에서 △ ≫ 0이 되어, DDT 금지 정책은 타당성을 결여하고 있다고 판단할 수 있다.

DDT의 경우에는, 장기간에 걸친 경험과 말라리아 리스크가 너무 크다는 것에 비추어 실내 용도의 △값이 플러스라고 평가할 수는 있으나 일반적으로는 인간의 건강 리스크와 생태 리스크를 비교하기란 대단히 어렵다.

그러나 어렵다고 포기해버리면 의사결정에 근거가 사라지고 당대 권력자의 뜻대로 결정하는 것을 허용하는 귀결이 될 수도 있다. 또한 이것이 위험하다, 저것이 위험하다고 떠들어대는 통에 자원이나 에너지를 사용하여 대체품을 개발했음에도 결과적으로 리스크 삭감에 도움이 되지 않는 것으로 판명된다면 그만큼 공허한 소란도 없을 것이다. 그리고 그 가운데 정말 커다란 리스크를 간과해버릴 위험도 있다.

이와 같이 평가하고 비교하기 위해서는 아무래도 리스크 개념을 도입해야 하고 또 그것을 위한 리스크 평가수법이 있어야 한다.

이상으로 나는 '환경 리스크' 개념을 설명하지 않은 채 리스크라는 용어를 사용하여 여러 가지 이야기를 해왔다. 나는 지금까지 환경리스크란 '환경을 경유하여 일어나는 좋지 않은 일의 발생 확률'이라고 정의해왔으며, 여기에서도 이 정의로 괜찮을 것이라고 생각한다(中西, 2004). 좋지 않은 일을 엔드포인트end point라 한다. 이 단어를 사용하여 정의해보면 리스크란 '엔드포인트가 일어날 확률'이 된다.

앞의 말라리아로 예를 들 때, 말라리아에 걸리는 것이 엔드포인트라고 하면 말라리아 감염률이 그 리스크가 되며, 말라리아로 사망하는 것을 엔드포인트라고 한다면 말라리아로 사망할 확률이 그 리스크가 된다.

리스크란 개념은 사고 등에서는 이전부터 사용되어왔으나 조금씩 영향이 나타나는 환경영향에 대해서는 사용되지 않았다고 할 수 있다. 그러다가 환경영향에 대해서도 사용하게 된 데는 몇 가지 서로 다른 이유와 배경이 있었다. 내가 그 필요성을 강하게 주장한 데는 크게 두 가지 이유가 있었다. 우선, 지금 이야기했듯이 환경에 관한 의사결정(정책결정)의 필요성이나 타당성을 판단하기 위해서는 여러 가지 영향을 정량화하는 것이 필요하다고 생각했기 때문이고, 다음은, 같은 이야기지만 취지가 조금 다른 면도 있어 굳이 나누어 쓰는 것인데, 안전과 위험의 경계에 있는 그레이존gray zone의 정량화가 필요하다고 생각했기 때문이다.

지금까지 환경이나 인간의 건강 영향에 대한 정량화가 전혀 없었던 것은 아니다. 정량화를 위해 많은 노력이 있었고 데이터도 축적되었다. 이렇게 기존에 축적된 것들은 당연히 충분히 사용되어야 한다. 이 경우 아무래도 필요한 것이 종류가 다른 영향들을 서로 비교할 수 있도록 하는 정량화 방법이다. 이는 현실로 일어난 결과를 정량화하는 데 머물러서는 안 되고 예측까지 할 수 있어야 한다. 다시 말해 환경에 대한 영향이 점점 더 커지는 것을 생각할 때 그레이존을 정량화하는 것이 필요했던 것이다. 그리고 이를 위해서는 리스크라는 개념의 도입이 불가피했다. 정의定義에 입각해 생각해보면 리스크란 어떤 엔드포인트가 일어날 확률이다. 우선, 정량화가 되어 있고 엔드포인트의 무게가 표시되어 있다면, 하나의 척도로서 다른 종류의 영향들을 정량적으로 평가하는 것이 가능하다.

2) 기존의 평가 방법

지금까지 환경영향의 크기가 반드시 정량적으로 평가된 것은 아니었다. 위험한가 안전한가의 한계를 나타내는 양자택일의 평가가 많았으며, 그에 부응하는 사고방식이나 데이터밖에 없었다. 예를 들어 DDT 같은 화학물질이 신경계에 미치는 영향을 예측하는 경우 일반적으로 얻을 수 있는 값은 어디까지 안전하다는 허용량이거나 또는 무독성량No Observed Adverse Effect Level: NOAEL이었다. 이는 다음과 같은 절차로 도출된다.

첫 번째, 용량과 반응률의 관계(=용량반응관계)를 구한 다음 NOAEL을 구한다.

두 번째, 이 NOAEL을 인간 집단 가운데 영향을 받기 쉬운 서브그룹에 적용할 경우 어느 정도의 안전율을 나타내야 하는가를 판단하고 NOAEL을 안전률로 나누어 허용량을 정한다(허용량=NOAEL/안전률).

세 번째, 위험에 상당하는 해저드 비hazard quotient: HQ를 용량을 허용량으로 나누어 산출한다(HQ=용량/허용량).

이 때, HQ ≧ 1이라면 리스크가 있고, HQ 〈 1이라면 리스크가 없다고 판단한다.

이 경우 용량반응관계에서 일정 용량 이하인 경우는 반응률이 0인 영역이 있다는 것이 전제되어 있는데, 반응률 0을 나타내는 용량의 최대치를 역치閾値라고 한다. 용량반응관계에서 역치가 보이는 모형에 대해서는 '역치 있는 모형'이라고 한다.

환경영향뿐만 아니라 식품첨가물에서도 이러한 사고방식이 적용되며 또 널리 통용된다. 그러나 여기서 얻을 수 있는 정보는 HQ가 1을 넘는지 넘지 않는지에 따라 의미가 달라진다는 것뿐이고, 예를 들어 HQ = 2 나 HQ = 0.9가 무엇을 의미하는지를 우리는 알 수 없다. 그리고 이 해석에 의하면 HQ = 0.9나 HQ = 0.1이나 모두 HQ 〈 1이기 때문에 리스크가 없는 것으로 되지만, 현실 사회에서는 HQ = 0.1을 더 바람직한 것으로 간주하고 HQ = 0.9를 0.1로 삭감시키도록 장려한다. 그런데 그렇게 삭감하든 안 하든 리스크가 0이라는 데 변함이 없는데도 사람들은 막대한 비용을 들여 환경 대책들을 실시한다. 이것은 HQ라는 지표가 리스크를 정량화하는 데 사용될 수 없다는 것을 의미한다.

3) 발암 리스크

한편, 환경이나 건강에 영향을 미치는 사상事象 가운데는 반드시 일어나는 것이 아니라 확률적인 사상이 존재하는데, 그런 것들의 영향은 확률로 계산할 수 있다. 예를 들면 세균감염이나 사고 등이 그런 경우다. 이 경우 확률로 계산이 되었다 하더라도 일반적으로 확률 정보가 공표되지는 않고 안전량으로 표시되는 경우가 많다. 그리고 그것이 확률적인 사상이라는 것 또는 안전량이 일정한 리스크를 허용하는 수준으로 설정되었다는 것 등은 알려져 있지 않았다. 그러한 상황에 혁명을 가져온 것이 발암성 물질의 리스크 평가였다.

발암 물질의 용량반응과 관련해서는, 역치가 없는 모형을 적용하는 것이 적절하다고 미국에서 제안되어 이것이 세계적으로 널리 인정되고 있었다. 그것은 무독성량無毒性量을 결정하는 것이 불가능하고 아무리 소량일지라도 어느 정도의 리스크는 존재한다는 것을 전제로 한 모형이다. 그리고 방사성 물질에 의한 발암 리스크와 똑같은 사고가 화학물질들에 대해서도 도입되었다. 당초에는 이 모형이 메커니즘으로서 적절하다기보다 안전하다는 추정하에 사용한다는 인식이 강했으나, 결국 현실의 반응 메커니즘으로 인정을 받게 되었다. 그리고 현재 이 모형은 유전자 손상성이 있는 발암성 물질들에 대해 적용되고 있다.

이러한 과정을 거쳐 미국에 발암 리스크라는 사고방식과 평가방식이 들어왔는데, 그것들은 곧바로 미국의 화학물질 관리정책에서 우선순위를 차지하게 되고 효율 평가가 진행되었다. 그것은 발암성 물질에 대한 용량반응 관계식을 비교적 쉽게 이용할 수 있게 된 것, 그리고 그것이 있으면 임의의 용량에서의 리스크를 계산할 수 있고 1/100만 같은 작은 리스크도 평가할 수 있게 된 것, 무엇보다 그 리스크의 의미가 명확해진 것 등에 기인한다. 리스크의 의미의 명확성이란, 예를 들어 리스크가 1일 경우 — 발암 리스크의 정의에 따르면 — 암에 의해 1명이 사망하는 것을 의미하거나 또는 수명이 약 10년 단축된다거나 혹은 생활의 불쾌 정도가 어느 정도인지 같은 구체적인 의미를 부여할 수 있게 된 것을 말한다.

나아가 다른 영향들도 확률로 평가할 수 있게 되었다. 그리고 죽음을 공통의 엔드포인트로 선정하여 환경 리스크와 사고 리스크를 비교하는 것이 가능하게 되었다. 이윽고 하버드대학 '리스크 해석센터'가 죽음이 아니라 손실여명損失餘命(=loss of life expectancy)을 척도로 이를 좀 더 광범한 정책

평가에 적용하기 시작했고, 그럼으로써 환경대책과 의료, 교통안전, 노동안전 정책들에 대하여 일관된 평가를 할 수 있게 되었다.

다만 이 경우에도 그 대상을 인간의 건강 리스크에만 한정했고, 또한 인간의 건강 리스크 가운데서도 확률적 사상이 아니기 때문에 앞서 기술한 HQ로 평가되고 있는 것으로 보이는 물질 리스크들은 그 대상에서 제외했다. 나를 비롯한 연구그룹은 HQ값을 확률로 평가하는 것으로 변환하고, 더 나아가 공통의 LLE 척도를 사용해 통일적으로 평가하는 방식을 개발했는데(中西·益永·松田, 2003), 그에 대해서는 여기서 언급하지 않기로 한다. 우리 연구 그룹은 또 생태 리스크 평가에서 통일된 지표들을 제안하기도 했는데, 이 또한 여기서는 언급하지 않겠다.

리스크 트레이드오프라는 현상을 주시하고 리스크를 최소화하기 위해 리스크를 평가하고 비교하는 것이 필요한데 그 방법의 개발은 아직 초기 단계에 있을 뿐이다. 그러나 전혀 미개발 상태에 있는 것은 아니며 다양한 연구가 진행 중이고 가능한 영역이 확대되고 있다.

4. 관리 원칙

1) 리스크 허용이라는 사고방식

HQ로 평가된 리스크와 확률로 평가된 리스크 사이에는 관리에 대한 사상思想에서 큰 차이가 있다. HQ는 어떤 용량 이하에서는 리스크가 0이라는 것을 전제하고 있기 때문에, HQ 〈 1의 범위에서 사용한다면 리스크는 0이고 안전을 보증할 수 있다. 그러나 확률로 평가된 것은 사용을 금지하지 않는 한 그것이 1/1억이라 하더라도 0은 아니기 때문에 리스크가 0이라고 말할 수는 없다. 그러므로 안전이 리스크 0을 의미한다고 하더라도 그것이 반드시 안전하다는 의미는 아니다.

따라서 확률로 표시된 리스크를 평가할 경우, 이 물질의 사용을 금지하면 다른 큰 리스크가 발생할 수 있으므로 리스크값이 이 정도라면 허용하기로 한다고 반드시 설명해야 한다. HQ의 경우, 안전한 영역에서 사용해야 한다고 말하면 되지만, 확률로 표시된 리스크는 다르다. 이 경우에 이 물질은 위험성이 있으나 유용하기 때문에 전면 금지할 수는 없고, 따라서 이 수준의 리스크라면 허용한다고 하는 환경기준치를 설정하자는 논리를 모든 사람들에게 설명해야 한다.

그러나 국민들은 행정기관이 안전, 즉 리스크 0을 보증할 것을 요구해왔고 조금이라도 리스크를 허용하는 사고방식은 수용하지 않는다. 미국에서 1958년에 만들어진 딜레이니Delaney 조항은 발암성 물질은 아무리 소량이라도 안전하다고 말할 수 없기 때문에 절대 농업가공품의 첨가물로 인정할 수 없다고 말하고 있다. 이는 당시의 일반적인 사고방식을 잘 대변한다. 바로 안전이란 리스크가 0인 상태를 의미하며, 발암성 물질은 리스크가 0일 수는 없기 때문에 결과적으로 이를 절대 인정할 수 없다는 사고방식이다. 이 딜레이니 조항은 1996년에 폐지될 때까지 여러 가지 문제를 야기했다. 그 상세한 것은 생략하지만 이 조항을 폐지하는 데는 상당한 노력이 필요했다.

그렇다면 HQ < 1이라면 반드시 안전한 것일까? 리스크가 0이라 할 수 있을까? 아니다, 엄밀하게는 리스크는 0이 아니다. 다시 정의定義로 돌아가 보자. HQ=(무독성량)/(안전율)인데, 이 안전율을 최근에는 불확실성계수Uncertainty Factor: UF라 명명하면서 UF값 자체를 일정한 법칙 아래서 불확실성을 고려한 뒤, 이를 바탕으로 결정하는 방향으로 가고 있다. 그러나 태아에 대한 영향이 불확실하다든가 장래에 대한 영향을 확정할 수 없다는 등의

의견이 생겼고, 현재는 UF값이 이것이라는 식으로 단정할 수는 없는 상황이다. 왜냐하면 어떤 UF값 아래서 결정된 HQ에 절대적인 의미는 없고 HQ 〈 1이라 하더라도 반드시 안전하지는 않기 때문이다.

2) 불확실성에 대처하는 방법

우리는 '리스크에 관한 불확실성이 있는 경우, 그 리스크는 받아들일 수 있는 수준(또는 0)이라는 것이 증명될 때까지 활동을 금지시켜야 한다'는 예방원칙의 필요성을 설명하는 논조를 종종 발견한다. 불확실성의 크기는 리스크를 평가할 때 반드시 검토되는 부분이고 이를 고려하여 리스크를 평가하기는 하지만 고려할 수 없는 부분 또한 존재하므로 여전히 불확실한 부분은 남는다. 따라서 리스크 0을 증명하는 것은 원리적으로 어려운 일이고 모두가 0일 수도 없는 일이다.

이 연장선상에서 유해성(유해하다고 의심되는) 물질은 사용을 금지해야 한다는 주장이 많이 제기된다. 하지만 지금까지 설명했듯이 이 주장에도 다분히 문제가 있다. 개념적으로 위험도(리스크의 크기)는 그 물질의 '유해성의 강도'(예를 들어 1g당)와 '폭로량暴露量'(또는 섭취량)의 누적 크기로 결정한다. 설사 유해성이 크다고 해도 폭로량이 작다면 리스크는 작은 것이 된다. 그러나 리스크가 0이어야 한다는 입장이라면 폭로량이 작더라도 유해성이 강한 물질은 반드시 금지해야 하는 것이다.

그렇지만 앞의 DDT의 경우에는 DDT 이외에 말라리아 대책으로 유효한 방법이 없었고 현실적으로 감염자 수가 늘어나는 상황이 대두했음에도 DDT를 계속 금지했다. 이상의 주장에서는 DDT가 말라리아 리스크를 삭감할 수 있다는 이점을 얻지 못할 뿐 아니라 농약 용도는 금지하되 실내 살포는 허용하는 것이 좋지 않겠는가 하는, 부분 사용의 사고도 인정할 수 없게 된다. 즉, 폭로량에 상관없이 유해한 것은 유해한 것이므로 모두 금지해야 한다고 생각해버리는 것이다.

그들은 위험도가 유해성과 폭로량으로 결정되는 양量적 개념이라는 것을 이해하지 못한다. 그들이 리스크라는 개념을 인정할 수 없는 것은 모든 장면에서 리스크가 0이어야 한다고 생각하기 때문이다. 그렇지만 모든 경우에서 리스크 0이 성립될 수는 없다는 것을 누구나 알고 있다. 그리고 어떤 행동에 대해서는 입을 다물고 리스크를 묵인하다가 다른 행동에 대해서는 리스크 0을 추구한다. DDT의 경우 희생자들이 선진국 국민이었다면 조류 보호를 위해 DDT를 금지하는 것이 필요하다고 믿었더라도 그 정도로 오래 금지하지는 않았을 것이라 생각한다. 리스크 트레이드오프 해석의 주요 과제 중 하나로 리스크 수용방법의 변화에 따른 해석 문제가 있다. 이것도 잊어서는 안 되는 지점이다.

앞서 DDT 실내 사용으로 인한 생태 리스크는 적어도 말라리아에 의한 인간의 건강 리스크의 크기에 비하면 현저하게 작다고 말했다. 어떤 강연회에서 내가 그 이야기를 하자, 만약 100년이나 500년 후에 DDT 때문에 생물이 절멸해버리는 상황을 염려하지 않아도 되는지에 대해 질문하는 사람이 있었다. 그에 대한 내 답변은 다음과 같다. 우리는 앞으로 그러한 일이 일어날 가능성을 고려하면서 리스크 평가를 하고 있다. 그러나 지금은 생각하지 못했으나 장래에는 어떤 나쁜 일이 일어날 수도 있다. 현재의 시점에서 모든 위험이나 불확실성을 예측하고 그것을 리스크 평가에 산입하는 것은 불가능하고 무의미하다. 아니 마이너스다. 그러한 종류의 문제에서 나는 일정한 범위 내에서 예측하고 액션을 조금 증가시킨 후 그 결과를 본다. 그 결과를 산입하여 다음 예측을 하고……. 이런 식으로 되풀이하여 진행해나가는 것이 현명한 방법이 아니겠는가. 환경 리스크는 그저 평가만 하면 되는 것이 아니다. 실천하면서 평가하는 것이다.

3) 환경파와 공중위생파

DDT에 대한 국제기구의 의론은 환경파와 공중위생파로 나뉘어 양자가 주도권을 다투는 양상으로 전개되었다. 공중위생파는 확실히 생태환경을 경시하는 경향이 있고 환경파는 특히 개도국 사람들의 생활과 생명에 무관심한 경향을 나타낸다.

환경파 또는 공중위생파로 나누어 양극단을 주장할 것이 아니라 어떤 리스크의 삭감을 위해 씨름하다 보면 또 다른 리스크가 발생할 가능성이 있는 만큼 정책 결정에서 항상 균형을 유지해야 한다는 것을 인정해야 하며, 전체적인 시야를 통해 양쪽 리스크의 크기를 어림하고 비교하며 공유하는 것이 중요하다. 물론 어느 리스크의 크기를 어떻게 어림할 것인가에 대해 입장 차이가 있을 수 있으나, 항상 양쪽의 리스크를 비교해야 한다는 의식이 있다면 적어도 DDT의 경우처럼 말라리아에 의한 엄청난 사망을 30년 동안이나 방치하는 일은 생기지 않을 것이다. 또한 선진국과 개도국 간의 심각한 불평등이 해결되는 날이 오면 인간의 수명을 조금 단축하더라도 생태계를 지키는 정책을 선택하는 것도 가능해질 것이다.

5. 결론

DDT의 생태 영향과 관련해, 실내 사용의 경우에는 그것이 설사 조류의 알에 축적된다 하더라도 영향이 있을 정도는 아닌 것이 확실하다. 다만 구체적인 계산을 해보지는 않았다. 그러나 원래대로라면 DDT의 생태 리스크를 평가하고 그것을 인간의 건강 리스크와 비교했어야 한다. 이를 위해 어떤 평가를 하면 좋을지에 대해 조금 서술해보려 한다. 필자의 연구 팀은 리스크 평가방법을 개발하면서 일찍부터 이 주제와 씨름해왔다. 이 일을 주로 담당한 것은 나카마루 마유코中丸麻由子(당시 CREST 특별연구원)와 이와사 요우巖佐庸(규슈대학원 이학계 연구과 교수)였는데(中丸·巖佐·中西, 2001), 여기에 그 개요를 적어 환경 리스크 평가에서 우리의 지향점의 일부를 보여주고자 한다.

우리는 화학물질이 생태계에 미치는 영향을, 특정 생물개체의 생사 문제가 아니라 그 종의 존속에 어떠한 영향을 미치는가로 평가해야 한다고 주장해왔다. 그리고 생태 리스크를 평가하는 데 사용될 지표는 그 종의 절멸 확률이어야 한다고도 주장해왔다. 이 과정에서 우리는 몇 가지 방법을 제안했는데, 그 하나로 생식지生息地의 감소율로 종의 절멸 확률을 나타낼 수 있다는 것을 발견했고 이를 '생식지 소실 리스크의 당량當量'이라고 정의했다.

우리는 DDT가 최대량으로 사용되었던 1960년대 후반 뉴잉글랜드에 서식하던 재갈매기에 이 방법을 적용했는데, 당시 사용된 DDT가 수중水中에 미친 영향은 개체 수 500마리를 수용할 수 있을 정도 크기의 생식지일 경우 그 생식지를 36% 삭감하는 데 상당하는 생태 리스크라는 것을 산정해냈다. 이 결과를 인간의 건강 리스크와 비교하기 위해서는 몇 가지 가정과 과정이 더 필요하겠지만, 어떻게 지구상의 한정된 생식지들을 사용하면서 인간이 생을 영위해나가야 할 것인가에 대한 대답에는 한 걸음 더 다가갈 수 있었다고 생각한다. 환경 리스크학은 이러한 분야다.

참고문헌

中西準子. 2004.『環境リスク學』. 日本評論社.

中西準子·益永茂樹·松田裕之. 2003.『演習環境リスクを計算する』. 岩波書店.

中丸麻由子·巌佐庸·中西準子. 2001.「DDTの生態リスク評價: 生物濃縮がもたらすセグロカモメ集團の絶滅リスクの試算」,『環境科學會誌』, 14卷1號, pp 61~72.

WHO. 2007. Regional Office for South East Asia, Malaria Historical Background,

http://www.searo.who.int/en/Section10/Section21/Section334_4008.htm(09 January 2007),

http://www.searo.who.int/en/Section10/Section21/Section340_4018.htm,

http//www.searo.who.int/en/Section10/Section21/Section340_4015.htm

外務省.2005. http://www.mofa.go.jp/mofaj/gaiko/oda/kaikaku/oda_ngo/shien/pdfs/05_hoken_01.pdf

공동토론 II

리스크학의 재정의와 재구축

3·11에 입각하여

다치바나키 도시아키橘木俊幸

하세베 야스오長谷部恭男

이마다 다카도시今田高俊

마스나가 시게키益永茂樹

(사회: 이마다 다카도시)

이마다 2011년 3월 11일에 일어난 동일본 대지진과 이에 따라 발생한 후쿠시마 제1원전第一原電 사고는 우리에게 리스크사회의 현실을 여러 측면에서 드러내 보여주었습니다. 그 충격은 일본뿐만 아니라 전 세계에 미쳐, '3·11'이나 '후쿠시마'가 이 재해를 상징하는 말이 되기도 했지요. 진도 9.0의 지진, '상상을 초월하는 14m의 쓰나미', 그리고 원자로의 멜트다운meltdown에 이르기까지 원전사고는 천재와 인재가 상승 작용한 전대미문의 복합 재해였습니다. 그 극심한 피해는 리스크학이란 말을 압도하는 박력과 무게로 우리에게 다가왔습니다.

현대는 고高리스크 기술과 함께 살아가고 있는 시대입니다. 원자력발전, 유전자조작, 화학플랜트 등 기술이 고도화·복잡화되면서 사소한 오조작誤操作·오작동으로 인한 장애가 복잡한 상호작용을 거쳐 대형 사고로 연결되는 리스크가 높아지고 있습니다. 각 부품의 안전성이 확보되고 제2차

안전장치가 돌아가고 있더라도 부품끼리 긴밀하게 결합된 전체가 그것에 반드시 복종하는 것은 아닙니다. 기술 그 자체가 높은 리스크를 안고 있는 것입니다.

또한 3·11 발생으로부터 이미 2년이 경과했는데도 강력한 부흥의 망치 소리는 들리지 않고 있습니다. 원전 사고에 의한 피재지被災地의 방사능 오염이 큰 원인입니다. 곳곳에 날아가 흩어진 방사능에 의해 재해 리스크는 여전히 계속되고 있습니다.

나아가, 3·11은 종래의 리스크학의 사정거리에서도 한 걸음 더 나아간 경계 현상이었다고 생각됩니다. 리스크는 손해damage의 크기와 발생 확률의 적積으로 표시되는데, 3·11은 '확률 문제를 초월해 실현된 해저드hazard'였습니다. 그리고 대지진과 거대 쓰나미와 원전 사고라 하는 트리플 해저드에 대해 정부나 과학 전문가들뿐만 아니라 주민, NPO, 시민단체, 사업자 등 다양한 분야에서 관여하고 대응한 것에 관한 문제가 있습니다. 리스크학은 리스크 평가, 리스크 관리, 리스크 리터러시literacy, 리스크 커뮤니케이션communication 등으로 이루어지는데, 3·11은 이것들이 포괄적으로 수행되어야 하고 또한 전문가 집단에 국한할 것이 아니라 다양한 이해관계자가 정보를 수집하고 석하면서 리스크에 대응해야 한다는 것을 크게 깨닫게 해주었습니다. 그와 같은 대응을 위해서의 학學이 아니면 리스크학의 장래는 위태로울 것입니다.

『리스크학 입문』의 신장증보판 출판을 계기로 각권 편집자들의 좌담회를 기획했는데요, 이 자리를 통해 리스크학이 3·11, 특히 후쿠시마로부터 무엇을 배워야 하는가, 그리고 이를 계기로 리스크학의 미래에 대해 어떻게 전망할 수 있는가에 대해 논해보았으면 합니다.

1. 고 리스크 기술과 안전

1) 핵 재처리·핵폐기물·재생가능 에너지를 둘러싸고

이마다 과학기술과 인간사회 사이에는 리스크라는 부조화가 존재합니다. 과학기술은 인간사회를 편리하고 풍족하게 하는 데 큰 기여를 해왔지만 그와 동시에 그에 대응하는 형태로 갖가지 리스크를 창출하기도 했습니다. 오늘날 우리는 고 리스크 기술과 함께 살아가게 되었습니다.

그 가운데 가장 두드러진 기술이 원자력 발전입니다. 원자력 발전은 핵분열 시 방출되는 에너지를 이용하여 발전하는 것으로, 화력발전, 수력발전, 재생가능 에너지와 비교하여 비용이 낮다는 점, 안정적으로 공급할 수 있다는 점, CO_2를 배출하지 않는 클린 에너지라는 점 등이 원전 건설 추진의 이유들이었습니다. 일본에서는 2011년까지 전국에 56기의 발전소가 건설되어 있었습니다. 그리고 일본은 총 전력 공급량의 약 30%를 원전에 의지해왔습니다. 그러나 에너지 공급원으로서의 원전은 안전성에서 고 리스크를 안고 있습니다. 그래서 원전이 얼마나 안전한지에 대한 국민들의 이해를 얻는 것이 결정적으로 중요했습니다. 그런 이유로 원전 추진의 이해관계자들에 의해 형성된 이른바 '원자력 마을'에 살고 있는 과학자·연구자들은 사고가 있을 때마다 한 목소리로 국민들에게 원전의 안전성을 호소해왔습니다. 그런 가운데 국민들의 마음에 '제로 리스크 요구'가 자리를 잡았습니다. 국민들은 전문가들이 원전은 안전하다고 엄숙하게 단언하기를 늘 기대했고, 그런 상황이 이어져 결국 '안전 신화'가 만들어졌습니다. 안전 신화가 만들어지자 여론은 때마다 안전하다는 확인을 전문가들에게 요구했습니다. 이러한 상황에서 전문가들에게는 안전을 부정하는 것처럼 보이는 작은 사고들은 아예 무시하거나 또는 "아무런 문제없이 수습 단계로 가고 있다"고 답하는 선택지밖에 없게 되었습니다. 그리하여 '제로 리스크 요구'를 바탕으로 하는 '안전 신화'가 계속 유지·강화되었습니다.

그 '안전 신화'를 무너뜨린 것이 후쿠시마 제1원전 사고였습니다. 신화란 경제 분야의 버블 같은 것으로 일반적으로 확실한 실체가 없는 것입니다. 그런데도 사람들은 두려워하면서도 굳게 믿고 있었습니다. 그렇기에 신화에 대한 신뢰가 흔들리자 곧이어 산사태가 난 것처럼 모든 것이 순식간에 무너져 내렸습니다. 사실 과거의 여론조사들을 보면 원전 사고 직후에는 원전에 대한 불안감이 높아졌다가 1년쯤 경과하면 원래의 수준으로 되돌아가는 경향을 보여왔습니다. 그러나 이번에는 1년이 경과했지만 '국가의 원전 안전관리에 대한 신뢰감'이 저하된 채 회복될 기미를 보이지 않고 있으며 '원전에 대한 불안감'은 계속 높은 상태를 유지하고 있습니다.[1]

마스나가 '안전 신화'와 관련하여 먼저 말씀 드리고 싶은 것이 있습니다. 3·11의 쓰나미나 원전 사고처럼 발생 빈도는 낮으나 그 피해가 심대한 사상事象의 리스크 관리는 일반적으로 대단히 어려운 일입니다. 어느 정도의 빈도로 일어나는 사상에 대해서는 어떤 것이 적절한 대책인지를 경험을 통

---

1 NHK 방송문화연구소 '원전과 에너지에 관한 의식조사'(http://www.nhk.or. jp/bunken/yoron/social/index.html, 2012년 12월 30일에 검색)에 의하면 '당신은 국가의 원전 안전관리에 대해 어느 정도 신뢰하고 있습니까?'란 질문에 대해 2011년 6월 조사에서는 '신뢰하지 않는다'('전혀 신뢰하지 않는다'와 '그다지 신뢰하지 않는다'를 합하여)고 응답한 사람이 70.4%였는데 8월 조사에서는 72.8%로 상승했고, 특히 '전혀 신뢰하지 않는다'가 2.8% 상승했다(21.7% → 24.5%). '신뢰하지 않는다'고 응답한 사람의 비율은 10월 조사에서 69.3%로 약간 감소했지만, 2012년 3월 조사에서는 71.5%로 다시 증가했다. 종합하면 70% 정도의 국민이 불신감을 유지하고 있다.
또한 동일본대지진으로부터 1년이 지난 시점에도 원자력 발전에 대한 불안감은 상당히 높은 수준에 머물러 있다. 2011년 6월 조사의 90.9%에 이어 85.8%(8월 조사),85.8%(10월 조사), 90.6%(2012년 3월 조사)를 나타내고 있다.

해 배워갈 수 있으나, 대지진이나 천 년에 한 번 있을 법한 쓰나미는 그 대책에 소요되는 비용이 너무 크고 또 재해의 경험이나 위기의식을 세대를 뛰어넘어 전달해야 하므로 이는 리스크학의 영원한 과제가 될 것입니다.

그래서 '안전 신화'로 말하면, 원자력 발전소의 역사가 이제 겨우 50년밖에 되지 않았는데도 그것이 안전하다고 사람들이 굳게 믿고 있었다는 것이 어떤 의미에서 놀라운 일입니다. 어떻게 해서 그렇게까지 믿었느냐 한다면 우선 일본인들의 자국의 과학기술에 대한 일정한 신뢰를 이유로 들 수 있을 것입니다. 거기에는 기술입국技術立國에 대한 원망願望도 결부되어 있었을 것입니다. 또한 원폭을 경험한 일본 국민에게는 원자력에 대한 거부감이 존재하기 때문에 더욱 안전성을 강조했던 이유도 있을 것입니다. 이러한 배경 때문에 원자력 개발에 종사하는 연구자들 사이에서는 염려의 소리를 내는 연구자를 소외시키거나, 그들의 말에 귀를 막는 등의 분위기가 조성되어 있었습니다. 한편으로는 전후의 원자력 연구가 연구자들의 의향을 무시한 채 정치권의 주도로 개시되었다는 사정도 작용했습니다. 그런 가운데 서로 다른 의견이 공개된 장소에서 개진될 기회는 전혀 없었으며 정부, 전력회사, 그리고 기술자들까지 하나가 된 이른바 '원자력 마을'이라고 부르는, 이견을 용납하지 않는 공동체가 형성되었습니다. 원자력 안전 캠페인은 바로 이들에 의해 전개되어왔지요. 그리고 사고를 은폐하거나 축소하는 사건들이 다수 발생했습니다.

본래라면 만일의 사고에 대비하여 사고 후의 피난 등 여러 대책을 생각해 두어야 했겠지만, 원전에 대해서는 만일의 경우를 생각하는 것 자체가 사고가 일어날 것을 가정하는 것이므로, 반드시 원전 반대 측의 맹렬한 추궁이 예상되었고 이 영역에서는 사고 후의 대책을 상정조차 하지 않는 최악의 상황이 만들어진 것입니다. 서로 좋은 방향으로 의론을 진행시킬 수 있었더라면 좋았을텐데 원전 추진과 반대의 양극으로 나누어져 현실 대응이 지체되었던 것입니다.

원전 사고가 저빈도, 고해저드의 사상이어서 대응에 어려움이 있는데다가 전술한 일본의 사정이 더해져 '안전 신화'가 형성되어갔던 것이 아닌가 생각합니다. 이렇듯 현실에 부응하는 열린 의론이 이루어지지 않는 문화가 형성되도록 허용한 것에 대해 반성이 필요합니다.

다치바나키 경제학의 관점에서 말하면, 첫 번째로 원자력 발전이 정말 저비용인가 하는 의론이 이미 있었습니다. 후쿠시마 사고 후에도 의론이 완전히 둘로 나누어져 있다는 인상을 받습니다. 이 문제를 여기서 한 번 더 생각해봐야 할 것입니다.

두 번째로 일본은 히로시마, 나가사키 원자폭탄을 경험한 나라로 원자력에 대한 알레르기가 있기 때문에 '원자력의 평화적 이용'이라는 말을 훨씬 강조해왔습니다. 폭탄으로는 사용하지 않지만 전력으로 사용하는 것은 '평화적 이용'에 해당된다는 것으로, 원자력에 근본적으로 반대하는 사람들에게 호소하기 위해 '평화적 이용'이란 슬로건을 지나치게 강조한 것입니다. 그에 대한 반성도 필요하다고 생각합니다.

하세베 이 시리즈의 제5권 부론付論에서 마스나가 교수께서도 하신 말씀이지만, 원전을 추진하는 측과 반대하는 측 모두 관심의 초점을 재판에 맞추고 있는 것도 문제입니다. 일본인은 소송을 싫어한다고 하지만, 재판을 하게 되면 모든 논점을 재판을 중심으로 구성하고 어떻게 하면 재판에서 이길 것인가, 또는 지지 않을 것인가를 제1의 목표로 하게 됩니다. 그 때문에 보아야 할 것을 보지 못하거나 버려야 할 것을 버리지 못하는 일들이 흔히 일어납니다.

윌러드 콰인Willard Quine이라는 철학자는 엄밀한 과학에서도 경험세계와 연결되는 것은 말단뿐이고 대부분은 공중에 하늘하늘 떠다니는 가공물이며, 오직 이론 내부의 정합성에 의지하여 통일성을 형성한다고 말했습니다.[2] 공중에 떠오른 천 조각 같은 것들을 서로 연결하여 수미일관된 이미지를 만들어내 학계 내부나 국민 일반을 설득하려 할 때 당면하는 제1의 목표는 재판에서 이기는 것이고, 그렇게 되면 중요한 많은 것이 관심에서 사라지게 됩니다. 마스나가 교수께서 말씀했듯이, 소송을 먼저 생각한다면 사고事故를 상정하고 그 대처법을 준비한다는 것 자체를 하지 말아야 한다는 소극적인 접근이 되어버립니다.

재판은 대규모 사고의 원인을 추궁하고 앞으로의 재발을 예방하는 장으로서 적절하지 않습니다. 재판은 제한된 논점과 증거를 바탕으로 누구에게 책임이 있느냐 없느냐를 다투는 장場인 만큼, 사고와 관련하여 당사자의 이해에서 최대한 떨어져 있는 곳에서 냉정하고 과학적인 의론을 축적해가는, 재판 이외의 장이 있어야 할 것입니다.

이마다 사회학의 입장에서 관심이 높은 것은 다치바나키 교수께서 지적하신 원전의 발전 비용cost입니다. 지금까지 여러 가지로 시산試算이 행해져 왔는데요, 후쿠시마 제1원전 사고가 일어나기 이전에 행해진 시산에서는 리쓰메이칸立命館대학의 오오시마 겐이치大島堅一 교수는 높은 비용의 견적을, 자원에너지청은 낮은 비용의 견적을 냈습니다.[3]

---

2 W. V. O. Quine, *Two Dogmas of Empiricism, in his From a Logical Point of View* (Harper & Row, 1961), pp 42~43.

3 오오시마 겐이치 교수의 시산은 12.23엔/kWh였고, 자원에너지청의 시산은 5.9엔/kWh였다. 오오시마의 시간은 원자력 발전의 직접적 비용(10.68엔/kWh)에 야간에도 발전되는 전력을 이용한 양수발전 경비를 더한 것이다. 아래의 자료를 참조. 内閣府原子力委員会(第48回)資料(大島堅一), 「原子力政策大綱見直しの必要性について : 費用論からの問題提起」(2010年 9月)/ 資源エネルギー庁総合資源エネルギー調査会電気事業分科会コ

다치바나키 과거 환경 전문가들은 원자력이 저렴하지 않다고 말해왔습니다. 그러나 그런 말은 반쯤 무시되었습니다. 정부와 전력회사가 함께 '원자력은 저렴하다'는 캠페인을 전개해왔고, 이는 국책이나 다름없었습니다.

이마다 나카소네 야스히로中曽根 康弘 전 수상과 원자력위원회 초대 위원장 쇼리키 마쓰타로正力 松太郎가 미국과 손잡고 원전을 일본에 도입하기로 결정했습니다. 원전은 전력 공급이 안정적이고 그 비용도 낮으며 지구온난화의 원인인 CO_2의 배출도 없습니다. 다만 안전성이 문제였습니다. 그리하여 안전성을 확보하고 국민의 이해를 얻는 데 모든 에너지를 쏟았습니다.

자원에너지청은 종래 원전의 발전 코스트를 5.9엔/kWh로 견적을 내왔습니다. 이 코스트 계산에는 사용 후 핵연료의 재처리비용이나 폐로廢爐 경비 등의 백엔드back-end 경비는 포함되어 있지만, 사고에 수반되는 폐로 경비나 피난 주민들에 대한 배상 비용, 또는 초장기에 걸친 고高수준 방사성 폐기물의 처분 경비 등에 대해서는 재검증이 필요했습니다. 검증위원회는 검증 후 2011년 12월에 8.9엔/kWh를 하한으로 하고 여기에 사고로 인한 손해를 더하는 것으로 일단 결론을 냈습니다.

スト等検討小委員会(第9回)資料, 「バックエンド事業全般にわたるコスト構造, 原子力發電全體の收益性等の分析·評價」(2004年 1月).

오오시마는 그 후 『원전비용: 에너지전환을 향한 관점』(2011)에서 과거 40년간의 원전 발전 비용을 10.25엔/kWh(직접 발전 비용 8.53엔 + 연구개발이나 입지대책 등의 정책 비용 1.72/kWh)으로 계산하여, 화력(9.91엔/kWh)이나 일반 수력(3.91엔/kWh)보다 더 높다고 논했다. 또한 자원에너지청은 원전 사고 후 시산을 다시 하는 위원회를 설치하여 8.9엔/kWh를 하한(사고 손해액이 5.8조 엔에서 1조 엔 늘어날 때마다 0.1엔 증가)으로 하는 시산을 산출했다. 아래의 자료를 참조. 資源エネルギー庁エネルギー·環境会議コスト等檢證委員會, 「コスト等檢證委員會報告書」(2011年 12月).

마스나가 말씀 그대로입니다. 지금까지 평등한 기초 위에서 원자력 발전과 다른 발전 수단의 비용 비교가 이루어지지 않았습니다. 원전 이외의 발전에서는 사고가 일어났을 때 손해배상 책임을 전력회사가 부담하지만 원전의 경우에는 원자력손해배상제도에 의해 국가가 배상하게 되어 있습니다. 원래대로라면 사고 발생을 계기로 보험료가 높아지는 것이 마땅합니다. 발전에 소요된 비용만을 비교하는 것은 의미가 없지요.

한편 사고를 일으킨 후쿠시마 제1원전의 제4호기가 운전정지 중이었던 것으로도 알 수 있듯이, 원전은 운전 재개를 하지 않더라도 원자로가 존재하는 한 그 리스크가 큽니다. 따라서 이러한 현실에 입각하여 운전정지와 운전 재개의 차이가 어느 정도인가에 대해 검증해볼 필요가 있습니다.

하세베 설사 원전을 정지시켰다 하더라도 건설에 소요된 비용이나 시설 유지에 소요되는 비용은 상정된 가동 연수에 따라 전체적으로 평준화해서 배분되고 있습니다. 현시점에서 리스크가 크기 때문에 정지시키라는 말을 할 수 있지만, 정부가 보상도 하지 않은 채 정지시킬 수 있느냐 하는 문제가 있습니다. 결국 미불 비용은 세금으로 충당될 것입니다. 이용자들이 아니라 사회 전체가 부담을 짊어지는 것이 맞는지는 리스크에 따라 균형 있는 판단이 요구됩니다.

이마다 비용에는 사용 후 핵연료를 재처리할 때 나오는 고수준의 방사능폐기물(흔히 '핵 쓰레기'라 부름)을 안전하게 지층地層 처분하는 데 소요되는 가격까지 포함됩니다.[4] 그리고 지층 처분한다 하더라도 방사능이 자연에 포

---

4 고수준의 방사성폐기물이란 사용 후 핵연료로부터 플루토늄과 우라늄을 분리하고 회수해, 그 후에 남는 액상의 고수준 방사성폐기물에 가스를 섞어 고형화한 것을 말한다. 그

함되어 있는 수준으로 감소하는 데는 10만 년 정도가 걸립니다. 그때까지 기존 세대는 장래 세대들에 대해 책임을 져야 합니다. 지진이나 화산 활동 때문에 이 폐기물들이 무너져 방사능이 누출된다면 돌이킬 수 없는 상황이 벌어질 수 있습니다.

일본 기업들은 개발도상국들의 원전 건설에 협력하고 있습니다. 그런데 고차원의 기술을 보유하고 있는 나라에게조차 핵 쓰레기 처분은 대단히 어려운 일인 만큼 그렇지 않은 나라에게 핵 쓰레기의 처분을 맡길 수는 없을 것입니다. 핵 쓰레기는 아무래도 UN 안전보장이사회의 관리 아래 두어야 하는 것이 아닌가 합니다. 그 경우 엄청난 비용이 소요되겠지요. 장래 세대에 책임을 떠넘기지 않도록 현 세대가 핵 쓰레기를 지층 처분하여 매설해 버린다면, 만일의 경우 장래 세대에게 선택의 여지가 없게 됩니다. 이는 비용만이 아니라 세대 간의 책임 분담 문제이기도 합니다.

다치바나키 기술이 진보한다면 이 정도로 걱정하지 않아도 될까요?

마스나가 '꿈의 기술'로, 방사성 핵종核種의 붕괴 속도를 조속화早速化하는 연구가 있기는 하지만 그것이 정말로 가능할지는…….

이마다 핵종을 변환하는 기술의 개발이 진행되고 있습니다. 아직은 '꿈의 기술'입니다. 예산 문제 때문에 조속한 현실화는 기대할 수 없습니다. 또한 모든 종류의 방사능 반감기를 단축할 수 있는 것도 아닙니다. 변환 가능한 방사능의 반감기는 단축될지도 모르겠지만, 단지 그것을 위해서도 막대한

리고 지층 처분이란 유리로 고형화된 고수준 방사성폐기물을 지하 300m 이상의 깊은 지층에 안전하고 확실하게 매설하는 것을 말한다.

비용과 에너지가 필요합니다.

다치바나키 재처리에는 막대한 비용이 소요되므로 단념하고, 또 하나의 선택지로 태양광이나 풍력 등 재생가능 에너지 기술을 발전시키는 데 자금을 집중적으로 투자하여 원자력을 대신하는 방향도 있지만, 재생가능 에너지 쪽도 아직은 많은 비용이 필요한 현실입니다.

하세베 방향을 확정할 수 없는 요인 중 하나는 과학기술의 진보를 예측할 수 없다는 점입니다. 땅속에 묻은 핵폐기물이 사라지는 데 수십만 년이 걸린다는 것인데, 핵 폐기 기술이 그 정도의 초超장기에 걸쳐 계승될지는 모르는 일이고, 그동안에 학문 체계가 달라질지도 모릅니다. 사용하는 언어가 달라져 있을 수도 있고요. 그 정도의 위험한 물질이 매장되어 있다는 사실이나 기억을 후세대에 계속해서 전할 수 있을까요?

이마다 핀란드에 '온칼로onkalo'라 부르는 지층 처분장이 건설되고 있습니다. 그곳은 2억년이나 된 안정된 암반층이라고 합니다. 그렇지만 그곳에도 리스크는 있습니다. 또한 10만 년 후에는 언어도 크게 달라져 있을 것입니다. 핵 쓰레기가 매설되어 있다는 것을 그때까지 어떻게 전해야 할까요? 이것이 고고학 조사에 의해 발굴되는 사태가 벌어지지 않게 하려면 어떻게 해야 할까요? 1만 년 전이면 일본에서 조몬繩文 시대 초기에 해당됩니다. 10만 년이라는 시간 동안 일어날 변화는 우리의 상상을 뛰어넘는 것이지요.

'위험물이 매설되어 있으니 접근하지 말 것'이라는 의미내용을 그림문자 등으로 표시하는 탑을 세워놓을 필요가 있을 것입니다. 문화나 언어 등이 크게 달라질 것이므로 어떻게 잘 전달하느냐 하는 것도 큰 리스크에 해당됩니다.

다치바나키 그렇다면 지금의 재생가능 에너지에 모든 힘을 쏟는 편이 좋을 것 같네요.

이마다 문제는 비용이라 하겠습니다. 원전을 모두 폐기하고 그러면서도 깨끗한 전력을 확보하려면 엄청난 돈이 든다는 것을 어떻게 국민들에게 설득하느냐가 문제입니다. 그렇게 많은 비용이 소요되면 싫다고 할지도 모르니까요. 하지만 저는 원전 리스크의 크기에 비한다면 이는 감당해야 한다고 생각합니다.

다치바나키 후쿠시마 사고를 계기로 유럽에서 두 가지 움직임이 생겨났습니다. 독일에서는 앙겔라 메르켈Angela Merkel 수상이 선두에 서서 원전을 중단시켰습니다. 반면 프랑스에서는 원전을 중단시키지 않았습니다. 유럽의 경험으로부터 배워 우리도 독일 방식이냐 프랑스 방식이냐를 결단해야 하지 않을까요?

이마다 메르켈 수상은 원래 원전 용인파였지만 후쿠시마 사고를 목격하고, 또 녹색당의 강력한 원전 반대 운동도 있어 원전 폐지를 결정했습니다. 원전 세계 제일이라는 자부심이 있는 프랑스에서는 그와 같은 결정을 내리지 않았습니다.

다치바나키 덴마크에서는 풍력만으로도 상당한 에너지를 생산하고 있는 것 같습니다. 일본도 바다로 둘러싸여 있는 나라인 만큼 풍력 의존도를 높여 가는 것이 좋을 것입니다.

이마다 그런데 아직은 이 또한 고비용입니다. 그보다는 지열地熱이 대안이 될 수 있습니다. 요즘 온천가溫泉街가 사양화 추세인데, 이 온천가가 온천과 지열 발전地熱發電 이라는 두 가지 사업 추진의 주체가 되는 것도 하나의 길이 될 것입니다.

화제를 원전 리스크로 전환해보겠습니다. 사회학자 찰스 페로Charles Perrow는 미국 스리마일의 원전 사고를 계기로 고 리스크 기술의 문제점을 정밀 조사하여 『정상사고Normal Accidents』라는 대작을 썼습니다.

그는 기술 전체를 구성하는 부분들 간의 상호작용interaciton과 결합coupling에 착안하여 기술을 분류했습니다. 부분들parts 간의 상호작용이 복잡한가 선형線形인가, 결합이 강연결tight coupling인가 약연결loose coupling인가를 조합하여 네 가지로 유형화했습니다. 그리하여 상호작용이 복잡하면서 결합이 강연결인 기술을 고 리스크 기술로 간주하고 원전을 그 최고 단계에 놓았습니다. 거기에 DNA나 핵무기, 비행기, 화학플랜트 등이 이어집니다. 강연결이라는 것은 처리에 지체가 있어서는 안 되고 절차가 변할 수도 없으며 목표 달성을 위해서 한 가지 방법밖에 없는 등, 시스템이 단 하나의 실수도 허용하지 않도록 구성되어 있는 것들입니다. 나아가 그 상호작용이 단순한 선형으로 행해지는 것이 아니라 복잡계를 구성합니다.

원전은 각 부분이 강연결인 복잡계이기 때문에 리스크가 대단히 높아집니다. 원전에서는 페일세이프fail-safe 사상에 의거하여 설계 자체에 안전장치가 포함되어 있어, 장치가 오작동하거나 고장이 나는 경우 그것이 다른 부분들에 파급되어 대형 사고로 연결되지 않도록, 다시 말해 안전하게 정지할수 있게 설계가 되어 있습니다. 그러나 강연결인 복잡계에서는 극히 사소한 오작동에도 예민한 반응을 일으켜 예측 불가능한 상태를 야기하는 일이 있기 때문에 페일세이프가 유효하게 기능하지 않는 경우가 많다고 합니다. 원전에서는 제어봉을 움직이는 전원이 끊어져도 자동적으로 제어봉이 노심에 삽입되고 운전이 정지하도록 설계되어 있지만, 후쿠시마 제1원전 사고에서는 그런 식으로 작동하지 않았지요.

이에 더해 후쿠시마 제1원전은 수소 폭발을 일으킨 1호기가 1971년에 가동을 시작하여 이미 40년 이상이 경과했고, 3호기와 4호기도 당시 이미 30년 이상 경과한 것들이었습니다. 이처럼 후쿠시마 제1원전은 노후화되어 있었습니다. 원전의 수명의 기준은 40년이기 때문에 1호기는 폐로의 절차에 들어가야 하는 상태였던 것이지요.

마스나가 맞습니다. 최근의 기술 진보는 눈이 부실 정도지요. 40년 전의 자동차에는 컴퓨터 제어장치는 물론 안전벨트도 에어백도 없었습니다. 경제적으로 유리하다고 해서 언제까지나 낡은 원전을 가동시켜야 하는 것은 아닙니다. 게다가 과정이 복잡하게 연결되어 있다는 것은 위험한 것이지요. 서로 떼어내거나 다른 복잡계를 준비해놓거나 또는 다소 효율이 나쁘더라도 실패의 파급을 막을 생각을 해야 합니다.

이마다 후쿠시마 제1원전에서는 '상정외想定外'의 쓰나미로 사고가 일어났습니다. 이 원전은 미국 제너럴 일렉트릭GE사의 설계도를 기초로 건설되었습니다. 미국은 원전이 내륙에 건설되어 있고 비상용 전원이 지하에 있기 때문에 허리케인이 엄습하더라도 큰 문제가 없습니다. 그런데 일본의 원전은 해변에 있습니다. 그리고 쓰나미가 덮쳐 바닷물이 발전소 내부로 들어와 모든 전원을 꺼버렸지요. 만약 비상용 전원이 지상의 최대한 높은 곳에 있었다면 멜트다운이 일어나지는 않았을 것입니다. 설계도를 바꾸는 것은 비용이 너무 많이 들어 곤란한 일인가요?

마스나가 특허 문제가 있을지도 모르겠네요.

다치바나키 원래 자연과학자나 기술자들은 새로운 것을 만들어내는 데는 기꺼이 나서지만 기존의 것을 수리하거나 유지하고 보수하는 기술, 폐로화廢爐化하는 기술 등에 대해서는 관심을 보이지 않는 것 같습니다. 그런 영역에서는 좋은 일을 해도 노벨상을 받을 수 없기 때문이지요. 이번 사고로 대학의 원자력공학과는 더욱 인기가 떨어졌습니다. 폐로를 위해 원자력공학을 연구하고 싶지는 않다는 것이지요. 그러나 폐로 분야에도 우수한 사람들이 모이는 과학 시스템을 구축해야 합니다.

이마다 인재나 후계자가 육성되지 않는다면 자연히 탈脫원전이 되겠네요.

마스나가 리스크 관리라는 것은 성가신 일입니다. 사고를 방지하기 위해서는 안전장치를 설치하고 많은 사람을 배치해야 합니다. 따라서 비용이 듭니다. 그런데 사고가 일어나면 그와 같은 노력이 평가받지 못하고 쓸모없었다고 생각되기 쉽습니다. 이번 원전 사고에서도 사고 후 대응에 많은 사람이 필사적으로 종사했습니다. 그러나 그들이 평가받았다는 말을 저는 듣지 못했습니다. 대우에 대한 보증이나 장래에 대한 전망이 없는 한 폐로 분야에 우수한 기술자들이 모이는 일은 없을 것입니다.

이마다 급료를 많이 주는 것만으로는 우수한 인재들에게 동기 부여가 되지 못할 것입니다. 결국은 기대 수준에는 못 미치는 인재들이 폐로에 관여하게 되겠지요.

다치바나키 폐로는 고등 기술인데요.

이마다 지금까지는 동맥계 산업들에 힘이 집중되었고 정맥계, 즉 리주기링 산업들은 발달하지 못했습니다. 그러므로 정맥계 산업에 종사하는 사람들에게 인센티브를 키워주고, 이익을 낼 수 있는 산업으로 만들어야 합니다. 자원은 유한하기 때문에 앞으로는 정맥계 산업이 확대될 것입니다. 저는 재생가능 에너지 기술의 개발에 기대를 걸고 있습니다.

2. 다양한 리스크

1) 테러리즘과 사회 리스크

(1) 사이버 테러에 대한 대응

이마다 사이버 테러에 대해 생각해봅시다. 컴퓨터 바이러스를 전송해 웹사이트의 검열기능을 파괴하거나 데이터베이스에 침입하여 은닉 데이터를 파괴하는 등의 테러행위는 아무리 방어하려 해도 좀처럼 쉽지 않습니다. 왜냐하면 방어체제 자체가 인간이 생각해낸 것이기 때문에 시간과 노력을 들인다면 그것을 독해하여 무너뜨리는 것이 가능하기 때문입니다. 미국의 국방성 본부 청사인 펜타곤도 사이버 테러를 당한 적이 있습니다. 우리가 보내는 전자 메일 같은 것은 언제라도 해킹이 가능합니다.

사이버 공간 활동의 문제점으로, 가상세계virtual world와 현실세계real world의 규범이나 질서를 동일하게 볼 것인지를 지적할 수 있습니다. 예를 들면 신문보도도 있었듯이, 인터넷 공간에서는 여성이라고 믿었던 상대방이 실은 남성이라는 것을 알게 된 한 회사원이 분개하여 상대방 집을 찾아 방화하려 했다가 체포된 사건이 사람들에게 화제가 된 적이 있습니다. 또한 인터넷 게시판에 타인을 비방하는 글을 썼다가 명예훼손으로 소송을 당한 사례도 있었지요. 이 사건들을 현실의 법으로 재단해야 할까요?

하세베 극단적인 이야기를 하자면, 사이버 공간과 현실 공간의 차이는 없다고 하는 입장이 있습니다. 그런 입장에서 보면 사이버법 같은 것은 존재할 수 없겠지요. 예를 들면 누군가가 의자에 '아무개는 바보'라고 비방의 글을 써놓을 수 있고 또 의자를 사용해 누군가를 상해할 수도 있는 등 의자와 관련하여 여러 가지 법률문제가 일어날 수 있지만 '의자법椅子法' 같은 것은 존재하지 않잖아요? 명예훼손이라면 형법 규정을 적용하고 계약을 어겼다면 민법 규정을 적용하면 끝나는 이야기입니다. 사이버 공간에서도 마찬가지로, 순수한 사이버법이라는 것이 존재한다고 말하기는 어렵습니다. 다만 사이버 공간에서 일어나는 사상에는 특수성이 있습니다. 인터넷상에 글을 쓰면 그 글은 순식간에 전 세계로 퍼지고 반半 영구적으로 남습니다. 검색도 간단합니다. 그런 특징들에 비추어보면 현실세계와 마찬가지의 일이 일어났다 하더라도 그 공간에서는 법률적인 특질이 극단적으로 확대됩니다. 이 때문에 사이버 공간에서 법률문제를 검토할 때는 현실세계에서의 법률문제를 검토할 때보다 더 겉으로 드러나는 방식을 취하는 경우가 적지 않습니다.

이마다 사이버 공간에서는 닉네임으로 활동할 수 있습니다. 원한다면 자신의 속성을 숨길 수 있습니다. 시솝system operater은 IP 주소를 보고 그 인물이 누구인가를 알 수 있으나 나머지 사람들은 보통 상대방이 누구인지 알 수 없습니다. 그런데 닉네임이 있는데도 실제 이름을 식별할 수 있는 방식으로 글을 쓰기 때문에 문제가 일어나는 게 아닐까요?

하세베 인터넷 게시판이라고 해도 글을 쓴 것은 살아 있는 인간이고, 따라서 사이버 공간에서도 성인의 한 사람으로서의 책임 있는 태도를 취해야 합니다. 그리고 그 법적 책임은 현실세계에서 져야 합니다.

이마다 그것은 사이버 공간에서는 제재할 수 없다, 사이버 공간에서의 제재는 생각할 수 없다는 말씀인가요?

하세베 특정 인터넷 커뮤니티 안에서 가령 A가 나쁜 짓을 해서 커뮤니티의 멤버로서 부적절하다고 판단된다면 해당 커뮤니티에서 그 사람을 제명할 수 있을 것이고, 이것도 하나의 대안이 될 것입니다. 특정 계정의 이용을 제한하는 것입니다. 그리고 그보다 강한 제재sanction라 하면, 인터넷상에서 저작권 침해를 되풀이하는 개인을 현실세계에서 지목해 그 사람에게 인터넷 접속 자체를 제한하는, 다시 말해 서비스 공급자와의 계약을 불가능하게 하는 식의 제재도 생각해볼 수 있습니다. 다만 오늘날 인터넷을 사용할 수 없게 하는 것은 생존권과 관련된 문제가 될 수도 있습니다.[5]

이마다 그렇지만 개인 컴퓨터를 교체하여 IP 주소를 변경한다면 얼마든지 다시 등록할 수 있지 않나요?

하세베 인터넷 접근 자체가 금지된 것이 아니라면, 사이버 공간에서는 다른 공급자와 계약을 한다거나 다른 계정을 취득함으로써 다시 제대로 된 인간이 되어 등장하는 것이 어려운 일은 전혀 아닙니다.

(2) 전문가의 발언 책임

이마다 이탈리아에서, "문제가 되고 있는 지진은 염려할 정도는 아니다"라

---

5 프랑스에서는 저작권 침해를 반복하는 사람에 대해 경고를 한 다음 약식재판 절차를 통해 최장 1년간 인터넷 접근의 정지를 명할 수 있도록 되어 있다(이른바 「HADOPI2법」). 프랑스 헌법재판소는 이 제도의 합헌성을 심사했는데, 인터넷 접속은 헌법상 보호된 권리라고 선언했다(Décision 2009-580 DC du 10 juin 2009).

고 전문가가 발언했음에도 예상보다 지진의 규모가 커져 많은 희생자가 발생한 일이 있었습니다. 그리고 그 전문가는 처벌받았습니다. 일본에서도 최근에 폭설이 예상된다는 일기예보에 따라 야마노테山手선[6]의 운행 횟수를 줄여 많은 불편이 생긴 일이 있었습니다. 이는 전문가가 결과에 대한 책임을 어디까지 져야 하는지의 문제인데요…….

하세베 일반적으로 책임을 어디까지 물을 수 있는지는 현재의 지진학 수준에서 지진이 일어나느냐 일어나지 않느냐를 얼마만큼 확실하게 예측할 수 있는가에 달려 있다고 생각합니다.

다치바나키 그것을 어디에서 결정합니까? 법원입니까?

하세베 법적 책임의 유무를 결정하는 것은 법원입니다. 1심에서는 유죄 판결이 나왔습니다.

다치바나키 그렇게 되면 전문가들은 움츠러들겠지요. 일기예보관이 날씨가 좋다고 예보했으나 태풍이 불어 큰 피해가 생겼다고 하면…….

(3) 해외 노동과 테러리즘

다치바나키 얼마 전 알제리 천연가스 채굴 현장에서 인질 사건이 발생한 적이 있습니다. 세계 경제가 글로벌화되고 전 세계를 무대로 경제적 경쟁이 펼쳐지고 있는 이때, 우리는 정치적으로 불안정한 아랍 같은 나라에 대응을 할 수가 없습니다. 일본인의 안전을 지키는 것은 일본 정부의 역할이지

---

6 일본 철도회사인 'JR東日本'의 도쿄 순환 전차선의 이름. — 옮긴이 주

만 알제리까지 군대를 보내 보호할 수는 없습니다. 이것은 정치와 긴밀하게 연결되어 있는 문제이므로 현재의 일본 헌법 아래서 그러한 보호는 불가능합니다. 일본인들에게 던져진 문제라고 할 수 있겠네요.

이마다 중동 분쟁은 모두 그렇습니다. 그렇지만 석유가 없다면 거기서 무슨 일이 일어나든 사람들이 관심을 두지 않겠지요. 석유산업 관계자들은 모두 그렇게 생각하고 있습니다.

다치바나키 그러나 아프가니스탄에서는 석유가 나오지 않는데도 미국은 군사를 개입했지요. 반드시 에너지 확보 때문만은 아닙니다.

하세베 향후 이용이 기대되는 셰일가스shale gas는 미국에 아주 많이 매장되어 있습니다. 그렇게 되면 미국에게 중동의 석유의 의미는 크게 낮아지고 현재만큼의 중동에 대한 군사적 입장은 필요하지 않을 것이라는 의론이 있습니다.

다치바나키 유럽 쪽의 관심이 높겠네요.

하세베 프랑스나 영국에는 중동 현지에 대규모의 군사력을 전개할 만큼의 힘이 없습니다. 아프리카의 말리Mali는 프랑스의 구식민지인데, 현지에서 활동하는 프랑스인이 많기 때문에 말리 정부의 요청이 있으면 파병한다고 합니다. 그 바로 이웃나라가 우라늄을 산출하는 니제르niger이고요.

(4) 중국과 어떻게 지낼 것인가

하세베 다음으로 중국 리스크 문제입니다. 중국과 일본의 관계가 좋아지지 않는 데는 몇 가지 요인이 있습니다. 중국은 현 정권의 정통성을 강화하기 위해 일본의 부정적인 이미지를 필요로 합니다. 오로지 국내 소비용 이미지이지요. 그리고 그 배경에 있는 것이 구국救國의 이야기입니다. 서양 제국주의자들과 그 앞잡이 일본에 의해 억압당해온 중국 인민의 역사가 있고, 노예처럼 복종하던 상태에서 스스로를 해방시켜 일어선 중국인들이 부당하게 빼앗긴 영토를 모두 회복한다는 애국주의적인 이야기가 있습니다. 이것은 중국 현 지배층이 내세우는 정통성의 근거 그 자체로서, 그들이 여기서 물러나는 일은 없을 것입니다.

다치바나키 중국의 국내 사정도 있을 것입니다. 빈부 격차가 대단히 큽니다. 일부 혜택받지 못한 계층들의 불만이 커서, 이것이 폭발하면 정치체제까지 망가질 가능성이 있습니다. 그 마그마를 억누르기 위해, 일본이나 베트남 또는 필리핀과의 대립으로 초점을 이동시켜 국민의 애국심에 호소하고 있습니다.

이마다 중국은 권력이행기의 불안정 상태에 있고 또 빈부의 격차도 크기 때문에 국민의 불만이 상당히 높습니다. 그래서 가스를 뽑아낼 필요가 있겠지요. 국민들 사이의 긴장을 처리하기 위해 일본을 적대시할 가능성이 높습니다. 일본은 이 리스크에 어떻게 대처해야 할까요?

하세베 앞으로 10년 이내에 중국의 현 체제가 붕괴할 것인가의 여부는 불확실합니다. 이것이 본래 의미에서의 리스크에 해당되는 문제라고 생각합니다.

다치바나키 리스크지요. 중국은 또 티베트나 몽골 등 이민족 문제도 안고 있습니다. 중앙정부가 제어할 수 없습니다. 독립운동이 일어날 수 있고, 빈부격차문제 때문에 불만분자들이 들고 일어서면 중국공산당정부로서는 제어할 수가 없습니다.

이마다 중국의 사회체제는 대단히 위험합니다. 상반신은 공산주의이고 하반신은 시장주의입니다. 중국은 개혁개방 이후 1979년부터 1995년까지 태환 위안元과 인민 위안元의 두 가지 통화제도를 채택하여 대단히 높은 융통성을 보여주었지만, 정치에 있어서의 사회주의와 경제에 있어서의 시장주의가 모순을 야기하고 있지 않나요?

다치바나키 덩샤오핑鄧小平은 우선 경제를 풍족하게 하고 그것이 강화되고 성숙해지면 그 혜택이 인민들에게 미칠 것이라고 주창했습니다. 그리하여 일부 부유층이 형성되었지만 다음의 국면이 쉽게 진행되지 않았습니다. 아랍권에서도 이라크의 무아마르 카다피Muammar Qaddafi나 이집트의 호스니 무바라크Hosni Mubarak 등 전체주의적 독재자들이 추방되었습니다. 전체주의는 결국 붕괴할 것입니다.

마스나가 독재자 추방은 바람직한 일이지만 민주화가 순조롭게 진행되기 위해서는 보통 수단으로는 안 될 것으로 보입니다. 국제관계를 보면 글로벌화 자체가 리스크입니다. 외래 생물의 문제, 감염증의 유행, 그리고 이른바 팬데믹pandemic(전 세계적인 유행병) 리스크도 있습니다. 환태평양경제동반자협정TPP에 일본이 참가해야 하는지도 논의되고 있습니다. 참여한다면 공업제품의 수출에는 유리하겠지만 농업에서는 불이익을 가져옵니다. 전체적으로 보면 경제적으로 유리하다는 의견이 많을지도 모르겠지만, 예를 들어 일본의 논은 식량 자급을 위해서도 반드시 필요하지만, 자체 담수湛水

기능에 의해 홍수나 사면 붕괴 방지, 지하수 함양, 자연생태계 유지 같은 다양한 역할을 담당하고 있습니다. 이것들은 현재 경제적으로 계산되지는 않았지만, 만일 그것들이 소멸한 후 인위적으로 복구하려고 한다면 대단히 많은 비용이 소요될 것입니다. TPP에 참가한다면 농업의 환경보전 기능을 어떻게 유지할 것인가를 생각해야 할 것입니다.

(5) 아베노믹스에 대하여

다치바나키 화제 조금 바꾸어 아베노믹스에 대해 이야기를 좀 나누어봅시다. 일본이 지금까지보다 더 많은 국채를 발행해 재정적자를 확대해도 되는지의 이야기입니다.

이 이야기에 앞서, 도호쿠東北 지방 부흥을 위한 지출의 재원은 앞으로 당분간은 소득세를 증세하여 조달하기로 한 만큼 아베노믹스 자체의 재정적자와는 직접적인 관계가 없다는 것을 짚어두겠습니다.

아베노믹스는 디플레이션 불황의 극복을 위해 대량의 국채를 발행해 공공사업 지출을 증대하고 이를 통해 이른바 승수효과乘數效果가 나타날 것을 기대하는 정책입니다. 그러나 케인스 경제학이 등장하던 때 또는 그 후의 시기와 비교해볼 때 승수효과의 숫자는 작아졌습니다. 일본의 경우 과거 20년 동안 경기회복책으로 공공사업 확대책을 여러 번 실시했지만 성공하지 못한 사실을 보더라도 승수효과가 작아진 것은 분명합니다.

그 후에 남겨지는 것은 대량의 적자 국채 잔고로, 일본 또한 국채 가격의 폭락 및 고금리에 의한 거시경제의 파괴라는, 그리스와 스페인의 전철을 밟게 될 가능성이 높습니다. 이렇듯 아베노믹스는 커다란 리스크를 안고 있는 경제정책입니다. 이 리스크의 극복에 실패한다면 일본 경제는 재기가 불가능해질지도 모릅니다.

하세베 다행히 파국적인 사태에 빠지지는 않는다고 해도 방대한 국가 채무는 장래 세대들이 지불하는 세금에 의해 변제될 수밖에 없습니다. 소비증세는 사회보장 급부로 충당된다고 하지만, 현 세대의 두터운 사회보장에 들어가는 비용을 앞으로 인구까지 감소할 장래 세대들에게 부담시키는 것이 형평에 맞는가 하는 사회정의의 문제도 있지요. 이것은 아베노믹스가 아니더라도 이미 존재하던 문제입니다.

이마다 앞으로 소자고령화는 더욱 진전될 것으로 보이는데 금융 완화와 재정 지출을 전제로 한 성장 전략이 새로운 유효수요를 창출할 수 있을까요? 정부는 성장의 중점영역으로 '의료', '에너지', '인프라', '농업이나 관광 등의 지역자원' 등을 꼽고 있는데, 다치바나키 교수의 말씀대로 공공사업의 지출 증대에 의한 승수효과가 작아졌다고 한다면 이러한 성장 전략에 기대를 걸 수 있는가 하는 의문이 듭니다.

이제까지 '잃어버린 20년' 동안 국민들은 재화나 서비스에 대한 소비 의욕을 줄여왔습니다. 다소의 돈을 축적한 60세 이상의 시니어층을 중심으로 이들이 '감동할 만한' 재화나 서비스를 제공할 수 있어야 합니다. 가슴이 설렐 정도의 감동 체험을 창출할 시책이 없다면 소비 의욕이 일어날 수 없을 것입니다.

당분간 고령사회가 지속될 것으로 보이는 만큼 의료가 중요하겠지만 의료는 복지국가의 충실성과 연결되는 것이고 경제성장과 연결된다고 보기는 어렵습니다. 에너지 문제도 중요하지만 재생가능 에너지로의 전환 이라는 문제는 시간을 들여 꾸준히 추진해야 할 과제일 것입니다. 인프라 문제는 기존의 공공사업이라는 틀을 뛰어넘지 못한다면 효과를 기대할 수 없습니다. 그렇다면 네 번째 중점영역인 '농업이나 관광 등의 지역자원'에서 감동 체험을 기대할 수 있을까요? 시니어층은 막대한 돈을 보유하고 있지만 감동 체험을 할 수 없다면 그들이 리스크를 무릅쓰면서까지 지갑을 열지는 않을 겁니다. 감동한다는 것은 행복을 느끼는 것이기도 합니다.

마스나가 국민들이 소비를 하지 않기 때문에 돈이 돌지 않고 경제 성장도 이루어지지 않는다는 것인데, 환경문제에 관여해온 사람으로서 말한다면 기후변동 문제를 포함하여 한정된 자원을 가진 지구에서 언제까지 소비를 부추겨야 하는가 하는 의문이 든다는 말을 하지 않을 수 없습니다. 그러나 한편으로는 '과분하다', '족함을 알다', '물질보다 정신적 풍요', '슬로푸드', '지산지소地産地消'[7] 같은 다양한 표현들로 친환경적인 생활을 구가하다가도, 일단 불황이 오거나 실업이 사회문제가 되면 그런 슬로건들은 자취를 감추어버립니다. 현실 생활에 압도당하는 것이지요. 결국 자원의 부족이 도마에 오르는 데는 아직 시간이 더 필요하다는 이야기일까요?

다치바나키 교수가 말하신 국채 가격 폭락에 대해서는 저도 위기의식을 느끼지만 아베노믹스에 대한 평가는 경제학자에 따라 다양한 것 같습니다. 경제활동이란 인간의 행동에 관한 것인데 인간 행동의 리스크를 예측하는 것은 본래 어려운 일이기 때문이겠지요.

(6) 그 밖의 리스크 사례

이마다 좀 더 미시적인 수준에서의 리스크를 생각해본다면, 가족 붕괴나 아동 학대 또는 자살 같은 것들이 있습니다. 다만 이런 문제들에 대해 어떤 리스크론을 적용해야 하는가는 상당히 어려운 문제입니다.

예를 들면, 가정폭력은 왜 일어나는가? 인간에게는 타자를 걱정하고 보

---

7 '지역 생산, 지역 소비'의 줄임말로, 그 지역에서 생산된 생산물이나 자원들(주로 농산물이나 수산물)을 그 지역에서 소비하는 것을 말함. — 옮긴이 주

살펴주고 싶은 충동이 있는 법인데 어렸을 때부터 그러한 훈련을 해본 적이 없어 생각대로 타자를 보살필 수가 없고, 결국 초조해진 나머지 케어 충동이 공격 충동으로 바뀌어 폭력이 행사되는(이것은 저의 가설입니다) 경우들이 있습니다.

옛날에는 초등학생들이 가령 투구벌레 유충을 성충으로 부화시키거나 나팔꽃 씨를 심어 기르곤 했습니다. 일상 속에서 동식물을 돌보는 경험을 쌓았던 것이지요. 그러나 학력 경쟁이 심한 세상이 되면서 이런 체험을 소홀히 하게 된 것 같습니다. 또한 저출산으로 인해 함께 사는 형제자매가 적어졌고 따라서 나이 많은 아이가 나이 어린 아이를 돌보는 기회가 줄어들었습니다. 타자를 착실하게 케어해본 경험이 없는 상태에서 어른이 되고 아이를 낳고 기릅니다. 따라서 아이가 계속 울어대면 어떻게 해야 할지를 알지 못합니다. 돌보고 싶어도 어떻게 해야 하는지를 몰라 초조해지고, 급기야 케어 충동이 공격 충동으로 바뀌게 됩니다. 아동 학대는 어렸을 때부터 돌봄의 노하우를 익히는 체험을 해본 적이 없는 데서 일어나는 것이 아닌가 합니다.

3. 재난 복구 작업 중에 생긴 의문들

이마다 각 분야에서 재난 복구를 위해 다양한 형태의 노력을 기울이는 가운데 사회학 분야에서도 많은 연구자가 피재지被災地에 들어가 조사연구에 힘쓰는 동시에 복구를 위한 제언들도 애써 내놓고 있습니다. 그들은 원전사고 때문에 가설 주택에서 피난살이를 할 수밖에 없게 된 사람들의 피재 상황(건강문제를 포함한)에 대한 조사는 물론, 마음의 돌봄, 생활 재건, 커뮤니티 재건 등의 문제들과도 정력적으로 씨름하고 있습니다.

원전 사고로 '몸의 피폭'뿐만 아니라 '마음의 피폭'을 당한 사람이 많기 때문에 의료반과 케어반이 합동하여 대응하는 것이 반드시 필요합니다. 사회학의 관점에서 보면 그중에서도 인근 지역에 함께 살아온 사람들의 커뮤니티를 부활시키는 것이 중요합니다. 아직도 많은 피난자가 가설 주택에서 살고 있는데, 지역 재생이라는 것이 그렇게 간단한 이야기가 아닙니다. 3·11 대지진 후 '유대'를 키워드로 내세운 지원 프로젝트들이 잇달아 수립되었습니다. 대지진으로 사람 간, 가족 구성원들 간의 유대가 재확인되었고 또 폭넓은 지원 활동이 활발히 전개되면서 일본인들이 중시하는 '유대'에 대한 세계의 관심이 높아지기도 했습니다. 그러나 피해자들의 현실은 그런 말로 상징될 만한 수준이 아니었습니다. 커뮤니티와 사회가 붕괴되어 불안 속에 살고 있는 것이 숨길 수 없는 그들의 현실입니다. 인간관계(유대)가 무너지는 리스크에 직면한 것입니다.

저는 대지진이 발생한 3·11로부터 꼭 반년이 지난 9월 11일(테러행위로 유명한 날입니다만)부터 피재 현지에 머물면서 그곳 가설 주택들의 상황을 조사했습니다. 리쿠젠다카다陸前高田 시는 산 중턱에 집락단위로 들어가 살 수 있는 가설 주택들을 많이 지었습니다. 소마相馬 시 쪽으로는 위험 구역에 살고 있었던 사람들이 많이 입거入居해 있습니다. 방사능 문제 때문에 황급히 집을 떠난 사람들이 대거 그쪽으로 응모했다고 합니다. 그 결과 입거 여부가 추첨으로 결정되었습니다. 그래서 이웃에 누가 들어왔는지 서로 알지 못합니다. 커뮤니티의 기반이 존재하지 않는 것입니다. 방사능 리스크가 소마 시의 가설 주택가에 유대가 끊긴 인간관계들을 가져온 것입니다. 그에 비해 리쿠젠다카다 시 쪽은 방사능 리스크를 크게 의식하지 않아도 괜찮았기 때문에 집락단위로 가설 주택들에 입거할 여유가 있었지요.

다치바나키 2년이 경과하면 가설 주택에서 나가야 하는데 그렇게 되면 후쿠시마에 남을 인센티브가 작아집니다. 왜냐하면 일자리도 없고, 방사능 물질이 남아 있을 것도 불안하기 때문입니다. 물론 연령에 따라 다르겠지요. 노인들은 돌아가고 싶을 것이고 실제 돌아가는 사람도 있겠지만, 아이들은 방사능에 의한 건강 피해도 있고 돌아갈 인센티브가 별로 없지 않습니까. 그렇다면 선택지는 멀리 떠나는 것밖에 없을 것 같아요.

이마다 돌아가고 싶은 마음은 강하겠지만 실제로는 80% 정도가 돌아가지 않을 것입니다.

하세베 이주에 앞서 커뮤니티를 어떻게 유지할 것인지에 대해 법학계에서도 논의가 있었습니다. 어촌이던 곳을 산중으로 옮긴다면 커뮤니티 기능의 유지가 어렵듯이, 읍·촌을 단순히 평행이동시켰을 때 커뮤니티가 보전될 수 있느냐? 이는 간단하지 않은 문제입니다. 또한 복구를 위해 규제를 풀고 신규 진입의 길을 열어주는 것은 일본의 전통적인 입회入會 방식을 통해 생활을 영위해온 어민·농민들의 생활양식 파괴로 연결되는 것은 아닌가 하는 문제도 있습니다.[8]

다치바나키 저는 일본이 각종 커뮤니티가 무너져 무연사회無緣社會가 되고 있다고 주장해왔습니다. 3·11 이후로 사람들이 가족의 유대나 지역의 유대 등을 강조하고 있지만 그런 이야기가 오래가지는 않을 것이라고 생각합니다. 이미 유대가 무너져 있기 때문이지요.

---

8 中島徹, 「既得權と構造改革」, 奥平康弘·樋口陽一 編, 『危機の憲法學』(弘文堂, 2013), p. 381.

이마다 개인주의가 진행되면서 옛 공동체의 연장선으로서 읍내회邑內會·자치회의 기능들이 축소되었습니다. 다만 리스크가 발생할 때는 결속이 생겨납니다. 커뮤니티가 없어진 것이 아니라, 평상시에는 커뮤니티 없이 살아가다가 일단 비상사태가 닥치면 자연스럽게 결속이 일어나는 것이지요. 다시 말해 리스크를 계기로 연대나 공동성이 현재화顯在化합니다. 그리고 리스크가 해소되면 다시 공동성이 잠재화潛在化하는 것입니다.

다치바나키 (비상사태가) 도쿄에서 일어난다면 어떻게 될까요? 도쿄는 이미 커뮤니티의 그림자도 없는 형편인데요.

이마다 도시에서도, 어린이들이 성장하는 과정에서 커뮤니티와 무관하게 자라는 것은 아닙니다. 도보 20분 거리 정도의 학교 구區 범위의 사친회parent-teacher association: PTA 활동이 있습니다. 어떤 일이 일어났을 때 모두가 서로 돕고 의지하는 것입니다.

다치바나키 어린이라도 있으면 다행인데 결혼하지 않은 사람이나 가족과 떨어져 홀로 타지에서 근무하는 사람에게는 유대의 공간이 없습니다. 그저 리스크에 대응하기 위한 일시적인 연대일 뿐입니다. 근대의 핵가족 제도조차 붕괴의 조짐을 보이고 있습니다. 부부만 있고 아이가 없는 가구나 1인 가구가 늘고 있습니다. 여성 한 명이 평생 평균 몇 명의 아이를 낳는지를 나타내는 수치인 합계특수출생률合計特殊出生率이 저하되고 있고 생애 미혼률은 높아지고 있습니다.

근대 사회의 시스템에서는 인간이 원자atom, 즉 단체單體로 살아가는 쪽이 효율적입니다. 애써 원자화한 사회 구조를 만들어온 것이 근대입니다.

4. 리스크 거버넌스라는 관점

이마다 서두에서 3·11은 기존의 리스크학의 사정거리에서 한 걸음 더 나아간 경계 현상이었다고 서술했는데 그 말이 계속 신경이 쓰이네요. 이 좌담회에서 더 많은 의론이 있기를 바랍니다.

최근에 리스크 거버넌스라는 것이 사람들의 화제가 되고 관심이 높아지고 있습니다. 거버넌스라고 하면 상의하달식 통치의 이미지가 지배적이지만 여기서는 그런 의미가 아니라 어떤 과제에 대응할 때 이에 관계된 다양한 주체가 서로 협력하여 해결책을 찾아가는 것을 의미합니다. 대응하는 방법에는 여러 가지가 있고, 시시각각 새로운 과제가 등장합니다. 관계자 간의 네트워크의 중요성과 관민官民의 파트너십도 요구됩니다. 그런 이유로 거버넌스governance를 통치가 아니라 협치協治로 번역하기도 합니다. 리스크 거버넌스는 리스크 협치라고 해도 좋을지 모르겠네요. 그리고 리스크 거버넌스란 발상은 어떤 의미에서는 종래의 리스크학이 대상으로 해온 리스크 평가, 리스크 관리, 리스크 리터러시, 리스크 커뮤니케이션을 통합하는 패러다임이라고도 할 수 있습니다.

오르트빈 렌Ortwin Renn이 2008년에 『리스크 거버넌스』라는 책을 썼는데, 이 책에는 다음과 같은 사고가 담겨 있습니다.

> 리스크 거버넌스는 종래의 리스크 평가, 리스크 관리, 리스크 커뮤니케이션 등을 포함할 뿐만 아니라 그보다 더 넓은 틀을 형성한다. 리스크 평가의 법제나 사회경제적 문맥에 대한 배려를 포함함과 동시에 이해관계자를 비롯한 다양한 분야의 액터들의 참가를 전제로 한다. 그리고 리스크 거버넌스가 중요해지는 것은 리스크 관리를 담당하는 단일한 권위 주체가 존재하지 않고 다양한 관계자의 협력을 필요로 할 때다. 더 나아가 법·제도, 정치문화, 리스크 인지 등의 문

맥까지 고려하는 것이 리스크 거버넌스의 특징이다.[9]

리스크 거버넌스를 이처럼 폭넓게 파악하는 시도는 이를 통해 새로운 리스크 패러다임을 제시하기 위함입니다. 다만 수비의 범위를 지나치게 넓혀 버리면 '리스크 거버넌스=리스크학'이 되어버려 거버넌스란 말이 본래 지니고 있는 정치적 측면이 배경으로 물러나게 됩니다. 그런 의미에서 리스크 거버넌스를 리스크 대응에서 '전문성의 민주화'로 파악하는 입장이 유효할지도 모르겠습니다. 히라가와 히데유키平川秀幸는 리스크 거버넌스의 패러다임 시프트를, 전문가들에 의한 리스크 통치로부터 시민들을 비롯한 다양한 이해관계자가 참가하여 행하는 민주적 통치로의 전환으로 정의하고 있습니다. 리스크와의 씨름을 전문가나 행정 관료들에게만 맡기는 것이 아니라 일반 시민들도 참가하는 민주적 과정으로서 위치를 부여하는 것입니다.

이는 이미 여러 영역에서 여러 차례 이야기되어 왔는데, 재해 리스크에 잘 대응할 수 있는 사회를 실현하기 위해서는 전문가나 관이 주도하는 대응만으로는 충분하지 않기 때문에 지역사회, 볼런티어 단체, NPO, 사업자들을 비롯한 다양한 이해관계자들이 참가하는 네트워크에 의한 협치(리스크에 대한 협동적 대응)가 반드시 필요하다는 사고가 반영되어 있습니다.

리스크 문제는 과학적 인식에 의해 명확히 해야 할 부분들이 있지만 과학으로 해결책을 찾아낼 수 없는 측면도 있습니다. 리스크 문제는 불확실성하에서의 의사결정이나 가치판단과 관계된 부분이 큰데, 그런 부분에서는 정치적 판단이 필요합니다. 그러한 판단을 전문가·관료들이 주도하는

9 Ortwin Renn, *Risk Governance: Coping with Uncertainty in a Complex World* (Sterling, VA: Earthscan, 2008).

것이 아니라 시민들을 비롯한 다양한 이해관계자들의 참가하에 수행한다는 것이 리스크 거버넌스의 취지라 하겠습니다. 그리고 이것이 앞으로의 리스크학의 큰 과제가 될 것입니다.

하세베 전문 과학자가 어떤 사안에 대해 이것이 어느 정도로 위험한지의 확률을 제시할 수 있다면 좋겠지만, 확실한 숫자를 말할 수 없는 경우가 많습니다. 그런 경우에는 불확정적인 리스크가 있다는 것을 전제로 시민들도 참여하는 자리에서 결정해가는 과정이 필요합니다. 이른바 거버넌스가 요구되는 것입니다. 그러나 시민들이 참가하더라도 이성적으로 판단해 있을 수 없는 선택을 해서는 안 됩니다. 그러한 잘못된 선택이 되지 않도록 전문가들이 관여해야 하며, 그것이 어려운 점입니다.

이것은 거버넌스(협치)라기보다 거버먼트government 에 관한 이야기가 될 텐데, 현재 민주적인 정치과정이 잘 이루어지고 있는 나라는 별로 없습니다. 프랑스나 영국에서도 국정 선거에서는 선거의 기능이 '일렉션election'이 아니라 '디셀렉션deselection', 즉 마음에 들지 않는 의원을 떨어뜨리는 데로 옮겨갔다고 말합니다.

그렇게 되는 이유 중 하나로 '구제救濟 신화'가 있습니다. 우리가 불행한 것은 우리 자신의 탓이 아니라 우리를 못살게 만드는 질곡의 탓이다, 그것을 제거하면 행복이 약속된다는 이야기입니다. 예를 들면 관료 지배가 질곡이므로 그것을 제거하고 정치의 주도가 이루어지면 잘 될 것이다. 중앙정부의 지배는 질곡이므로 이를 제거하고 지방분권을 진전시키면 밝은 미래가 약속된다. 이런 식으로 각종 영역에 '구제 신화'가 등장하는데, 그런 신화에 매달리는 것은 허사일 뿐입니다. 오히려 안이한 구제는 없다는 것을 확실하게 보여주어야 합니다. 그래서 남은 가능한 선택지는 이것(들)이다. 이 중에 어느 것이 좋을지를 결정해달라고 말해야 합니다. 공공부채를 어떻게 갚아나갈 것인가, 연금문제나 앞으로의 에너지를 어떻게 해야 할 것인가 등은 모두 이런 수준의 문제들입니다. 리스크 거버넌스는 이런 것을 포함합니다.

이마다 몇 가지의 선택지를 마련하는 것은 중요한 일입니다. 그러면 어떤 식으로 마련하는 것이 좋을까요? 선택지는 누가 마련하지요?

하세베 이런 선택을 하면 어느 정도의 확률로 이런 결과가 나온다는 식으로 확실한 이야기들이 정책 선택의 장에 제시되지는 않습니다. 그러므로 전문가들의 의견을 참고하면서 우선 취할 수 없는 것들을 제외시켜 나갑니다. 그렇게 해도 몇 가지 선택지는 남습니다.

이마다 합의는 누가 합니까?

하세베 개인이 자신의 장래를 스스로 선택하는 것과 마찬가지로, 장래의 사회의 모습을 선택하는 것은 시민들이겠지요.

다치바나키 게리 베커Gary Becker는 결혼의 장점과 단점을 저울에 올려 비교해본 적이 있습니다. 장차 어떤 대학에 들어가고 어떤 직장에 취직할 것인지에 따라 생애 임금이 얼마만큼 달라지는지에 대한 계산을 하는 것이 경제학입니다.

하세베 '인간은 컴퓨터다'라는 사고방식이군요. 어떤 선택지를 택하면 이 정도의 확률로 행복하게 되거나 불행하게 된다는 계산을 기초로, 계산대로 선택하고 행동한다고 하는.

다치바나키 그것이 합리적 계산입니다. 마약을 하거나 하지 않는 것도 경제학적 계산의 대상이 됩니다. 실제로 계산을 하는 것과는 별개로, 인간은 머릿속에서 늘 선택을 하고 있습니다.

하세베 그러나 그것은 컴퓨터와 같은 선택은 아니라고 생각됩니다. 마약을 사용하는 것은 일반적으로 말하면 합리적인 것이 아니고, 애초에 법률적으로는 선택의 대상이 되지 않습니다. 그러나 합리성만으로는 인간의 선택지를 좁힐 수 없습니다. 결혼할 것인가 하지 말 것인가, 결혼한다면 어떤 사람과 결혼할 것인가, 이러한 선택지들은 비교가 불가능합니다. 각각 합리적인 이유가 있어서 어느 쪽을 선택하더라도 불합리한 선택이라고 말할 수 없습니다. 합리성만으로는 어느 쪽이 좋은지를 결정할 수 없는 것이지요. 우리는 합리적인 계산을 하고 있는 것이 아니라 그러한 선택을 통해 자신이 누구인가를 스스로 결정하고 있는 것입니다.

다치바나키 경제학은 합리성을 중시합니다.

이마다 'rationality(합리성)'는 'ratio(비율)'에서 온 말입니다. 비율은 계산 가능성의 토대를 형성합니다. 그러므로 합리성이란 계산 가능성이라고 말할 수도 있습니다.

하세베 합리성은 선택지의 범위를 한정시킵니다. 그러나 최선의 선택지를 한 가지로 한정할 수 있는 것은 아닙니다. 최후의 선택은 이성이 아니라 자율적인 의사에 따라 결정됩니다. 인간은 컴퓨터가 아닙니다.

이마다 사회학도 합리성을 중시하기는 하지만 경제학과 같은 계산합리적 선택이 아니라 각자의 역할행동을 선택하는 것으로 설명합니다. 예를 들어 부모가 자식을 훈육하는 것은 역할행동으로서 합리성에 부합한다는 식으로요.

하세베 경제학이나 사회학 등 사회과학이 일반적으로 그렇다는 것은 법률학 쪽에서도 인식하고 있습니다.

마스나가 제가 관계하고 있는 분야에서는 인간의 건강에 관한 것을 중심으로 리스크를 정량화하는 시도를 진행하고 있습니다. 예를 들어 세계보건기구WHO는 인간의 수명 단축 또는 장애나 질병을 짊어지고 살아가는 것으로 인한 생활의 질 저하를 장애조정손실연수Disability-Adjusted Life Year= DALY[10]라고 정하고 요인별로 정량화하고 있습니다. 이에 따르면 인간이 무엇에 의해 건강 리스크를 짊어지게 되는가를 비교할 수 있습니다.[11] 선진국에서는 지나치게 많이 섭취하고 개도국에서는 영양부족에서 발단하는 요인들이 나열되어 있어 대조를 이룹니다.

원전에 의한 식품 오염 문제에서도 위험하다, 안전하다 서로 자기주장만 해서는 선택에 도움이 되지 않습니다. 좀 더 정량적인 정보를 제시하는 노력이 필요합니다. 예를 들면 야채의 방사능 오염 기준치를 어느 수준까지 내리면 얼마만큼 건강 리스크를 감소시킬 수 있는가 하는 식이겠지요. 또는 생산된 야채 가운데 어느 정도의 양을 폐기해야 하는가 하는 식으로 말입니다. 그리고 더 나아가, 이를 통해 얼마만큼의 농가가 폐업 또는 소득

---

10 장애조정손실연수 = 조사(早死)에 의해 상실된 수명 + 장애나 질병에 의해 생활의 질이 저하된 상태로 살아가는 것에 상당하는 상실된 수명.

11 WHO(2004), Mortality and burden of disease in Global Health Observatory Data Repository, http://apps.who.int/ghodata/?vid=2469.

보상을 받아야 하는지에 대한 이야기도 있어야 하지요. 산지産地에 도움이 된다면, 혹은 이 정도의 건강영향이면 사도 괜찮다는 사람이 있을지도 모릅니다. 즉, 기준을 엄격히 정해서 카운터 리스크 또는 카운터 코스트가 발생한다는 것을 전달해야 한다는 말입니다. 또한 방사능으로 오염된 자택에서 다른 곳으로 이주할 것인가, 피난처로부터 자택으로 귀환할 것인가를 선택하는 것도 건강 리스크에 관한 구체적인 제시가 있다면 더 잘할 수 있겠지요. 물론 그러한 리스크 예측치에는 불확실성이 있고, 개개인이 받는 영향은 예를 들어 암의 발증 유무에서는 집단의 평균적 리스크의 영향을 받는 것은 아니라는 문제가 있기는 합니다. 그러나 저선량 피폭의 경우에는 리스크가 작고, 또한 어디까지나 장래의 일에 해당되기 때문에 리스크 예측치를 참고로 하는 것은 능히 받아들일 수 있는 것이 아닌가 합니다.

그리고 전과정평가life cycle assessment: LCA 분야에서는 에너지나 자원의 소비, 온난화 가스 배출 등을 중심으로 각종 제품이나 서비스의 환경 부하를 정량화하려는 시도가 행해지고 있습니다.

그러나 현실은 그리 간단하지 않을 것입니다. 사실 3·11 이후 리스크 커뮤니케이션 연구자들은 머리를 싸매고 돌파구break-through가 어디에 있는지를 열심히 찾고 있습니다.

다치바나키 협치, 거버넌스가 좋다는 것은 알고 있습니다. 이는 극단적으로 말해 결국 시민들이 선택하는 직접 민주주의가 가장 좋다는 말로 들립니다. 과연 그럴까요? 인구가 1억 3,000만 명이나 되는 일본과 같은 나라에서 직접 민주주의로 무언가를 결정한다는 것은 불가능한 일입니다. 그렇기 때문에 대의제를 취하고 있는 것이지요. 게다가 모든 사람이 스스로의 힘으로 올바른 선택이 가능할 수 있는 전문가가 될 수 있는 것도 아닙니다. 현대 사회에서는 분업이 중요합니다. 원자로에 관한 것은 전문가만이 알 수 있는 부분이 있습니다. 각 분야의 전문가에게 배워야 하는 것이 많지 않을까요?

이마다 말씀하신 직접 민주주의란 직접선거를 말하는 것입니까? 여기서 말하는 거버넌스는 그런 것이 아닙니다. 물론 분업을 부정하는 것은 아닙니다. 분업에 의해 효율을 높일 수 있습니다. 그러나 사회학에서는 분업을 통해 어떻게 사회적 연대를 높일 수 있는지를 문제로 합니다. 경제학자 아담 스미스의 분업론은 너무 협소하다는 것이 사회학자 에밀 뒤르켕의 분업론입니다. '전문성의 민주화'라 해도 분업을 부인하는 것은 아닙니다. 문제는 각각의 분업을 어떻게 집약해갈 것인가입니다.

다치바나키 중우정치衆愚政治로 가지는 않을까요?

하세베 전문가가 이 범위라면 이렇게 된다고 확실하게 의견을 제시하는 것은 중요한 일입니다. 그들이 무엇이 좋은가 하는 선택지를 결정하는 것은 아닙니다.

이마다 국민들이 어떻게 참가하느냐가 문제겠지요. 사용 후 핵연료 등 고高수준의 방사성 폐기물을 어떻게 처분할 것인가가 적절한 사례가 될 것 같습니다. 원전에 찬성하든 반대하든 이미 존재하는 대량의 폐기물을 어떻게 처분할 것인가, 또한 최종 처분지를 어디로 할 것인가의 문제는 아직도 결론이 나지 못하고 있습니다. 이 문제를 애초에 어떻게 제시했다면 국민들의 이해를 얻을 수 있었을까, 어떻게 설명했다면 좋았을까, 대단히 어려운 문제입니다. 이 문제야말로 많은 사람의 지혜를 필요로 합니다. 물론 전문가들도 다양한 분야에서 참여하여 의견을 내야 합니다. 저는 이것이 민주주의라고 생각합니다. 많은 사람들의 참여하에 리스크 평가, 리스크 관리, 리스크 커뮤니케이션을 해가는 것이 리스크 거버넌스입니다. 전문성의 껍데기를 씌워 틀어박혀 있을 것이 아니라 민주적 절차를 받아들여 함께 가는 것입니다.

다치바나키 여러 사람이 의견을 내지만 결국 결론은 나오지 않는 상황이 만들어지지는 않을까요?

이마다 물론 결론이 간단하게 나오는 것은 아닙니다. 몇 단계를 밟을 필요가 있을 것입니다. 우선 시민 그룹이나 전문가 그룹에서 각각 논의하고 이어 시민과 전문가들이 만나 논의합니다. 더 나아가 정부나 지자체 사람들도 동참하는 식으로 말입니다. 민주주의를 위해서는 시간과 노력이 필요합니다. 그것을 무시하고 효율성의 논리에 따라 손쉬운 길만을 가려고 한다면 민주주의는 무너질 것입니다.

다치바나키 아주 많은 시간이 걸립니다.

이마다 그런 의미에서 절차가 중요합니다. 그리고 의론을 진전시키는 데는 코디네이터가 필요하고요. 특정 이해관계가 있는 사람이라면 안 되겠지요. 예를 들어 학술회의 같은 조직이 맡는 게 좋을지도 모릅니다. 전문가들 사이에서도 의견의 어긋날 때 반드시 양자가 만나 서로 설명하고 토론하는 자리를 만들어야 합니다. 그것을 또 시민들이나 제3자가 판단하고 평가하여 앞으로 나아가는 과정이 중요합니다.

더 읽을거리

경제학 관련 문헌

Atkinson, A. B. 1995. *Incomes and the Welfare States*. Cambridge: Cambridge University Press.
복지국가는 사람들을 나태하게 하고 복지를 제공하는 공공부문의 비효율성을 제고시키는 만큼 복지를 민영화해야 한다는 목소리가 높은데, 이 책은 그 논거가 바르지 않다는 것을 증명하고 있다. 1급 이론경제학자가 쓴 이 책은 복지국가 비판에 대한 반비판(反批判)으로서 흔히 인용되고 있다.

Diamond, P. A. 1977. "A Framework for Social Security Analysis." *Journal of Public Economics*, vol. 8, pp. 275~298.
이 문헌은 책이 아니라 학술논문이므로 일반인의 눈에 띄기 쉽지 않다. 그러나 연금제도가 왜 필요하며 그 형태에 어떤 것들이 있는가에 대한 기본적인 사상을 제공하는 논문으로 유명하다.

Knight, F. H. 1921. *Risk, Uncertainty and Profit*. Boston: Houghton Mifflin.
나이트류(流)의 리스크론을 제시한 유명한 책이다. 확률로 예측할 수 있는 '위험'과 확률로 예측할 수 없는 '불확실성'을 명확하게 구분하면서 양자는 그 대처 방법에 차이가 있을 수 있다고 주장한다. 특히 기업이 리스크에 어떻게 대처하면 좋은가, 그리고 리스크에 대한 보수(報酬)를 어떻게 책정해야 하는지에 대하여 새로운 관점을 제공하고 있다.

酒井泰弘. 1996.『リスクの經濟學』. 有斐閣.
경제학이 리스크에 어떻게 대처해왔는지를 학설사의 관점에서 논하고 있다. 그리고 리스크에 대한 사람들의 견해를 어떻게 분류할 수 있는가를 해설한 입문서이기도 하다. 경제학이나 수학, 확률에 관한 지식이 없더라도 경제학이 리스크를 어떻게 처리하고 분석하고 있는지를 이해하는 데 유용한 책이다.

橘木俊詔. 2000.『セーフティ·ネットの經濟學』. 日本經濟新聞社.
'safety net'이 '안전망'으로 번역되는 것처럼 이는 리스크 발생에 따른 피해를 최소화하기 위한 수단이다. safety net의 개념을 설명한 다음 그것이 어떻게 구체적인 제도가 되었는지를 이론적·실증적으로 해설한 책이다. 구체적인 예시를 제시하며 기술하여 이해하기 쉽다.

橘木俊詔. 2002.『安心の經濟學』. 岩波書店.
인간은 태어나서 죽을 때까지 어떤 리스크들과 조우하는가? 인간의 삶에 등장하는 각종 리스크를 경제학의 입장에서 분석한 책이다. 그리고 누가 이러한 리스크들에 대한 대처를 담당하는가. 다시 말해 누가 안심(安心)을 가져오는지에 대해 자기 자신, 가족, 기업, 국가, 공동체 등으로 나누어 논한다. 저자가 주장을 전면에 내세우고 있지만 반대되는 견해도 충분히 기술하고 있다.

山口光恒. 1998.『現代のリスクと保險』. 岩波書店.
리스크란 무엇인가를 해설하고 이어 리스크 관리를 논한다. 대표적인 대처 방법인 보험제도에 관하여 그 유용성과 한계를 알기 쉽게 해설한다. 보험에 가입하는 개인뿐 아니라 보험을 제공하는 보험회사의 양태까지 논하고 있다. 보험론 입문서로서 적절한 책이다.

酒井泰弘. 2010.『リスクの經濟思想』. ミネフヴァ書房.
스미스, 베르누이, 파스칼을 비롯하여 나이트, 노이만, 애컬로프까지 조감하고 있는, 리스크와 불확실성에 관한 체계적인 경제사상사 책이다. 세계적으로도 비슷한 책을 찾아보기 힘들다. 온고지신의 정신에 입각하여 새로운 세기에 적합한 새로운 경제학을 어떻게 수립할 것인가를 모색하고 있다.

酒井泰弘. 2011.「原發のリスク經濟分析: '安全神話'から '想定外の事象'まで」≪彦根論叢≫, 第390号, pp. 92~116.
기존의 경제학은 오랜 기간에 걸쳐 광범위하게 침투한 '안전 신화' 때문에 원전에 대한 리스크 분석을 경시하는 경향이 있었다. 이 문헌은 미지(未知)나 공포 등 리스크에 심리적 요인을 도입하여 원전에 대한 진일보한 분석을 내놓고 있다.

법률학 관련 문헌

Giddens, Anthony. 1999. "Risk and Responsibility." *Modern Law Review*, Vol. 62, pp. 1~10.
'제3의 길'의 제창자에 의한 리스크사회론. 우리가 살고 있는 세계가 근대 기술에 의해 질서 잡힌 안전한 곳이 아니라, 언제나 리스크를 염두에 두고 살아가야 하는 미지와 미개의 변경이라고 파악하면서, 그것이 복지국가의 위기, 책임 개념의 위기 등 법학에 대한 도전을 제기하고 있다고 설명한다.

Nagel, Thomas. 1979. *'Moral Luck' in his Mortal Questions*. Cambridge University Press.
저자는 이 책에서 ― 의사(意思)의 선악만을 문제 삼는 칸트(I. Kant)의 주장과는 달리 ― 우리는 도덕적 관점에서 행위의 결과까지를 평가하고 있으며 결과가 우연적 사정에 좌우되었다 하더라도 그러한 평가를 그만두어서는 안 된다는 것을 지적한다. 인간 행위를 경험 세계 내의 사상(事象)의 하나로 파악하는 외적 관점과, 그것을 자율적인 의사에 기초한 결단으로 파악하는 내적 관점 사이에는 가교를 놓기 어려운 분열이 존재한다. 이렇듯 책임 개념의 위기는 리스크사회의 등장에 의해 시작된 것이 아닌 것이다.

Steele, Jenny. 2004. *Risk and Legal Theory*. Hart Publishing.
리스크 개념이 현대 법이론에 끼친 영향에 대해 벡(U. Beck)이나 에발트(F. Ewald) 등 본래의 리스크사회론은 물론, 보험 개념을 참조한 드워킨(R. Dworkin)의 평등론, 오노레(T. Honore)의 결과책임론, 콜먼(G. Coleman)에 의한 제조물책임의 계약론적 재구성 등 여러 분야를 개관하고 있다. 환경 행정과 관련해서는 합리적 의사결정이론이나 숙의 민주주의의 여러 전제를 비판적으로 검토한 다음 환경부하 경감을 위한 기술개발을 촉진하고 사회적 의론을 활성화하는 '예방원칙'의 적극적 측면들에 빛을 비추고 있다.

Sunstein, Cass. 2005. *Laws of Fear: Beyond the Prexautionary Principle*. Cambridge University Press.
사람들이 리스크에 과잉 반응하기 쉬운 요인을 제한된 정보에 의한 판단, 눈사태(cascade) 현상, 집단 극화(group polarization) 현상 등으로 나누어 설명한다. 그리고 그러한 반응이 비용을 도외시하고 제로 리스크를 추구하는 예방원칙의 비합리적 해석과 운용으로 연결되기 쉽다는 것을 지적한 뒤, 통계적 생명가격(value for statistical life)나 지불 의사(willingness to pay) 등에 의거한 좀 더 합리적인 규제의 실현을 제창하고 있다. 저자는 리스크의 계산 가능성이나 비용의 객관적 평가 가능성 등에 대하여(지구온난화의 귀결에 대해서도) 낙관적인 태도를 취하고 있다.

中山竜一. 2004.「リスク社會における法と自己決定」. 田中成明 編.『現代法の展望: 自己決定の諸相』. 有斐閣.
벡의 리스크사회론의 문제 제기를 받아 에발트의 복지국가론이나 해킹(I. Haking)의 통계론적 세계상을 참조하면서 리스크사회의 등장이 법적 실천과 제도에 어떤 영향을 미치고 있는가를 분석하고 있다.

Jean-Pierre Dupuy. 2002. *Quand l'mpossible est certain: pour un catastrophism éclairé*. Edition du Seuil.
확률을 할당하기 어려운 리스크들을 인정하면서도 최대한으로 예측하여 그 예방과 관리를 지향하는 벡이나 기든스의 리스크론과는 달리, 뒤퓌는 일반적으로 일어날 수 없다고 생각하는 파국이 현실화될 수 있다는 것을 정면으로 받아들여야 한다는 것 또는 상상할 수 없는 사태를 각오하고 그에 대비하는 현려(賢慮)를 구축해야 한다는 것을 제창한다. 후쿠시마 원전 사고를 계기로 쓰여진 일본어판 서문도 실려 있다.

사회학 관련 문헌

Beck, Ulrich. 1986. *Riskogesellschaft: Auf dem Weg in eine andere Moderne.* Frankfurt am Main: Suhrkamp.

리스크사회론의 붐을 일으킨 저서. 벡은 이 책에서 리스크사회의 도래는 근대 산업사회의 고도화에 따라 필연적으로 일어난 것이고, 풍요로운 사회의 실현을 위한 제반 활동 자체가 가져온 부작용이라는 것을 강조한다. 그는 20세기 중반부터 부를 산출하기 위한 노력 — 주로 과학기술의 발전 — 이 각종 리스크를 만들어내고 그것이 우리를 괴롭히는, 이른바 '자업자득의 메커니즘'이 현재화하고 있다고 지적한다. 그리고 과학기술이 지금까지 생산성 향상이라는 주박에 묶여 리스크의 생산을 올바로 인식할 수 없게 했다고 비판하고, 근대에 대한 반성적 관점이 필요함을 설득한다. 그에 의하면 '리스크사회'는 단순히 근대와 구별되는 재귀적(再歸的) 근대를 특징짓는 명칭이다. 덧붙이자면, 이 책의 내용을 전개한 그의 논문집 ["World Risk Society, Cambridge: Polity Press"(1999)]은 '리스크사회와 복지국가' 등 복지사회와 관련된 것 외에 환경이나 생태학, 과학기술, 산업사회와 리스크사회 등 폭넓은 주제들을 다루고 있다.

Commoner, Barry. 1971. *The Closing Circle: Naturt, Man, and Technology.* New York: Knopf.

지구 생태계는 '닫힌 수레바퀴'로 구성되어 있고, 기술(technology)은 생태계를 단순화한다. 단순화된 생태계는 기후 변화나 해충 또는 질병에 대해 취약해진다. 이 책에서 코머너(B. Commoner)는 생태계가 어떤 방식으로 미묘한 상호의존 안에서 균형을 잡고 있는가를 보여줌과 동시에 생태계에서는 쓸모가 없다고 내버려져 소멸되는 것이 아니라는 것, 그리고 자연은 오랜 세월에 걸쳐 '연구개발(R&D)'을 해왔으며 새로운 유기물의 합성은 분해의 가능성을 전제로 선별적으로 이루어진다는 것 등을 지적하고 있다. 그리고 환경 리스크의 관리에서 '공짜 점심'은 없다는 것, 따라서 인간의 작위에 의해 생태계로부터 인출된 것은 모두 대가를 지불하여 보상해야만 한다는 것을 강조한다. 이런 의론들은 리스크론에도 큰 참고가 되었다. 리스크는 분산될지언정 소멸되지는 않는 것이다.

Giddens, Anthony. 1998. *The Third Way: The Renewal of Social Democracy*. Cambridge: Polity Press.
리스크 관리를 전면에 내세우면서 새로운 사회민주주의적 복지제도를 구상한 책. 이 책에서 기든스는 개인 및 비정부 조직들이 생산적 복지(positive welfare)의 주역이라 하면서 경제적 급부나 우대조치에만 의존하지 않는 복지를 구상한다. 그리고 기존의 복지국가는 기술 진보나 단신세대(單身世帶)의 증가 등에 기인하는 새로운 리스크들에는 완전히 무력하며, 리스크 회피에 초점을 맞출 것이 아니라 리스크를 적극적으로 인수하고 관리할 필요가 있다고 주장한다. 그는 리스크를 관리하는 것은 리스크를 최소화하거나 리스크에 대하여 스스로를 방위하는 것을 의미할 뿐만 아니라 그것의 적극적인 측면을 활용하는 것이나 리스크 인수에 대하여 장려금을 지급하는 것 등을 포함하는 것으로 인식해야 한다고 주장했다.

Krimsky, Sheldon and Dominic Golding(eds.). 1992. *Social Theories of Risk, Westport*. Conn.: Praeger.
지금까지 공학계의 기술적 의론이나 물리화학적 의론이 중심을 이루었던 리스크론을 인문사회과학에 확장하고자 하는 책으로, 인류학, 심리학, 사회학, 경제학 등에서의 리스크 개념의 기원을 탐색함으로써 리스크론을 좀 더 넓은 시야로 바라보는 책이다. 등장하는 저자들의 공통된 견해는, 리스크에 대한 인식 방법이나 태도(분노·불안·고통 등)는 사회적·심리적·문화적인 변수에 따라 달라지므로 기술적인 대응만으로는 처리할 수 없다는 것이다. 문화나 국민성 차이까지 고려하고 있으며, 리스크 평가나 리스크 관리의 방법을 배우고자 하는 이공계 독자들에게도 참고가 될 것이다.

Luhmann, Niklas. 1991. *Soziologie des Risikos*. Berlin: Walter de Gruyter.

리스크 연구에 대한 이론사회학적 고찰을 개척한 책. 루만은 이 책에서 리스크/안전이라는 구별이 아니라 리스크/위험(Gefahr)이라는 구별을 출발점으로 삼아 리스크 문제를 다루어야 한다고 했다. 그에 의하면 리스크란 예측되지 않은, 있을 것 같지 않은 좋지 않은 귀결이 일어날 가능성을 말하며, 자연재해 같은 위험과는 달리 어떠한 인위적인 의사결정에 수반되어 일어나는 피해나 손해와 관련된다고 한다. 이 책의 각 장에서는 고도로 기능이 분화된 근대 사회의 서브 시스템들, 즉 법, 정치, 과학기술, 경제의 각 시스템이 다양한 위해(危害) 상황에 어떻게 대처하고 있는가를 논한다. 리스크론에 대한 루만의 기여는, 리스크와 관련된 사람들 간의 신뢰관계가 대단히 중요한 역할을 수행한다는 것을 지적함으로써 리스크 커뮤니케이션이라는 사고에 충격파를 던진 데 있다고 하겠다.

Lyon, David. 2001. *Surveillance Society: Monitoring Everyday Life*. Buckingham: Open University Press.

정보화로 인해 편의성이나 효율은 높아졌으나 이는 동시에 감시사회화의 촉진이라는 부작용을 만들어내고 있다. 이 책은 개인의 각종 데이터가 전자 미디어를 갖춘 데이터베이스에 보존됨으로써 개인의 일상생활이 모니터링 당하는 경향이 점점 더 커져가고 있음을 지적하고 있다. 인터넷 열람 사이트에 대한 접근 정보, 온라인으로 등록할 때의 신상 정보, 안전을 위한 감시 카메라에 찍히는 영상, 리스크 관리를 위해 입력하는 개인 정보들이 자신도 알지 못하는 사이에 수집되고 보존된다. 예전의 감시와 달리 정보사회의 감시 시스템은 리스크 관리와 효율성 추구라는 목적을 위해 자발적으로 수용된다는 데 그 특징이 있다. 전자 미디어에 의한 권력 재편의 새로운 양상을 묘사한 책이다.

Perrow, Charles. 1984. *Normal Accidents: Living with High-Risk Technologies*. New York: Basic Books.

하이 리스크 시스템에서 일어나는 사고를 인위적 실수로 파악할 것이 아니라 시스템의 복잡성에 기인하는 사고로 분류해야 한다는 것이 이 책의 기본 주장이다. 원자력 발전소나 석유화학플랜트 등을 예로 들면서 특정 사고의 귀책을 특정 인물이나 기기

(機器)의 고장에서 찾을 수 없게 되었음을 지적하면서, 이것을 정상사고(normal accident)라고 칭했다. 요컨대 오늘날의 사고들은 조직적인(systematic) 연관에 의해 발생하고 있어 개별 안전성에 주의를 기울이는 것만으로는 한계가 있다는 것이다. 각 부분에 대하여 안전대책이 실시되고 있다 하더라도 이들 부분의 작은 장애가 동기화(同期化)될 경우 파국적인 사고가 일어나는 경우가 드물지 않다는 것을 설명하고 있다.

橘木俊詔 編. 2004.『リスク社會を生きる』. 岩波書店.
정보화와 글로벌화가 진행되고 있는 현대사회에서 사람들은 다양한 리스크에 노출되고 있고 생활에 대한 불안과 공포를 이전보다 더 크게 느끼고 있다. 이 책은 경제학, 심리학, 철학, 윤리학 분야 전문가 8명으로 구성된 리스크 연구회의 성과를 정리한 것으로, 글로벌화, 안정망(safety net), 실업, 빈곤, 범죄, 환경 파괴, 원전 사고 등 폭넓은 주제를 실증적 연구 혹은 이념과 함께 논하고 있다. 리스크 발생의 여러 요인을 더듬어보고 안심하고 살 수 있는 안전한 사회로 되돌리기 위한 처방전을 학제적으로 모색한, 일본에서의 선구적 시도이다.

吉川肇子. 1999.『リスク·コミュニケーション』. 福村出版.
개인 정보의 유출, 환경 오염, 직장 사고, 원전 사고 등 기업 활동의 고도화에 수반하여 일어나는, 일반인들은 보기 힘들며 그들의 이해가 미치지 않는 리스크가 증대하고 있다. 리스크 발생을 억제하기 위한 대책들과는 별도로, 이 책은 리스크 정보를 주민들에게 개시하여 이해를 구하고 상호 의사소통을 도모하고 리스크 대책에 대한 납득과 합의를 얻기 위한 리스크 커뮤니케이션과 관련하여 그 정의, 리스크를 취급하는 문제, 신뢰 형성 등을 논하고 있다.

과학기술 관련 문헌

Bernstein, Peter L. 1996. *Against The Gods: The remarkable story of risk*. New York: John Wiley and Sons, Inc.
리스크의 역사를 되돌아보면 그 기인(起因)으로 도박이 존재한다. 한편 체계적인 확률이나 리스크 테이킹(risk taking)의 사고방식이 등장한 것은 인류 역사에서도 비교적 최근의 일이다. 그리고 확률 같은 계량적 방법론에 기초한 의사결정을 믿는 사람들과, 미래에 대해 자신의 감(感)을 믿는 사람들의 두 부류가 존재해왔다. 인간의 리스크 인식에 관한 이 같은 복잡성을 고려하지 않으면 리스크 관리책이 충분한 기능을 발휘할 수 없다. 리스크를 인간의 역사를 통해 고찰한 책이다.

Graham, John D. and Jonathan Bert Wiener. 1995. *Risk vs. Risk*. Cambridge, MA: Harvard University Press.
리스크를 삭감하려 하면 반드시 다른 리스크가 발생하여 이들 리스크의 트레이드오프(trade-off)가 필요한데, 이 사실은 지금까지 주목을 받지 않았다. 그러나 쉽게 삭감시킬 수 있는 리스크들은 이미 삭감되어 있으며, 오늘날에는 좀 더 작고 복잡한 리스크를 상대해야 한다. 이 책은 에스트로겐 치료, 고령(高齡) 드라이버, 에너지 보존, 소식(疏食), 음료수, 리사이클, 농약 등의 사례들을 취급하면서 트레이드오프의 관점에서 리스크 해석이 중요하다고 설득한다. 리스크의 트레이드오프를 정면에서 다룬 양서다. 저자의 한 사람인 그레이엄은 하버드대학 '리스크해석 연구센터'를 세웠고 조지 부시(G. Bush) 정권하에서 행정관리예산국(OMB) 정보규제문제실장을 역임했다.

Kammen, Daniel M. and David M. Hassenzahl. 1999. *Shoud we risk it?*. Princeton NJ: Princeton University Press.
이 책의 특징은 구체적인 사례를 과제로 내놓으면서 리스크를 실제로 계산하는 과정을 제시하고 있는 점이다. 이 책에서는 리스크 계산의 기초가 되는 모형 구축 방법, 기초적인 확률론, 불확실성을 다루는 방법(몬테 카를로와 베이즈 해석), 독성학(毒性學), 역학(疫學), 폭로해석(曝露解析) 등 다방면을 다루고 있다. 리스크 문제와 씨름하는 사람들에게는 가치가 있는 책이다. 수학이나 통계에 관한 상당한 기초지식을 필요로 한다.

Lewis, Harold Warren. 1990. *Technological Risk: What are the real dangers, if any, of toxic chemicals, the greenhouse effect, microwave radiation, nuclear power, ari travel, automobile travel, carcinogens of all kinds, and other threats to our peace of mind?* W. W. Norton & Company, Inc., 500 Fifth Avenue. New York, N.Y.
기술은 우리에게 풍요로운 생활과 동시에 그에 따르는 리스크를 부여했다. 기술에 어떤 혜택과 대가(리스크를 포함한)가 수반되는지를 일반인도 알 수 있어야 하지만 그 평가는 전문가들에게도 쉬운 일이 아니다. 한편 우리는 작은 리스크는 두려워하면서도 상당히 큰 리스크에는 무신경한 경우가 많다. 이 책은 리스크를 평가하고 관리하는 어려움에 대한 일반인들의 인식을 높이고, 문제의 올바른 이해를 돕는 데 목표를 두고 있다. 리스크 일반론을 서술한 다음 화학물질, 고속 교통, 방사선과 원자력, 화석연료, 전자파 등의 사례를 통해 해설하고 있는 양저(良著)라 할 만하다.

Suter II, Glenn W. 1993. *Ecological Risk Assessment.* Chelsea, Michigan: Lewis Publishers.
생태계에 대한 화학물질의 영향(리스크 평가)과 관련한 기초적 사고에 대해 친절하게 해설한 책. 개체 수준, 개체군 수준, 에코 시스템 수준에서의 리스크 평가라는 사고방식과 관련하여 그 차이점 등을 명료하게 설명하고 있는 몇 안 되는 책이다.

Wilson, Richard and Edmund A. C. Crouch. 2001. *Risk-Benefit Analysis.* Cambridge. MA: Harvard University Press.
리스크에 관한 여러 측면, 정량적인 리스크 계산 방법, 불확실성과 변동성, 리스크 인식, 리스크와 편익의 비교법, 리스크 관리기법 등에 대하여 총체적으로 해설하고 있다. 후반부에서는 정량 표현된 리스크들의 리스트를 수집해 제시하고 있다.

中西準子. 2004.『環境リスク學: 不安の海の羅針盤』. 日本評論社.
환경 리스크 연구를 계속해온 저자의 궤적을 더듬은 강의록으로, 환경 리스크 평가에 관한 질의응답을 거쳐 몇 가지 사례를 곁들인 리스크 관리론으로 나아간다. 나카니시 씨의 개인사에서 시작하여 리스크론을 폭넓게 전개하고 있어, 이 책을 읽는 독자 누구라도 리스크학에 흥미를 느끼게 된다.

中西準子, 岸本忠生, 浦生昌志, 宮本健一 編. 2003.『環境リスクマネジメントハンドブック』. 朝倉書店.
총 3부로, 제1부 '리스크를 발견하다', 제2부 '리스크를 측정하다', 제3부 '리스크를 관리하다'로 구성되어 있다. 리스크에 관한 최신 정보들을 상세히 서술하고 있어 리스크의 기본에 관한 교과서로서, 혹은 실제 리스크 관리의 실무를 위해 큰 도움이 되는 핸드북이다.

찾아보기

인물

용어

[ㄱ]

엮은이

다치바나키 도시아키(橘木俊詔)
존스홉킨스대학 대학원 수료. Ph. D.
도시샤(同志社)대학 경제학부 교수.
경제학 전반·노동경제학.

하세베 야스오(長谷部恭男)
도쿄(東京)대학교 법학부 졸업.
도쿄대학 대학원 법학정치학연구과 교수.
헌법.

이마다 다카도시(今田高俊)
도쿄대학 대학원 사회학연구과 박사과정 중퇴. 학술박사.
현재 도쿄공업대학 대학원 사회이공학(社會理工學)연구과 교수.
사회시스템론·사회계층론.

마스나가 시게키(益永茂樹)
도쿄대학 대학원 공학계연구과 박사과정 수료. 공학박사.
요코하마(横浜)국립대학 대학원 환경정보연구원 교수.
환경과학.

지은이

사카이 야스히로(酒井泰弘)
미국 로체스터대학 대학원 수료. 경제학 박사.
시가(滋賀)대학 특임교수, 류코쿠(龍谷)대학 특임교수, 쓰쿠바(筑波)대학 명예 교수.
리스크경제학·이론경제학.

나카야마 류이치(中山竜一)
교토(京都)대학 대학원 법학연구과 석사과정 수료.
오사카(大阪)대학 대학원 법학연구과 교수.
법리학(법철학).

히로이 요시노리(広井良典)

도쿄(東京)대학 교양학부 졸업.
치바(千葉)대학 법경학부 교수.
공공정책·과학철학.

쓰바키 히로에(椿広計)

도쿄대학 대학원 공학연구과 석사과정 수료. 공학박사.
쓰쿠바대학 대학원 비즈니스과학연구과 교수.
리스크 해석·응용통계.

나카니시 준코(中西準子)

도쿄대학 대학원 공학연구과 박사과정 수료.
산업 기술총합연구소 화학물질리스크 관리연구센터.
환경리스크.

■ 옮긴이

백계문

서울대학교 법과대학 졸업, 중앙대학교 대학원 교육학 전공.
민주화운동가 정치활동가.
저서 『성공한 개혁가 룰라』(2011).
역서 『루쉰: 동아시아에 살아 있는 문학』(2014), 『한국정치와 시민사회: 김대중·노무현의 10년』(2013), 『중국 기업의 르네상스』(2013), 『진화하는 중국의 자본주의』(2012), 『21세기 패자는 중국인가』(2012) 등.

한울아카데미 1704

리스크학 입문 1

리스크학이란 무엇인가

엮은이 ǀ 다치바나키 도시아키·하세베 야스오·이마다 다카도시·마스나가 시게키
지은이 ǀ 사카이 야스히로·나카야마 류이치·히로이 요시노리·쓰바키 히로에·나카니시 준코
옮긴이 ǀ 백계문
펴낸이 ǀ 김종수
펴낸곳 ǀ 도서출판 한울
편집책임 ǀ 배유진
편집 ǀ 양혜영

초판 1쇄 인쇄 ǀ 2014년 7월 9일
초판 1쇄 발행 ǀ 2014년 7월 23일

주소 ǀ 413-756 경기도 파주시 광인사길 153 한울시소빌딩 3층
전화 ǀ 031-955-0655
팩스 ǀ 031-955-0656
홈페이지 ǀ www.hanulbooks.co.kr
등록번호 ǀ 제406-2003-000051호

Printed in Korea.
ISBN 978-89-460-5704-3 93300 (양장)

* 책값은 겉표지에 표시되어 있습니다.